Fünf Jahre – Fünf Kaiser

Die dramatische Zeit vom Jubel um Nero bis zu Vespasians Triumph

Günter Aumann

Reichert | Wiesbaden | 2020

Coverabbildung: 5 Aurei (Fritz Rudolf Künker GmbH & Co. KG, Osnabrück, Auktion 270, Los 8642 und Auktion 318, Los 1103 (Fotos: Lübke & Wiedemann KG, Leonberg); Classical Numismatic Group, Inc. http://www.cngcoins.com; Numismatica Ars Classica NAC AG, Auktion 111, Los 162; Gorny & Mosch, Giessener Münzhandlung, München, Auktion 224, Los 471)

Bibliografische Information der Deutschen Nationalbibliothek: Die Deutsche Bibliothek verzeichnet diese Publikation in der Deutschen Nationalbibliografie; detaillierte bibliografische Daten sind im Internet über http://dnb.dnb.de abrufbar.

Gedruckt auf säurefreiem Papier
(alterungsbeständig – pH 7, neutral)

www.reichert-verlag.de.
ISBN: 978-3-95490-505-8
eISBN: 978-3-95490-548-5 (Ebook)
https://doi.org/10.29091/9783954905485

Printed in Germany

Inhaltsverzeichnis

Vorwort

Die Kaiserresidenz auf dem Palatin nahm in kürzerer Zeit vier Herrscher auf, wobei man wie im Theater einen auf die Bühne brachte, den anderen abtreten ließ.

Plutarch, Galba 1

Es ist kein beschauliches Stück, das in den Jahren 66 bis 71 im *Imperium Romanum* aufgeführt wird. Es bietet brutale Morde, blutige Schlachten und verheerende Brände, Beispiele bedingungsloser Treue und hinterhältigen Verrats, tragisches Scheitern und am Ende einen siegreichen Helden. Zudem ist es eine sehr gewagte Inszenierung. Denn „neben den Kämpfern steht als Zuschauer das Volk und unterstützt wie bei einer Veranstaltung im Zirkus erst die eine, dann wieder die andere Seite mit Geschrei und Beifall. Jedes Mal wenn eine Partei unterliegt, verlangen die Leute, die in den Läden Versteckten oder in irgendein Haus Geflüchteten herauszuzerren und umzubringen, und bemächtigen sich dann des Großteils der Beute."[1]

Die – sich bisweilen widersprechenden – Textvorlagen für dieses Stück liefern vor allem vier Historiker, von denen jeder aus einer bestimmten (vornehmlich senatorischen) Warte schreibt. Daher sind die Texte mit kritischem Abstand zu lesen. Ihnen aber eine andere – vielleicht sogar gegensätzliche – Sicht entgegenzusetzen, sollte nur behutsam geschehen. Zu leicht ersetzt man (vermeintliche) Vorurteile der Geschichtsschreiber durch eigene. Wir werden häufig aus diesen Schriften zitieren, auch aus den – zumindest im Wortlaut natürlich fiktiven – Reden, die den Akteuren in den Mund gelegt werden. Sie fassen nämlich oft den Sachverhalt griffig zusammen und sind stets treffend formuliert.

Der wichtigste Historiker ist Publius Cornelius Tacitus. Er wurde in der zweiten Hälfte der 50er-Jahre geboren, erlebte also als Kind oder Jugendlicher die in diesem Buch beschriebenen Ereignisse mit. Den Höhepunkt seiner senatorischen Laufbahn erreichte er unter Kaiser Nerva im Jahr 97 als *consul suffectus* (Suffektkonsul hieß ein im Laufe des Jahres nachrückender Konsul im Unterschied zum angeseheneren *consul ordinarius*, der sein Amt am 1. Januar antrat). Spätestens seit Beginn der Herrschaft Trajans im Jahr darauf betätigte sich Tacitus als Schriftsteller. Er starb wohl während der Regentschaft Hadrians. Nicht zuletzt wegen seines prägnanten Stils wird der Geschichtsschreiber Tacitus bis heute hoch geschätzt. In seinen beiden Hauptwerken, den *Annalen* und den *Historien*, schildert er die Zeit zwischen dem Regierungsantritt des Tiberius und Domitians Tod in düsteren Farben. Er beginne ein Werk „reich an Schicksalsschlägen, schrecklich durch Schlachten, zerrissen durch Aufstände, grauenvoll selbst im Frieden".[2] Leider reichen die erhaltenen Bücher der *Annalen* nur bis ins Jahr 66. Noch misslicher ist die Situation bei den *Historien*, die mit dem Jahr 69 einsetzen, aber schon im darauffolgenden Jahr abbrechen.

Der unter der Regentschaft Vespasians um 75 geborene Gaius Suetonius Tranquillus entstammte einer ritterlichen Familie. Von seinen zahlreichen, größtenteils lateinisch, teils auch griechisch geschriebenen Schriften blieb lediglich sein nach 120 erschienenes Werk *De vita Caesarum* mit Biographien der zwölf römischen Herrscher von Caesar bis Domitian erhalten. Sueton konnte dafür Informationen nutzen, die ihm unter Trajan als Leiter der kaiserlichen Bibliothek und unter Hadrian, dessen Kanzlei er zeitweilig vorstand, zugänglich waren. Allerdings vergröbert er oft unzulässig und verliert sich im Anekdotischen.

Cassius Dio erlebte den Höhepunkt seiner senatorischen Karriere im Jahr 229, in dem er als *consul ordinarius* sein zweites Konsulat als Amtskollege des Kaisers Severus Alexander bekleidete. Als angesehener Konsular zog er sich danach in seine bithynische Heimat im Nordwesten Kleinasiens zurück, wo er seine 80 Bücher umfassende, griechisch geschriebene *Römische Geschichte* vollendete, an der er über zwanzig Jahre gearbeitet hatte. In seinem Werk behandelt Cassius Dio die Geschichte Roms von den Anfängen bis ins Jahr 229. Erhalten sind aber neben einigen kümmerlichen Resten nur die Bücher, die von den Ereignissen der Jahre 69 v. Chr. bis 46 n. Chr. handeln. Von den uns interessierenden späteren ist lediglich ein knapper Auszug (eine *Epitome*) vorhanden. Bei den Zitaten folgen wir in Bucheinteilung und sonstiger Nummerierung Veh [22].

Manche Ergänzungen liefern die Biographien Galbas und Othos, die der um 45 im griechischen Chaironeia geborene Plutarch wahrscheinlich unter den Flaviern verfasste. Im Interesse einer gelungenen Charakterstudie geht er in diesen Lebensbeschreibungen allerdings bisweilen sehr frei mit seinen Quellen um. Wesentlich bekannter sind Plutarchs später entstandene 23 Parallelbiographien, in denen er jeweils einen griechischen Helden einem römischen gegenüberstellt.

Über den Verlauf des Jüdischen Kriegs berichtet äußerst detailreich der zeitgenössische jüdische Schriftsteller Joseph ben Matthias in seinem griechisch geschriebenen Werk *Der Jüdische Krieg*, das er unter Vespasian veröffentlichte. Der aus einer Jerusalemer Priesterfamilie stammende Joseph nahm an diesem Krieg zunächst als Kommandant einer der zahlreichen jüdischen Widerstandsgruppen teil. Gruppen, die andere Vorstellungen hatten als er, oder Personen, die gegen ihn agitierten, kommen in seinen Werken denkbar schlecht weg. Nach seiner Gefangennahme durch die Römer verstand er es, Kontakte zu Vespasian und Titus zu knüpfen. Als Vespasian Anfang Juli 69 von den Legionen zum Kaiser ausgerufen wurde, wurde Joseph förmlich freigelassen. Als *libertus* nahm er den Gentilnamen Flavius des neuen Kaisers an und wurde zu Flavius Josephus.

Im ersten Satz seines *Jüdischen Kriegs* wirft Josephus früheren Berichterstattern vor, ein Gemisch aus Anklagen und Lobhudeleien vorgelegt zu haben. Im letzten Satz seines Werks hält er viele Seiten später mit Nachdruck fest, dass er sich dagegen einzig die geschichtliche Wahrheit zur Richtschnur genommen habe.[3] Nicht nur seine fortwährende, bisweilen peinliche Selbstbeweihräucherung weckt hieran Zweifel. Sie erreicht ihren Höhepunkt vor Jerusalem, wo er sich in der Rolle des Jeremias bei der Belagerung Jerusalems durch die Babylonier sieht.[4] Auch die konsequent positive Schilderung des Titus steht im Widerspruch zu diesem Anspruch (und zu den Schilderungen anderer Historiker). Wiederholt stellt Josephus die Überlegenheit der Römer heraus, gegen die jeder Widerstand zwecklos sei. Entsprechend schlecht kommen bei ihm die verschiedenen Gruppen jüdischer Eiferer weg, die dies nicht einsehen wollen, sich fortwährend gegenseitig bekriegen und das eigene (friedliebende) Volk tyrannisieren. Jenseits zeitlicher und geographischer Angaben zum Kriegsverlauf sind die Aussagen des Josephus daher mit Vorsicht zu genießen.

Es liegen mehrere deutsche Übersetzungen vor (siehe [34]–[36]), die im vorliegenden Buch verwendet werden, wobei deren bisweilen altertümliche Sprache heutigem Sprachgebrauch angepasst wurde. Dabei wurde auch die jüdische Elle zu 0.5 Meter umgerechnet. Nicht geklärt ist, wie die von Josephus verwendeten makedonischen Monatsnamen korrekt in den römischen Kalender zu übertragen sind. So datiert Christ die Eroberung der Jerusalemer Oberstadt auf den 3. September, Bellen auf den 8. September und Sommer auf Ende September.[5] Wir folgen der in [36] verwendeten und auf den Überlegungen von Niese [69] basierenden Zuordnung.

Nach dem *Jüdischen Krieg* schrieb Josephus sein Werk *Jüdische Altertümer*. In 20 Büchern erzählt es die Geschichte des jüdischen Volkes von der Schöpfung bis zum Ausbruch des Aufstands im Jahr 66. Auch darin finden sich einige uns interessierende Aussagen.

Den Gesetzen eines Dramas folgend konzentrieren sich die folgenden Schilderungen der Ereignisse auf die wichtigsten Akteure und auf die zentralen Handlungsstränge. Nicht eingegangen wird insbesondere auf den sogenannten Bataveraufstand, der Dio als „nicht erwähnenswert" erscheint und bei Sueton überhaupt nicht zu finden ist.[6] In krassem Gegensatz dazu steht die äußerst umfangreiche Schilderung in den *Historien* des Tacitus.[7] Doch „insgesamt kann der Aufstand nicht derart existenzbedrohend gewesen sein, wie Tacitus es darstellt".[8] Mit seiner angesichts des tatsächlichen Ergebnisses „eher paradoxen Bewertung" wollte sich Tacitus wohl „polemisch gegen Vorgänger absetzen"[9] und mit der in seinem Buch *Germania* bewiesenen Germanen-Kompetenz glänzen.

Jahreszahlen meinen, sofern nichts anderes vermerkt ist, Jahre nach Christi Geburt.

Dank schulde ich Herrn Wolfgang Götz für die kritische Durchsicht des Manuskripts sowie dem Dr. Ludwig Reichert Verlag, insbesondere Frau Dr. Thea Kraus, der zuständigen Lektorin, für die positive Aufnahme und kompetente Begleitung meines Vorhabens.

Bretten, im Mai 2020 *Günter Aumann*

Akteure

Die bekanntesten Charaktere unseres Stücks sind die Kaiser Nero, Galba, Otho, Vitellius und Vespasian. Es beginnt mit Nero, der seinem Auftritt geradezu entgegenfiebert. Er ist ein großer Künstler, wenn auch nicht ganz so groß, wie er meint. Nach ihm betritt der Greis Galba die Bühne. Strenge und Geiz sind seine hervorstechenden Eigenschaften. Doch sein Versuch, die Soldaten ohne Zuckerbrot, allein mit der Peitsche bei der Stange zu halten, endet in seiner Ermordung. Danach sehen wir mit eigenartiger Haartracht seinen Nachfolger Otho, einen Mann aus Neros, später aus Galbas Umgebung, wie er freudig den auf eine Stange gespießten Kopf des Piso, den Galba an seiner Stelle zum Nachfolger auserkoren hatte, betrachtet. Othos Freude wird schnell getrübt durch die Nachricht, dass ihm im fernen Germanien der Lebemann Vitellius den Thron streitig macht. Im Kampf um die Herrschaft treten die beiden Kaiser nur wenig in Erscheinung. Der Krieg endet, als sich Otho nach einer keineswegs desaströsen Niederlage das Leben nimmt. Doch Vitellius hat die Bühne nicht lange für sich. Im Osten des Reichs tritt Vespasian als nicht mehr ganz junger Held aus der Kulisse, bleibt aber lange im Hintergrund. Stattdessen erhalten seine Generäle einen großen Auftritt. Sie siegen über die Truppen des Vitellius in einem Tempo, das Freund und Feind überrascht. Vitellius wird nach einem von den eigenen Leuten vereitelten Rücktrittsversuch ermordet. Das Stück endet mit dem Triumph Vespasians.

Die übrigen Mitspieler in diesem Drama sind fast nur in Fachkreisen bekannt. Da manche von ihnen wesentlich zum Erfolg oder Misserfolg der Protagonisten beigetragen haben, die römische Geschichte ohne ihr Handeln vielleicht sogar völlig anders verlaufen wäre, lohnt ein Blick auf das sonstige Personal. Es treten auf

- Neros Mutter Agrippina, die alles daran setzt, ihren Sohn auf den Thron zu bringen, und doch später in seinem Auftrag ermordet wird;
- Flavius Sabinus, der ältere Bruder Vespasians, der trotz hoher Ämter eine Randfigur bleibt;
- Corbulo, Neros berühmtester Feldherr, der einen zwar kurzen, aber sehr effektvollen Auftritt hat;
- Vindex, ein aus Gallien stammender senatorischer Hinterbänkler, ohne den diese Geschichte nie geschrieben worden wäre (jedenfalls nicht in dieser Form);
- Verginius Rufus, der sich standhaft weigert, die ihm vom Heer angetragene Herrschaft zu ergreifen;
- der Prätorianerpräfekt (*praefectus praetorio*) Nymphidius Sabinus, der durch ein versprochenes, aber nie ausgezahltes Geldgeschenk Galba die relativ reibungslose Machtübernahme ermöglicht;

- ◇ der greise Hordeonius Flaccus, dessen Ernennung und Versagen zu Galbas Ende beitragen;
- ◇ Piso, den Galba zu seinem Nachfolger machen will, ihn aber nur mit in den Tod reißt;
- ◇ die Legionslegaten Alienus Caecina und Fabius Valens, die Vitellius zum Putsch ermuntern, als seine Feldherrn für ihn die Herrschaft erringen und ein halbes Jahr später verspielen;
- ◇ Othos zerstrittener Generalstab, in dem sich die erfahrenen Generäle Annius Gallus, Suetonius Paulinus und Marius Celsus nicht gegen den Prätorianerpräfekten Licinius Proculus und Othos Bruder Salvius (Otho) Titianus durchsetzen können;
- ◇ Vespasians Söhne Titus, den sein Vater mit einer wichtigen militärischen Aufgabe betraut, und Domitian, den der Machtanspruch seines Vaters fast das Leben kostet;
- ◇ die Statthalter Tiberius Alexander und Licinius Mucianus, ohne die es Vespasian nicht gewagt hätte, gegen Vitellius anzutreten, sowie König Agrippa II und Königin Berenike, die Vespasian und seinem Sohn Titus (nicht nur) militärisch und finanziell beistehen;
- ◇ Antonius Primus, Cornelius Fuscus und Arrius Varus, die für Vespasian die Kämpfe in Italien führen;
- ◇ der mit Vespasian verschwägerte Petil(l)ius Cerialis, der bei der Eroberung Roms durch die flavianischen Truppen mitmischt;
- ◇ die jüdischen Anführer Simon und Johannes als gefährliche Gegner des Titus im Kampf um Jerusalem;
- ◇ Helvidius Priscus, der bei Vespasians Machtübernahme vergeblich versucht, die Rolle des Senats zu stärken.

Daneben agieren einige prominente Statisten, wie die Kinder des Vitellius oder der den Kaisersohn Titus und sich selbst rühmende Historiker Josephus. Dazu kommen namenlose Wagenlenker, Künstler und Musiker im Umfeld Neros, bisweilen jubelnde und oft leidende Zivilbevölkerung und natürlich große Heere.

Denn entschieden wurden die Machtkämpfe letztlich durch die Legionen und die taktischen Fähigkeiten ihrer Kommandeure. Bemerkenswert: Keiner der fünf Kaiser, mit denen wir uns beschäftigen werden, trat in einer entscheidenden Schlacht um die Macht im *Imperium Romanum* als Heerführer in Erscheinung. Statt ihrer standen Männer im Rampenlicht, die heute weitgehend vergessen sind. Wegen der wichtigen Rolle dieser Offiziere ist es nötig, kurz auf die Befehlsstruktur einer Legion einzugehen.

Stand in einer Provinz nur *eine* Legion, wurde sie vom Statthalter kommandiert; andernfalls führte die Legion – und die zur Legion gehörenden Hilfstruppen – ein Legat (*legatus legionis*). In der Regel hatte dieser im *cursus honorum* – der senatorischen Laufbahn, die mit dem Amt des Quästors begann und über das Amt des Ädils oder Volkstribuns (*tribunus plebis*) zur Prätur und schließlich zum Konsulat führen konnte – mindestens das

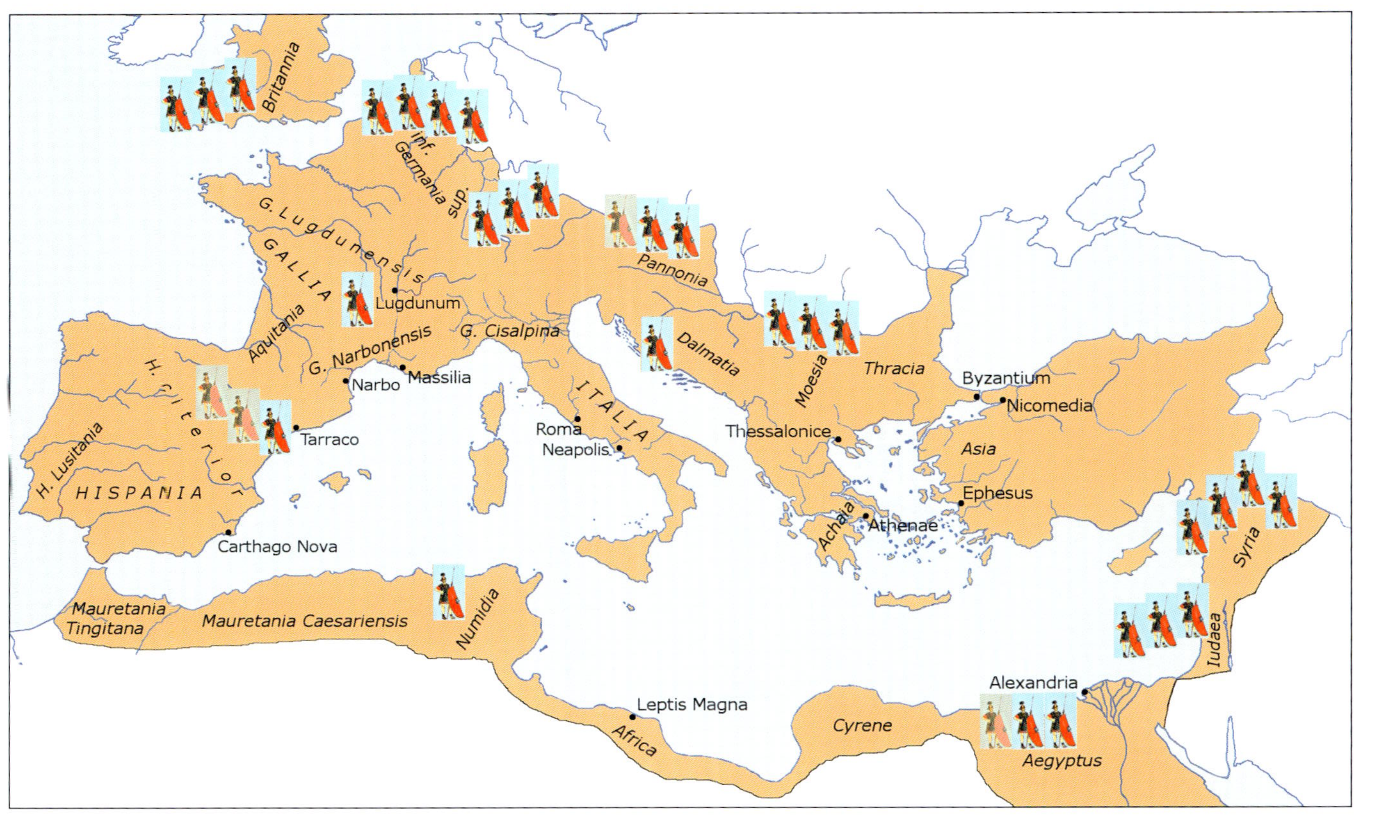

Abb. 1: Verteilung der Legionen

Amt des Prätors erreicht. Wir werden aber auch Legionslegaten kennenlernen, die nur die Quästur absolviert hatten. Ebenfalls aus einer senatorischen Familie stammte der stellvertretende Legionskommandeur mit dem Titel Tribun, der in diesem Amt erste militärische Erfahrungen sammelte. Im Unterschied dazu konnte der dritthöchste Offizier, der aus dem Ritterstand kommende *praefectus castrorum*, der am Standort der Legion wie auf dem Feldzug für das Legionslager verantwortlich war, auf eine lange militärische Karriere zurückblicken. Zusammen mit fünf Tribunen aus dem Ritterstand, die im Kampf jeweils zwei der zehn Kohorten einer Legion kommandierten, bildeten diese Offiziere den Stab der Legion, an dessen Beratungen auch der ranghöchste der etwa 60 Zenturionen, der *primus pilus*, teilnahm. Zur Unterscheidung vom Amt des Volkstribuns wurde ein Tribun einer Legion auch Militärtribun (*tribunus militum*) genannt.

Legionen kämpften unter dem Legionsadler, den zu verlieren als größte Schande galt. Wurde eine Abteilung für einen besonderen Einsatz abkommandiert, so kämpfte sie nicht unter dem am Legionsstandort verbleibenden Adler, sondern unter einer Fahne, einem *vexillum*. Sie wurde daher – wie auch eine abkommandierte Abteilung der Hilfstruppen – Vexillation genannt.

In der Abb. 1 steht jeder Legionär für eine Legion. Gezeigt ist die räumliche Verteilung der Legionen in dem von uns betrachteten Zeitraum. Jede Legion besaß eine Nummer und einen Beinamen. Dieser Beiname kann sich auf eine Region beziehen, die Kampfkraft einer Legion hervorheben (*Ferrata*, die Eiserne; *Rapax*, die Unaufhaltsame), ihre Rolle beschreiben (*Adiutrix*, die Unterstützende), auf ihre Entstehung hinweisen (eine *legio Gemina*, Zwillingslegion, war aus zwei Legionen neu gebildet oder durch Angehörige einer anderen Legion aufgefüllt worden) oder einen besonderen Bezug zu einer Gottheit herstellen (*Apollinaris*, dem Apoll geweiht; *Fulminata*, die Blitze des Jupiter tragend; *Primigenia*, wie die *Fortuna* hieß, die ihre Lieblinge vom ersten Moment an begleitet). Aus der Reihe fällt die von Caesar ausgehobene und aus eigenen Mitteln bezahlte *legio V Alaudae*.[10] Sie ist nach der Haubenlerche *alauda* benannt, an die der Federbusch erinnert, der die Helme ihrer Soldaten zierte. Leider wurden Nummern und Beinamen bisweilen mehrfach vergeben, was für Verwirrung sorgen kann.

Als sich Vespasian im Osten des römischen Reichs aufhielt, standen dort neun Legionen, zwei in Ägypten, vier in Syrien, drei kommandierte Vespasian in Judäa. Bei letzteren handelt es sich um die seit Jahrzehnten in Syrien stationierte *legio X Fretensis* sowie um die Legionen *V Macedonica* und *XV Apollinaris*, die erst in den 60er-Jahren in den Osten verlegt worden waren. Von den übrigen syrischen Legionen werden die *legio VI Ferrata*, die *legio XII Fulminata* sowie die zeitweise dort stationierte *legio III Gallica* eine Rolle spielen. Die im Osten stehenden Legionen und die dort erzielten Erfolge bildeten die Basis für Vespasians Machtanspruch. In den entscheidenden Schlachten des Bürgerkriegs traten sie allerdings nicht in Erscheinung. Diese wurden im Wesentlichen zwischen den Legionen der miteinander rivalisierenden und einander den Ruhm neidenden Heeresgruppen an Rhein und Donau ausgetragen, also – mit den Worten des Tacitus – zwischen dem germanischen und dem illyrischen Heer.

Die Legionen der beiden germanischen Militärbezirke[11] *Germania superior* (Obergermanien) und *Germania inferior* (Niedergermanien) bildeten die Machtbasis des Vitellius. Dort standen insgesamt sieben Legionen, in Niedergermanien die *legio I Germanica*, *legio V Alaudae*, *legio XV Primigenia* und *legio XVI Gallica*, in Obergermanien die *legio IV Macedonica*, *legio XXII Primigenia* und *legio XXI Rapax* (genaueres zu ihren Standorten auf S. 60). Zusätzlich unterstützten die drei Legionen der Provinz *Britannia* Vitellius durch Vexillationen. Eine dieser Legionen war die *legio II Augusta*, die beim britannischen Feldzug des Kaisers Claudius von Vespasian kommandiert worden war.

Die römische Provinz *Illyricum* wurde im ersten nachchristlichen Jahrhundert – der genaue Zeitpunkt ist umstritten – in die Provinz *Dalmatia* (das heutige Dalmatien) und die militärisch wesentlich wichtigere Grenzprovinz *Pannonia* geteilt. Letztere hatte die Donaugrenze etwa von Wien bis Belgrad zu schützen. Der Begriff Illyrien wurde jedoch noch bis in die Spätantike verwendet. Auch Tacitus benutzt ihn, fasst ihn sogar noch etwas weiter und rechnet die Provinz *Moesia*, die donauabwärts an Pannonien grenzte, dazu. Auch im vorliegenden Buch wird der Begriff in diesem Sinn verwendet. Zu Vespasians Sieg trugen wesentlich fünf illyrische Legionen bei, aus Pannonien die *legio XIII Gemina* und die von Galba ursprünglich in Spanien ausgehobene *legio VII Galbiana* sowie aus Mösien die Legionen *VIII Augusta*, *VII Claudiana* und insbesondere die kurz vor Neros Tod aus Syrien hierher verlegte *legio III Gallica*. Die in Dalmatien stationierte *legio XI Claudiana* spielte keine Rolle.

Auch Otho stützte sich auf die illyrischen Legionen. Über die oben genannten hinaus konnte er die von Nero vor dem Jahr 68 für einen (geplanten, aber nie durchgeführten) Feldzug von Britannien an die Donau verlegte *legio XIV Gemina* in Marsch setzen. Sie wurde nach Othos Tod vom siegreichen Vitellius nach Britannien zurückgeschickt.

Schließlich standen noch eine Legion in Nordafrika, kurzzeitig die *legio I Italica* bei Lugdunum (Lyon) sowie bis zu drei Legionen in Spanien. Von letzteren interessieren uns hauptsächlich die schon erwähnte *legio VII Galbiana* und die *legio I Adiutrix*.

Erster Akt
Ein umjubelter Künstler

1 Nero geht auf Tournee (Oktober 66)

Er setzte nach Griechenland über, freilich keineswegs wie ein Flamininus oder Mummius oder seine Vorfahren Agrippa und Augustus; er wollte vielmehr als Wagenlenker und Leierspieler auftreten, Proklamationen erlassen und bei Tragödien mitwirken. Rom genügte ihm offensichtlich nicht mehr und auch nicht das Theater des Pompeius sowie der große Zirkus, es verlangte ihn vielmehr noch nach einem Feldzug in die Ferne, um, wie er sagte, „Sieger der großen Tour" zu werden. Und eine so gewaltige Masse … hatte er in seiner Begleitung, dass er damit, falls sie ein Kriegsheer gewesen wären, die Parther und die übrigen Völker hätte unterwerfen können. Sie waren jedoch nur von der Art, wie man es bei Truppen Neros erwarten durfte, und als Waffen trugen sie Leiern, Plektren, Masken und Kothurne.

Cassius Dio, Römische Geschichte 63.8

Dio karikiert Neros Aufbruch nach Griechenland als bizarres Gegenstück zu ruhmreichen Feldzügen vergangener Tage. Statt Soldaten mit Schwert, Speer und Schild, deren genagelte Schuhsohlen auf dem Straßenpflaster dröhnen, folgt dem Kaiser im September[1] des Jahres 66 eine bunte Truppe von Musikern mit ihrer Kithara oder Lyra und dem Plättchen, mit dem sie die Saiten ihres Instruments schlagen, dazu Schauspieler mit ihren Masken und den Schaftstiefeln aus weichem Leder, wie sie in der griechischen Tragödie getragen wurden. Diesem grotesken Aufzug stellt Dio Feldzüge gegenüber, die ebenfalls nach Griechenland führten und zudem einen besonderen Bezug zu Korinth hatten, wo Nero wohl sein Standquartier aufschlug. Dazu holt er weit aus.

Titus Quinctius Flamininus wurde im Jahr 198 v. Chr. mit etwa 30 Jahren Konsul, obwohl er zuvor nur die Quästur bekleidet hatte. Im Jahr darauf besiegte unter seiner Führung ein römisches Heer zusammen mit griechischen Truppen in der Schlacht von Kynoskephalai den makedonischen König Philipp V. Im Frühjahr 196 v. Chr. proklamierte er bei den Isthmischen Spielen in Korinth feierlich die Freiheit der griechischen Städte.

Wesentlich schlechtere Erinnerungen hatte die Stadt Korinth an Lucius Mummius, der im Jahr 144 v. Chr. „nach der Eroberung Achaias und der Zerstörung Korinths im Triumph nach Rom zurückgekehrt war" und dafür dem Sieg bringenden Hercules einen Tempel hatte errichten lassen, wie noch heute auf der ursprünglich an diesem Tempel angebrachten Inschrift nachzulesen ist.[2] Auslöser des Feldzugs war der Versuch Spartas, den Achäischen Bund der peloponnesischen Städte zu verlassen. Nachdem die Römer, die man um Vermittlung gebeten hatte, lange untätig geblieben waren, kam es zu kriegerischen Auseinandersetzungen in Griechenland und in der Folge zu einem Ultimatum Roms. Demnach hätten Sparta und Korinth, die nominelle Hauptstadt des Bundes, aus diesem Staatsverband entlassen werden müssen, was dessen Zerschlagung gleichgekommen wäre. Der

Abb. 2: Apollotempel in Korinth

nun folgende Krieg mit Rom endete im Jahr 146 v. Chr. mit der Plünderung und Zerstörung Korinths – gemäß einem Beschluss des Senats. Dass diese Gewaltorgie nicht der Brutalität oder Raffgier des Mummius entsprang, zeigt sein Umgang mit den erbeuteten Kunstschätzen. Noch Cicero attestiert ihm, dass „er lieber Italien schmücken wollte als sein Haus".[3] Zumindest der aus dem 6. vorchristlichen Jahrhundert stammende Apollotempel, von dem noch heute einige beeindruckende Säulen stehen (siehe Abb. 2), überlebte die Zerstörung. Gut hundert Jahre später gründete Caesar die Stadt Korinth neu als römische Bürgerkolonie. Sie entwickelte sich zur größten Stadt der römischen Provinz *Achaia* mit einer heterogenen Bevölkerung und sprichwörtlich lockeren Sitten[4].

Dio stellt aber nicht nur den Kontrast zwischen Neros Unternehmung und diesen Feldzügen heraus, sondern auch den zwischen ihm und seinen Vorgängern, also seinen Ahnen. Nero gehörte ja – wie alle Kaiser vor ihm – zum julisch-claudischen Kaiserhaus, dessen glorreiche Stammväter Dio hier anführt. Mütterlicherseits ist Octavians Feldherr und späterer Schwiegersohn Agrippa Neros Urgroßvater, Augustus Neros Ururgroßvater. Es ließe sich noch hinzufügen, dass väterlicherseits Octavia, die Schwester des Augustus, seine Urgroßmutter ist.

Über Nero, der im Dezember 37 in der etwa 60 km südlich von Rom gelegenen Küstenstadt Antium (dem heutigen Anzio; siehe Abb. 3) geboren wurde und im Oktober 54 als 16-Jähriger an die Macht kam, wurde wohl mehr geschrieben als über jeden anderen römischen Kaiser. Auf den Thron brachte ihn das zielstrebige Handeln seiner ehrgeizigen und machtbewussten Mutter Agrippina, die zur Unterscheidung von ihrer gleichnamigen Mutter auch die Jüngere (*minor*) genannt wird. Sie war eine Urenkelin des Augustus. Trotz (oder wegen) des illustren Stammbaums verlief die Geschichte ihrer Familie wenig erfreu-

Abb. 3: Mittelitalien

lich. Ihre Großmutter Iulia, das einzige Kind des ersten Kaisers, war ebenso in der Verbannung gestorben wie ihre Mutter. Auch sie selbst war von ihrem Bruder Caligula verbannt, nach dessen Ermordung aber von seinem Nachfolger – und ihrer beider Onkel – Claudius zurückgerufen worden. Der entscheidende Karrieresprung war ihre Heirat mit Claudius im Jahr 49 (für Claudius war es die vierte Ehe, für Agrippina die dritte).

Diese Verbindung war am Kaiserhof durchaus umstritten.[5] Vor allem Narcissus, ein einflussreicher Freigelassener aus der engsten Umgebung des Claudius, sprach sich dagegen aus. Er plädierte pragmatisch dafür, die verstoßene zweite Ehefrau, von der sich Claudius nur „wegen unbedeutender Misshelligkeiten"[6] getrennt hatte, wieder aufzunehmen. Doch Agrippina hatte einen wichtigen Verbündeten: Lucius Vitellius, den Vater des späteren Kaisers. Er war in den Jahren 43 und 47 gemeinsam mit Claudius *consul ordinarius* und in den Jahren 47/48 sogar neben ihm Zensor. Dass im Jahr 48 seine beiden Söhne nacheinander Konsuln wurden, belegt sein Gewicht am Hof. Lucius Vitellius verstand es, das wichtigste Ehehindernis aus dem Weg zu räumen: das enge Verwandtschaftsverhältnis

(Agrippina war ja die Nichte des Claudius), das eine Heirat eigentlich ausschloss. Lucius Vitellius legte zunächst den Senatoren dar, dass eine neue Ehe des Claudius für das Wohlbefinden des Kaisers und damit für das Gemeinwohl unerlässlich sei. Dann überzeugte er sie davon, dass Agrippina die mit Abstand beste Wahl wäre. Es fehlte danach nicht an Senatoren und Leuten aus dem Volk, die Claudius vehement zu dieser Ehe drängten. Da Agrippina leichten Zugang zu ihrem Onkel hatte und Claudius seit geraumer Zeit umgarnte, war wenig Überredung nötig. Die formale Legalisierung durch den Senat war danach nur noch Formsache.

Nach der Heirat ging Agrippina strategisch daran, ihren Sohn Domitius aus erster Ehe in Stellung zu bringen und Britannicus, den Sohn des Claudius aus seiner dritten Ehe, zu verdrängen. Zunächst arrangierte sie noch im Jahr 49 die Verlobung ihres Sohnes mit Octavia, der Schwester des Britannicus. (Die Heirat folgte dann im Jahr 53.) Auch hier mischte wieder Lucius Vitellius entscheidend mit. Schon vor Agrippinas Heirat hatte er Octavias damaligen Verlobten durch erfundene Vorwürfe kompromittiert, ihn danach als Zensor widerrechtlich aus dem Senat geworfen, für eine Auflösung der Verlobung gesorgt und ihn so letztendlich in den Selbstmord getrieben.

Wichtiger war, dass Domitius am 25. Februar 50 von Claudius adoptiert wurde. Gleichzeitig erhielt Agrippina den Titel *Augusta*, der ihr zwar keine besonderen Rechte, aber höchstes gesellschaftliches Prestige brachte. Als Adoptivsohn des Kaisers war ihr Sohn, der nun den Namen Nero Claudius Caesar trägt, Britannicus rechtlich gleichgestellt. Weil er aber gut drei Jahre älter war, war er sogar im Vorteil – insbesondere, falls Claudius vor der Volljährigkeit des Britannicus sterben sollte. Da Claudius Pilze über alles liebte, ließ sich dies am einfachsten durch ein vergiftetes Pilzgericht erreichen. Dass genau auf diese Weise der Tod des Claudius herbeigeführt wurde und Agrippina zumindest dazu anstiftete, berichten einhellig alle Historiker, auch wenn ihre Schilderungen in den Details voneinander abweichen.[7] Für eine gezielte Planung spricht, dass der Anschlag ausgeführt wurde, als Narcissus, der (natürlich auch in ureigenem Interesse) stets um das Wohl des Claudius besorgt war, in einem Badeort am Tyrrhenischen Meer eine Krankheit auskurierte – womöglich auf Anraten Agrippinas. Schon bald nach dem Tod des Claudius wurde Narcissus auf Betreiben Agrippinas „durch harte Haft und äußerste Not in den Tod getrieben".[8]

Der in Abb. 4 gezeigte Aureus wurde kurz nach Neros Regierungsübernahme geprägt. Doch wer ihn in der Hand hielt, musste sich fragen, wer von den beiden, die sich auf dem Avers so intensiv in die Augen blicken, nun regierte: Nero oder seine Mutter Agrippina. Schließlich liest man auf der Vorderseite nur von Agrippina als der *Augusta* des vergöttlichten Claudius und der Mutter des *Caesar* Nero. Den zentralen Bestandteil der Kaisertitulatur, nämlich den Titel *Augustus*, finden wir erst in der Umschrift der Rückseite, die zudem im Dativ formuliert ist, als ob Agrippina ihrem Sohn diese Münze gewidmet hätte. Unter den römischen Münzen findet man keine vergleichbare Prägung. Auch wenn Agrippina auf den Münzen schnell in den Hintergrund gedrängt und wenig später von ihnen verbannt wurde, zeigt schon dieser Aureus, dass sich Neros Regentschaft von der seiner Vorgänger erheblich unterscheiden würde.

Abb. 4: Agrippina und Nero

Die Einschätzungen seiner Regierung und seines Charakters differieren beträchtlich. War er ein schändlicher Kaiser, der „zuerst seine Untaten im Haus und im Kreis seiner Gefährten, später sogar in aller Öffentlichkeit vollbrachte", wie Dio[9] (in Übereinstimmung mit den meisten antiken Historikern) meint? Oder trifft eher das positivere Urteil moderner Geschichtsschreibung zu, die im – für sie sicher nicht repräsentativen – Extremfall in Nero einen hervorragenden Staatsmann sieht, unter dem das Römische Reich „eine Periode des Friedens, des Wohlstands und der wirtschaftlichen und kulturellen Blüte" erlebte, wie sie weder vorher noch nachher je erreicht wurde?[10]

Angesichts der Morde, die seine Regentschaft begleiten, klingt letztere Einschätzung eher absurd. Zwar kann man Nero die Vergiftung seines Stiefvaters Claudius wohl nicht anlasten. Sie geht auf das Konto seiner machthungrigen Mutter Agrippina. Auch die Ermordung seines 14-jährigen Adoptivbruders Britannicus fünf Monate nach seinem Regierungsantritt mag noch der Sorge um seine Herrschaft geschuldet sein. Dass er im Jahr 59 seine längst kaltgestellte Mutter Agrippina von einem Soldaten erstechen ließ, nachdem zuvor ein Anschlag auf hoher See misslungen war, lässt sich aber damit ebenso wenig entschuldigen wie der Tod seiner ersten Gattin (und Adoptivschwester) Octavia, die er auf eine Insel im Tyrrhenischen Meer verbannen und dort im Juni 62 ermorden ließ.

Auch Neros weitere Ehen tragen nicht zu einem positiveren Bild bei. Noch im Jahr 62 zwang Nero den Senator und späteren Kaiser Otho, sich von Poppaea scheiden zu lassen, damit er seine Geliebte heiraten konnte (mehr dazu auf S. 53). Obwohl eng mit Poppaea verbunden, hatte Nero neben ihr eine Mätresse namens Statilia Messalina. 65 zwang Nero ihren Gatten in seinem Konsulatsjahr, sich die Pulsadern zu öffnen. 66 heiratete der inzwischen ebenfalls verwitwete Nero die Witwe (es war ihre fünfte Ehe) und verlieh ihr den Titel *Augusta*. Sie überlebte Nero.

Nicht zuletzt durch Spielfilme ist Nero als Brandstifter in Erinnerung geblieben. Man gab ihm die Schuld an dem im Juli 64 mit Unterbrechungen neun Tage wütenden Brand, der nur vier der vierzehn Bezirke Roms verschonte. Obwohl er durch Behelfsunterkünfte und Senkung des Getreidepreises tatkräftig versuchte, das Leiden der Bevölkerung zu

Abb. 5: Nero

lindern, verbreitete sich das Gerücht, Nero hätte durch das Feuer Platz für seine *Domus Aurea*, sein goldenes Haus, schaffen wollen, das er samt einer parkartigen Landschaft im Zentrum Roms errichten ließ. Um diesen Verdacht endgültig zum Verstummen zu bringen, lenkte er ihn auf die Christen, die er verfolgen und grausam hinrichten ließ. Sie eigneten sich als Sündenböcke, da sie beim Volk „wegen ihrer Schandtaten verhasst" waren, wie Tacitus kommentarlos berichtet.[11]

Trotzdem wuchs in der Folge im Senat und bei den Prätorianern der Hass auf Nero, der im Frühjahr 65 in einer Verschwörung um den Konsular (ehemaligen Konsul) Calpurnius Piso gipfelte. Obwohl bestimmt kein Freund Neros beschreibt Tacitus den aus einer vornehmen Familie stammenden Piso als schillernde Persönlichkeit mit Licht- und Schattenseiten: „Er übte seine Redegabe zum Schutz seiner Mitbürger aus, war freigebig bei Freunden und sogar Fremden gegenüber freundlich in Gespräch und Umgang. Dazu kam die äußere Erscheinung, ein schlanker Wuchs, ein hübsches Gesicht. Aber sittliche Ernsthaftigkeit oder sparsamer Umgang mit Genüssen lag ihm fern: Oberflächlich, großspurig und manchmal sogar verschwenderisch ließ er sich gehen."[12] Als das Komplott aufflog, führten unter der Folter erpresste Geständnisse zu zahlreichen Morden und erzwungenen Selbstmorden. Auch Neros langjähriger Lehrer Seneca – der wahrscheinlich mit der Verschwörung nichts zu tun hatte – musste sich die Pulsadern öffnen lassen. Die Motive der Verschwörer offenbaren die Sätze, die der Prätorianertribun Subrius Flavus vor seiner Hinrichtung Nero entgegengeschleudert haben soll: „Ich hasste dich und doch war keiner von den Soldaten dir treuer, solange du es verdientest, geliebt zu werden; zu hassen begann ich, nachdem du zum Mörder an deiner Mutter und Gattin, zum Wagenlenker, Schauspieler und Brandstifter geworden warst."[13] Auf der Rückseite des in Abb. 5 gezeigten Denars dankt Nero dem IVPPITER CVSTOS, dem wachsamen Jupiter, der mit einem Blitz in der Rechten und einem langen Zepter in der Linken in der Mitte thront, für seine Errettung aus der Pisonischen Verschwörung. Danach war das Tischtuch zwischen Nero und dem Senat endgültig zerschnitten.

Einig sind sich die Quellen, dass sich Nero vorrangig als Künstler sah und diese Leidenschaft sein Handeln zunehmend bestimmte. Hätte er sich damit begnügt, als Kaiser mit einem ausgeprägten künstlerischen Hobby zu erscheinen, hätte man darüber zwar in konservativen Kreisen die Nase gerümpft, es wäre aber wohl von den meisten akzeptiert worden. Doch er trat in den Wettstreit mit professionellen Künstlern, stellte sich also mit dieser gesellschaftlichen Randgruppe auf eine Stufe. Dies zeigt nicht nur der eingangs von Dio beschriebene „Feldzug", dies belegen auch seine Münzen. Betrachtet man in Abb. 5 das Neroporträt auf dem Avers, so fallen neben dem stiernackigen Hals und den schmalen Augen besonders die kunstvoll gebrannten Stirnlocken und das lange Nackenhaar des damals knapp 30-Jährigen auf. Kein anderer Kaiser ließ sich derart als Künstler porträtieren. Da ihm die Geschichtsschreibung attestiert, dass er „gerne und mühelos Gedichte verfasste"[14], war er wohl nicht unbegabt, auch wenn es ihm an Ausdauer mangelte und er nach Beifall geradezu süchtig war. Obwohl er sicher sein konnte, vom Publikum – teils aus echter, teils aus geheuchelter Begeisterung – gefeiert zu werden, heuerte er Claqueure in Legionsstärke an, die verschiedene „Arten des Klatschens – man nannte das Summen, Klatschen mit hohler und flacher Hand – einstudieren und ihn, wenn er sang, tüchtig unterstützen sollten".[15]

Dennoch hatte Nero den Eindruck, vor römischem Publikum Perlen vor die Säue zu werfen. „Nur die Griechen verstünden zuzuhören und seien seiner Kunst würdig."[16] Daher wählte Nero im Jahr 64 für seinen ersten großen Auftritt „Neapel als gewissermaßen griechische Stadt"[17] aus. Selbst als ein Erdbeben das Theater erzittern ließ, brach er seinen Gesang nicht ab, sondern brachte das eben begonnene Stück zu Ende. Kurz nach der Vorstellung ist das Gebäude wohl eingestürzt.[18] Trotzdem wurde sein Auftritt in Neapel ein vielbejubelter Erfolg. Spätestens ab diesem Zeitpunkt träumte Nero von einer großen Tournee durch Griechenland. Sie wurde akribisch vorbereitet und dauerte wahrscheinlich vom Oktober 66 bis zum November 67. Spiele, die nur alle zwei oder vier Jahre stattfanden, wurden passend verschoben. Einige wurden sogar um neue Wettkämpfe erweitert. Dem Kaiser und seiner Begleitung stand also ein dichtes Programm bevor. Nicht jeder Senator, der als *comes Augusti*, als offizieller Begleiter des Kaisers, daran teilnehmen durfte, wird die Vorfreude Neros uneingeschränkt geteilt haben.

In Kassiopi, einer kleinen Hafenstadt im Nordosten der Insel Corcyra (Korfu), betrat Nero erstmals griechischen Boden und begann sogleich am Altar des dortigen Jupiter-Heiligtums zu singen.[19] Von dort ging es weiter nach Korinth, wo Nero wohl sein Standquartier bezog. Zum einen besaß die Stadt gute Häfen, was die Versorgung des riesigen kaiserlichen Trosses erleichterte. Zum anderen und für Nero wohl entscheidend: Der Ort lag strategisch günstig zu den Stationen seiner „großen Tour", also den Wettkampfstätten der vier großen panhellenischen Spiele, die eine jahrhundertealte Tradition besaßen und von Gästen aus der gesamten griechischen Welt besucht wurden (siehe Abb. 6).

Von Korinth selbst wurden alle zwei Jahre die Isthmischen Spiele zu Ehren des Poseidon ausgerichtet. Die Stadt Delphi, in der alle vier Jahre zu Ehren Apolls die Pythischen Spiele veranstaltet wurden, war über den Isthmus, der die Peloponnes mit dem restlichen Griechenland verband, gut erreichbar. Die beiden übrigen Veranstaltungsorte, in denen in zwei- bzw. vierjährigem Rhythmus Spiele zu Ehren des Zeus ausgetragen wurden, lagen auf

Abb. 6: Nero in Griechenland

der Peloponnes: in unmittelbarer Nähe von Korinth die Stadt Argos, wo seit langem die ursprünglich im etwa 20 km entfernten Nemea ausgetragenen Nemeischen Spiele stattfanden, das wesentlich berühmtere Olympia unweit der Westküste.

Der olympische Hain dürfte sogar die prachtgewohnten Römer beeindruckt haben. Zählte doch die von Phidias gefertigte, etwa 13 m hohe Kultstatue im Inneren des Zeustempels zu den Sieben Weltwundern. Pausanias[20] beschreibt die etwa 430 v. Chr. aufgestellte Plastik ausführlich. Der aus Gold und Elfenbein gefertigte Gott saß demnach auf einem mit Edelsteinen verzierten Thron aus Ebenholz und Elfenbein. In der Rechten hielt er eine Statue der Siegesgöttin, in der Linken ein von einem Adler gekröntes Zepter. Statuenbasis und Thron waren darüber hinaus reich mit Figuren und Reliefs geschmückt. Nach der Schließung der heidnischen Heiligtümer wurde die Statue wohl nach Konstantinopel gebracht, wo sie im Jahr 475 einem Brand zum Opfer fiel. Zumindest die großartigen Giebelfiguren des Tempels können heute noch in Olympia im Archäologischen Museum bewundert werden (siehe Abb. 7).

Zwar betätigte sich Nero auch als Wagenlenker, doch lagen ihm Auftritte als Musiker und Sänger – die er standesgemäß durch einen Konsular ankündigen ließ – besonders am Herzen. Daher mussten für ihn die Olympischen Spiele, die traditionell keine musischen Wettbewerbe kannten, um einen solchen erweitert werden. In Erinnerung blieb aber nur sein Auftritt als Lenker eines Zehnergespanns, bei dem er seine Fähigkeiten überschätzte und aus dem Wagen geschleudert wurde. Natürlich erhielt er trotzdem den Siegespreis.

Mehr nach Neros Geschmack waren wohl die Pythischen Spiele in Delphi. Schließlich ging es im ältesten Wettkampf, der dort ausgetragen und mit Preisen belohnt wurde, um

Abb. 7: Westgiebel des Zeustempels in Olympia (Ausschnitt)

den besten Hymnus an den Gott Apoll.[21] Später wurden auch die in Olympia ausgetragenen Wettbewerbe in das Programm der Pythischen Spiele aufgenommen. Natürlich siegte Nero bei seinen dortigen Auftritten.

Er nutzte seinen Aufenthalt in Delphi auch, um im Apollotempel das Orakel zu befragen.[22] Erfreut vernahm er von ihm: „Hüte dich vor dem 73. Jahr!“, versprach dies doch dem 29-Jährigen scheinbar ein langes Leben. Entsprechend großzügig dürfte Neros Geschenk für das Orakel ausgefallen sein. (Dio spricht von 400 000 Sesterzen.[23]) Die bekannte Doppelbödigkeit von Pythias Prophezeiungen hätte ihm eine Warnung sein sollen: Derjenige, der ihn im Jahr 68 vom Thron stieß, trat in diesem Jahr in sein 73. Lebensjahr. Es war eine Ironie des Schicksals, dass dieser von der Orakelstätte die Gaben Neros zurückforderte.[24] Doch auch Nero war nicht nur Wohltäter. Nach Pausanias „raubte er Apoll 500 Bronzestatuen von Göttern und Menschen“.[25]

Einen Bogen machte Nero bei seiner Tour um die Städte Sparta, wo er wenig Verständnis für seine künstlerischen Ambitionen erwarten konnte, und Athen, wo er nach Dio fürchtete, wie der von den Erinnyen gehetzte Orest des Muttermords angeklagt zu werden.[26] Vielleicht waren ihm auch nur die Auftritte bei den weltberühmten Spielen wichtiger als der Besuch dieser Städte.

Gespür für symbolische Handlungen bewies Nero in Korinth. Zum einen wollte er den Isthmus von Korinth durchstechen lassen und damit Caesar und Caligula übertrumpfen, die dies ebenfalls geplant, aber nicht erreicht hatten.[27] Als er die Arbeiten feierlich eröffnete, „sprach er laut vor einer zahlreich erschienenen Menschenmenge den Segenswunsch, dass das Unternehmen für ihn und das römische Volk einen guten Verlauf nehmen möge, wobei er es vermied, den Senat auch nur mit einem Wort zu erwähnen“. Danach „ließ er mit einer Tuba das Startzeichen geben, machte den ersten Spatenstich, schaufelte die Erde in einen Korb und trug diesen auf seinen Schultern weg“. Nach seinem Tod wurden die Arbeiten allerdings schnell eingestellt. Erst Ende des 19. Jahrhunderts – nach der Erfindung des Dynamits – gelang der Durchstich (siehe Abb. 8).

Zum anderen verkündete Nero zum Abschluss seiner Tournee am 28. November 67 im Stadion von Korinth die Freiheit Griechenlands.[28] Er stellte sich damit publikumswirk-

Abb. 8: Der Kanal von Korinth

sam in die Tradition des Titus Quinctius Flamininus (siehe S. 19). Dass die auch durch die Bautätigkeit des Kaisers arg strapazierte Staatskasse den damit verbundenen Steuerausfall eigentlich nicht verkraften konnte, störte Nero nicht – im Gegensatz zu Vespasian, der dieses Privileg wieder einkassierte.[29]

Während Neros Abwesenheit musste sich in Rom jemand um die laufenden Geschäfte kümmern, mit denen Nero nicht behelligt werden wollte. Eigentlich wäre dies die Aufgabe des Stadtpräfekten, des *praefectus urbi*, gewesen. Augustus hatte dieses ursprüngliche Ehrenamt in eine angesehene, stets mit einem Konsular besetzte Magistratur umgeformt und ihr eine wichtige Rolle in der Strafgerichtsbarkeit sowie das Kommando über die städtischen Kohorten (*cohortes urbanae*), also die Polizei Roms, übertragen. Dieses Amt hatte zu jener Zeit der gut 60-jährige Flavius Sabinus inne.[30] Sabinus war ein Aufsteiger aus dem Ritterstand, ein *homo novus* (Neuling) ohne senatorische Vorfahren. Er stammte aus der in Latium gelegenen sabinischen Stadt Falacrinae in der Nähe von Reate (dem heutigen Rieti; siehe Abb. 3 auf S. 21).

Sein Großvater väterlicherseits kämpfte im August des Jahres 48 v. Chr. als Zenturio oder *evocatus* (also als privilegierter, freiwillig länger dienender Legionär) in der Schlacht bei Pharsalos, in der die zahlenmäßig weit unterlegenen Legionen Caesars die Senatsarmee unter Pompeius schlugen – allerdings aufseiten des Verlierers. Doch Caesar, der ja auch Brutus, Cassius und andere höhere Offiziere des Pompeius in Gnaden aufnahm, gewährte ihm die ehrenvolle Entlassung. Später trieb er Geld von Versteigerungen ein. Dies brachte wohl so viel ein, dass sein Sohn, der Vater des Sabinus, den Sprung in den Ritterstand schaffte und als Steuerpächter in der Provinz *Asia* und als Geldverleiher bei den Helvetiern den Wohlstand seiner Familie weiter steigern konnte.

Eindrucksvoller war die Militärkarriere des Großvaters mütterlicherseits. Der aus Nursia (dem heutigen Norcia) stammende Vespasius Pollio gehörte dem Ritterstand an, war Militärtribun in drei Legionen und stieg danach zum *praefectus castrorum* auf, dem dritthöchsten Offizier und ranghöchsten Ritter einer Legion. Doch Vespasia Polla, die Mutter des Sabinus, hatte höhere Ziele. Nachdem ihr Bruder die Aufnahme in den Senat geschafft und es dort bis zum Prätor gebracht hatte, strebte sie für ihre Familie ebenfalls nach senatorischem Status. Diesen verschaffte ihr Sabinus, der wohl noch unter Kaiser Tiberius Senator wurde. Im Jahr 43 kämpfte er unter Claudius in Britannien.[31] Mit der Rolle, die er bei diesem Feldzug spielte, war der Kaiser wohl sehr zufrieden. Im Jahr 47 erreichte Sabinus nämlich als *consul suffectus* sogar das Konsulat. Einen Konsul dieses Jahres haben wir bereits kennengelernt, den *consul ordinarius* Lucius Vitellius (siehe S. 21). Den Suffektkonsul, der zwischen diesen beiden amtierte, Hordeonius Flaccus, werden wir über 20 Jahre später als überforderten Greis erleben (siehe S. 61).

Nach seinem Konsulat war Sabinus sieben Jahre Statthalter von Mösien und insgesamt zwölf Jahre *praefectus urbi*.[32] Es war wohl gerade das Fehlen berühmter Ahnen, das Sabinus in das Amt des Stadtpräfekten führte. Denn als Spross Octavians sah Nero diesen Emporkömmling sicher nicht als potentielle Bedrohung seiner Stellung. Trotzdem stellte Nero ihn kalt. Das vollkommen zerrüttete Verhältnis zum Senat veranlasste ihn, nicht Sabinus zu seinem Stellvertreter in Rom zu machen, sondern Helius, einen Freigelassenen des Claudius. Eine größere Demütigung des Senats war nicht denkbar. „Diesem Mann war die unbeschränkte Vollmacht übertragen, sodass er selbst ohne vorherige Unterrichtung Neros gleichermaßen einfache Bürger, Ritter und Senatoren ihres Vermögens verlustig erklären oder verbannen oder hinrichten konnte. So war zur damaligen Zeit das Römische Reich von zwei Kaisern zugleich versklavt – von Nero und Helius – und ich kann nicht entscheiden, wer von beiden der schlimmere war.“[33] Ähnlich wie Dio dürfte auch zeitgenössischen Senatoren die Entscheidung schwer gefallen sein.

Helius wuchs allerdings die Aufgabe, die ihm Nero übertragen hatte, bald über den Kopf. Wiederholt schickte er dem Kaiser Briefe mit der dringenden Bitte, so schnell wie möglich nach Rom zurückzukehren. Gerüchte über eine Verschwörung veranlassten ihn schließlich, selbst nach Griechenland zu reisen. Es gelang ihm wohl, Nero die Brisanz der Lage zu vermitteln und ihn zur Heimreise zu bewegen.[34]

2 Vespasian: Wie ein Phönix aus der Asche (Anfang 67)

Auf der Griechenlandreise gehörte Vespasian zu den Begleitern Neros. Da er während der Gesangsdarbietungen Neros öfter den Raum verließ oder – wenn er dabei blieb – einschlief, fiel er völlig in Ungnade. Er wurde nicht nur aus dem Gefolge des Kaisers, sondern auch von den öffentlichen Empfängen verbannt. Er zog sich in einen kleinen und entlegenen Ort zurück. Dort lebte er verborgen und befürchtete das Schlimmste, bis ihm eine Provinz mit militärischem Kommando übertragen wurde.

Sueton, *De vita Caesarum*, Divus Vespasianus 4

Titus Flavius Vespasianus,[35] der uns hier in einer bescheidenen Unterkunft eines abgelegenen griechischen Dorfes begegnet, ist nicht mehr *comes Augusti*, sondern ein Verstoßener, der um sein Leben fürchtet. Er ist der jüngere Bruder des in Rom als Stadtpräfekt fungierenden Flavius Sabinus. Geboren wurde er am 17. November des Jahres 9. Am Beginn der Griechenlandtour konnte er also seinen 57. Geburtstag feiern. Mit dem Prokonsulat in der angesehenen Senatsprovinz *Africa* hatte er um 63/64 seine senatorische Laufbahn ehrenvoll abgeschlossen. Vespasian hätte sich Schöneres vorstellen können, als danach noch Neros Darbietungen bejubeln zu müssen. Er hatte aber sicher nicht mit solchen Folgen gerechnet. Dass seine Sorgen nicht unbegründet waren, bestätigt Tacitus: „Es gab viele offene und noch mehr versteckte Aufpasser, die auf Namen und Mienen, Heiterkeit und Verdrossenheit der Besucher achtzugeben hatten. Dafür wurden über Leute niedrigeren Standes sofort schwere Strafen verhängt, vornehmen Personen gegenüber ließ man sich für den Augenblick den Hass nicht anmerken und vergalt ihn erst später.“[36]

Suetons anekdotenhafte Geschichte, die eingangs zu lesen war, hat sich wohl so zugetragen. Auch andere Historiker berichten davon.[37] Wir wissen sogar, dass Vespasian durch einen Freigelassenen namens Phoebus aus dem Saal geworfen wurde. Als sich dieser später – sicher ebenfalls das Schlimmste fürchtend – bei dem inzwischen Kaiser gewordenen Vespasian entschuldigen wollte, habe dieser ihn nur ebenso schroff („Geh' zum Henker!“) hinausgeworfen, wie er damals Vespasian. Dies zeigt, dass sich dieser Vorfall bei Vespasian tief eingeprägt hatte, er aber alles andere als nachtragend war.

Glaubt man Sueton, so hielt sich Vespasians Ehrgeiz anfangs in engen Grenzen. Erst das Gezeter seiner Mutter Polla, die ihm permanent die Karriere seines Bruders vor Augen hielt, habe ihn veranlasst, tätig zu werden. Er diente zunächst als ritterlicher Militärtribun in Thrakien, dann als Quästor in der Provinz *Creta et Cyrenae*. Bei der anschließenden Bewerbung als Ädil war er erst im zweiten Anlauf und auch da nur auf dem letzten Platz erfolgreich. Seine Amtspflichten als Ädil nahm er wohl nicht sehr ernst. Erbost über den Schmutz auf den Straßen, soll Kaiser Caligula Soldaten befohlen haben, Vespasians Amtstoga mit Straßenkot zu füllen. Trotzdem wurde er problemlos zum Prätor für das Jahr 40 gewählt. Es ist verständlich, dass er in diesem Amt alles tat, um die Gunst des Kaisers zurückzugewinnen. Bestes Beispiel sind die von ihm veranstalteten außerordentlichen Spiele anlässlich der wenig erfolgreichen Germanenexpedition des Kaisers. Bisweilen nahm seine Anbiederung sogar peinliche Züge an, etwa wenn er Caligula vor dem Senat dafür dankt, „dass dieser ihn für würdig befunden habe, mit ihm zu speisen".[38]

Entscheidend voran brachte seine Karriere Kaiser Claudius, der ihn zunächst als Kommandeur der in Argentorate (dem heutigen Straßburg) stationierten *legio II Augusta* in den Militärbezirk *Germania superior* schickte. Mit dieser Legion nahm er dann am Feldzug des Kaisers in Britannien teil, wo er in zahlreichen Kämpfen sein taktisches Geschick und seine strategischen Fähigkeiten unter Beweis stellen konnte. „Er unterwarf zwei sehr starke Volksstämme, ferner zwanzig Städte und die Insel Vectis [heute Isle of Wight]."[39] Von Kaiser Claudius erhielt er dafür im Jahr 44 die Triumphalabzeichen, die *ornamenta triumphalia*, und damit die höchste Auszeichnung, die ein Kaiser verleihen konnte. Auch wenn Claudius dabei relativ großzügig verfuhr,[40] war dies für einen Legionslegaten, der bisher nur die Prätur erreicht hatte, sicher keine alltägliche Ehrung. Ferner wurde Vespasian in zwei Priesterschaften aufgenommen. Es verwundert daher nicht, dass er im Jahr 51 (Suffekt-)Konsul wurde, dem für einen *homo novus* frühestmöglichen Zeitpunkt. Damit hatte Vespasian seinen älteren Bruder endlich eingeholt.

Kurz vor dem Erreichen der Prätur heiratete Vespasian Flavia Domitilla, von der uns die Historiker wenig überliefern. Von Sueton wissen wir lediglich, dass sie wohl aus Ferentium stammte (siehe Abb. 3 auf S. 21), nur das latinische Bürgerrecht besaß und ihr daher vor der Hochzeit erst noch das volle Bürgerrecht verliehen werden musste. Wohl bereits im Jahr darauf wurde Titus geboren und zwar „in einem armseligen Haus, … in einem kleinen und finsteren Zimmer; es existiert ja noch heute [gut 80 Jahre später] und kann besichtigt werden".[41] Kurz bevor Vespasian sein Konsulat antrat – er war inzwischen in ein besseres Stadtviertel umgezogen[42] – kam Domitian auf die Welt. Neben den beiden Söhnen hatte das Paar eine Tochter, die den Namen ihrer Mutter trug und wie diese starb, bevor Vespasian Kaiser wurde.

Wir sehen Vespasians Gattin in Abb. 9 auf einem einige Jahre nach dem Tod Vespasians geprägten Denar.[43] Über der Stirn ist ihr Haar in Löckchen frisiert, im Nacken wird es in einer langen Zopfschlaufe gesammelt, die von einem festen Band zusammengehalten wird. Sie steht damit in der Tradition der julisch-claudischen Epoche (Agrippina trägt in Abb. 4 eine ähnliche Frisur). Domitilla firmiert auf der Münze als DIVA DOMITILLA AVGVSTA, obwohl sie wegen ihres frühen Todes zu Lebzeiten nie den *Augusta*-Titel führte. Unter die Staatsgötter aufgenommen – also zur *diva* (Vergöttlichten) – wurde sie wohl durch Domitian, der damit seiner eher schlichten Herkunft zusätzlichen Glanz verleihen wollte.

Wegen seiner militärischen Erfolge in Britannien hatte Vespasian engen Kontakt zum Kaiserhaus. Sein Sohn Titus genoss deswegen das Privileg, zusammen mit dem etwa ein Jahr jüngeren Kaisersohn Britannicus am Kaiserhof erzogen zu werden. Nach Sueton saß er sogar mit am Tisch, als Britannicus ermordet wurde.[44] Bei dem 15-Jährigen dürfte der Tod seines Freundes Spuren hinterlassen haben. Im Herbst des Jahres 66 begleitete der inzwi-

Abb. 9: Domitilla

schen 28-jährige Titus seinen Vater nach Griechenland, während der 16-jährige Domitian bei seinem Onkel Sabinus in Rom blieb. Titus hatte eben die Quästur absolviert, nachdem er in Britannien und Germanien als Militärtribun, also als stellvertretender Legionskommandeur, erste militärische Erfahrungen gesammelt hatte.[45]

Nach Domitillas Tod heiratete Vespasian nicht mehr. Möglicherweise befürchtete er, legitime Söhne aus einer neuen Verbindung könnten Erbstreitigkeiten heraufbeschwören. Später schloss seine Machtübernahme eine neue Heirat ohnehin aus, da danach jeder familiäre Zwist reichsweite Turbulenzen ausgelöst hätte. Eine gesellschaftlich akzeptierte, aber rechtlich folgenlose Alternative bot das Konkubinat. Vespasians Konkubine wurde Caenis, die er am Kaiserhof kennengelernt hatte. Sie war eine Freigelassene Antonias, der Mutter des Claudius. Antonia starb im Jahr 37 mit über 70 Jahren. Da Caenis bei ihr über Jahre als Privatsekretärin eine Vertrauensstellung eingenommen hatte, darf man annehmen, dass sie zu diesem Zeitpunkt über 30 Jahre alt war, beim Herrschaftsantritt des Vespasian also deutlich über 50 Jahre zählte.

Am Hof des Vespasian nahm sie „fast die Stellung einer rechtmäßigen Gattin"[46] ein. In dieser Stellung wurde sie sehr reich. Sie scheint die Geldgeschäfte übernommen zu haben, bei denen sich Vespasian die Hände nicht schmutzig machen wollte. „Obwohl nämlich Vespasian niemanden wegen seines Reichtums tötete, schonte er doch das Leben vieler, die ihm Geld boten."[47] Caenis starb wohl vor dem Jahr 75. Die Abb. 10 zeigt den reich verzierten eleganten Grabaltar „für die beste Patronin Caenis, der Freigelassenen der Augusta Antonia".

Unter Nero verebbte Vespasians Laufbahn. Dass er seine Meriten unter Kaiser Claudius erworben hatte, war am Hof Neros sicher keine Empfehlung. Vor allem Agrippina hatte wohl Vorbehalte gegen ihn, da er von Narcissus gefördert worden war,[48] von dem Mann also, der versucht hatte, ihre Heirat mit Claudius zu verhindern. Auch dürfte Agrippina, die von Caligula verbannt worden war, Vespasians anbiederndes Verhalten gegenüber diesem Kaiser (siehe S. 31) nicht vergessen haben. So lebte Vespasian zurückgezogen, bis – einige Jahre nach Agrippinas Tod – das Prokonsulat in der Provinz *Africa* seine Laufbahn krön-

Abb. 10: Grabaltar für Caenis

te. Sueton bescheinigt ihm, dass er die Provinz völlig uneigennützig und nicht ohne große Anerkennung verwaltet habe. Sicher ist, dass er sich, im Gegensatz zur verbreiteten Praxis, in diesem Amt nicht bereichert hat.[49]

Wie kam es zum überraschenden Comeback des beim Kaiser in Ungnade gefallenen Vespasian? Warum übertrug ihm Nero das Kommando über mehrere Legionen? Die Antwort liefert die militärische Lage im Osten des *Imperium Romanum*.

Etwa zu der Zeit, als der aus dem kaiserlichen Gefolge verbannte Vespasian um sein Leben fürchtet, sehen wir Domitius Corbulo in der Nähe von Korinth an Land gehen, nachdem Nero ihn aus dem Osten zurückgerufen hatte. Tacitus beschreibt Corbulo als großen Redner, imponierende Erscheinung, als Persönlichkeit, die „abgesehen von ihrer Erfahrung und Klugheit sogar durch scheinbare Belanglosigkeiten" beeindruckte.[50] Noch Jahrzehnte nach seinem Tod war Corbulos hünenhafte Gestalt geradezu sprichwörtlich.[51] Corbulo konnte auf eine lange, eindrucksvolle Karriere zurückblicken. Nach seinem (Suffekt-)Konsulat wurde Corbulo im Jahr 47 Statthalter in Niedergermanien, wo er erfolgreich gegen germanische Stämme kämpfte. Als sich der ehrgeizige General anschickte, öst-

Abb. 11: Das Imperium Romanum unter den Flaviern

lich des Rheins über die Sicherung der Rheingrenze hinausgehende Aktivitäten zu entfalten, befahl ihm Kaiser Claudius den Rückzug auf das linke Rheinufer. Claudius dachte offensichtlich nicht daran, die unter Tiberius erfolgte Grenzziehung zu revidieren – sein in Britannien errungener Ruhm genügte ihm. Um sein Heer trotzdem zu beschäftigen, ließ es Corbulo einen 23 Meilen langen Kanal zwischen Maas und Rhein anlegen, der verhindern sollte, „dass sich die Flüsse stauten und während der Flut Überschwemmungen verursachten".[52] Ferner erlaubte es der Kanal, „die unsichere Fahrt auf dem Ozean zu vermeiden. Die Triumphalabzeichen bewilligte der Caesar [Claudius] trotzdem, obwohl er einen Krieg verweigert hatte."[53] Ebenfalls unter Claudius wurde Corbulo Prokonsul der Provinz *Asia*. Kurz nach seinem Regierungsantritt schickte Nero den angesehenen Konsular in den Osten, um die von den Parthern bedrohte römische Oberhoheit über Armenien zu sichern. Im Jahr 58 konnte Corbulo die armenische Hauptstadt einnehmen und einen römischen Klientelkönig einsetzen, was seinen Ruf als führender Feldherr Roms festigte. Nero brachte dieser Erfolg ausufernde Ehrungen durch den Senat ein, etwa „die Aufnahme der Tage, an dem der Sieg errungen, an dem er gemeldet, an dem über ihn beraten wurde, unter die Festtage".[54] Doch schon 61 wechselte Armenien wieder auf die parthische Seite. Dem diplomatischen Geschick Corbulos war es zu verdanken, dass Rom zumindest die formale Oberhoheit über Armenien behielt. Da Gerüchte aufgetaucht waren, der beim Heer beliebte Corbulo sei an einer Verschwörung gegen Nero beteiligt, betrachtete ihn Nero als Gefahr für seine Herrschaft. Er bestellte ihn daher zu sich nach Griechenland – natürlich in allen Ehren und mit lobenden Worten. Erst als Corbulo in Griechenland an Land gegangen war, wurde ihm klar, dass er in eine Falle getappt war. Zutiefst erschrocken über die eigene Torheit stieß er sich mit den Worten „Du verdienst es!" das Schwert in den Leib.[55]

Inzwischen hatten in der kleinen, aber wegen ihrer Lage strategisch bedeutsamen Provinz *Iudaea* (siehe die Abbildungen 11 und 12) Unruhen um sich gegriffen. Die der wichtigen Militärprovinz *Syria* untergeordnete Provinz umfasste neben Iudaea die Gebiete Galilaea, Samaria, Idumaea sowie Teile von Peraea („jenseitiges Land"). Im Süden schloss sich die reiche Provinz *Aegyptus* an, die einen wesentlichen Teil des Getreides lieferte, das für die Versorgung Roms benötigt wurde. Im Norden grenzte es an *Syria* und das Reich des Klientelkönigs Herodes Agrippa II (er war ein Urenkel des aus der Bibel bekannten Herodes, der auch der Große genannt wurde), zu dem unter anderem die Landschaften Gaulanitis (der heutige Golan) und Batanaea, aber auch die Stadt Tiberias am See Genezareth gehörten.

In der Provinz *Iudaea* lebte etwa eine halbe Million Menschen, davon vielleicht 150 000 in den gut 200 Dörfern und Städten Galiläas und 200 000 im eigentlichen Iudaea. In Jerusalem kann man von etwa 30 000 Einwohnern ausgehen.[56] Ein Vergleich mit Alexandria kann helfen, diese Zahlen besser einzuordnen. Schätzungen[57] zufolge lebten in dieser Stadt ebenso viele Menschen wie in *Iudaea* und mehr Juden als in Galiläa.

Zur Bekämpfung der Aufständischen brauchte Rom rasch wieder einen kompetenten Feldherrn im Osten. Obwohl Nero inzwischen weit mehr Interesse an seiner künstlerischen Betätigung als an der Regierungsarbeit zeigte, traf er mit der Ernennung Vespasians eine politisch wie militärisch überzeugende Entscheidung. Denn Vespasian hatte in Britannien

Abb. 12: Zum Jüdischen Krieg

seine militärischen Fähigkeiten eindrucksvoll bewiesen; als ein Mann „ohne Vorfahren“ stellte er aber im Unterschied zu Corbulo keine ernsthafte Gefahr für Neros Regentschaft dar.

Die Hauptschuld am Ausbruch der Feindseligkeiten in der Provinz *Iudaea* gibt Josephus ihren in Caesarea (siehe Abb. 12) mit dem Titel Prokurator residierenden Statthaltern, während die ihnen übergeordneten Statthalter Syriens bei ihm fast ungeschoren davonkommen. Diese Schuldverteilung befreite Josephus aus einem Dilemma. Zum einen brauchte er einen römischen Schuldigen, um seinen eigenen Einsatz in diesem Krieg zu rechtfertigen. Zum anderen wollte er es nicht mit dem Kaiser und seinen senatorischen Vertrauten – und dazu gehörten die Statthalter einer Provinz wie *Syria*, in der vier Legionen standen – verderben. Daher boten sich zweitrangige Angehörige des Ritterstands als Sündenböcke geradezu an. Es besteht jedoch kein Grund anzunehmen, dass sich Judäas Statthalter schamloser bereicherten als die anderer Provinzen.

Seit dem Jahr 64 war der römische Ritter Gessius Florus Prokurator von *Iudaea*. Nach Josephus verdankte er diesen Posten Neros Gattin Poppaea.[58] Die Lage eskalierte, als er auf den Tempelschatz zugreifen wollte „mit der Ausrede, dass der Kaiser die Mittel brauche".[59] Es war wohl keine Ausrede. Der Wiederaufbau Roms nach dem verheerenden Brand im Jahre 64 und Neros *Domus Aurea*, sein Goldenes Haus, verschlangen Unsummen. Das ganze *Imperium Romanum* hatte darunter zu leiden. Tacitus[60] spricht davon, dass Italien verwüstet und die Provinzen ruiniert wurden, um das nötige Geld zu beschaffen. „In diesen Raubzug wurden auch die Götter einbezogen, indem man in der Hauptstadt die Tempel plünderte und das Gold fortschaffte … Ja, in *Asia* und *Achaia* wurden nicht nur die Weihegeschenke, sondern sogar die Götterstatuen weggeschleppt." Mit Sicherheit wurde auch *Iudaea* nicht verschont. Dort schien es den Römern wohl einfacher (und lukrativer), auf den Schatz des nach Tacitus[61] ungeheuer reichen Jerusalemer Tempels zuzugreifen, als mühsam und zeitraubend eine Extrasteuer einzutreiben.

Doch die Juden wehrten sich; Florus, der nur über Hilfstruppen verfügte, musste Jerusalem räumen. Nun war der übergeordnete syrische Statthalter Cestius Gallus gezwungen einzugreifen. Er führte ein großes Heer gegen die Juden mit der *legio XII Fulminata* im Zentrum. Weite Teile des Landes wurden verwüstet und die Stadt Joppe erobert. Vor Jerusalem jedoch scheiterte Gallus und musste den Rückzug antreten, auf dem ihm die Juden starke Verluste zufügten. Nach Sueton[62] verlor die 12. Legion dabei sogar ihren Adler. Die jüdischen Widerstandsgruppen befestigten nun systematisch Städte und Dörfer. Auch die Bergfestung Masada fiel in ihre Hände. Dass es den Rebellen längst nicht mehr um die Beseitigung von Missständen, sondern um einen eigenen, von den Römern unabhängigen Staat ging, zeigt der in Jerusalem geprägte silberne Schekel, den wir in Abb. 13 sehen. Die hebräische Legende auf der Vorderseite lautet *Schekel von Israel*, die beiden Buchstaben über dem Kelch nennen als Prägezeitraum das Jahr 2 (des jüdischen Aufstands bzw. in den Augen der Rebellen des freien Israel), also das Jahr 67 oder 68. Auf der Rückseite umgibt die Umschrift *Jerusalem die Heilige* einen Granatapfelzweig mit drei Früchten. Schekel dieses Typs gibt es mit den Jahresdaten „1" bis „5" (also für die Jahre 66 bis 70). Die Prägungen enden mit dem Fall Jerusalems.

Vespasian war aufgrund seiner Erfahrungen aus dem Britannien-Feldzug klar, dass die Verteidigungsmaßnahmen und die Mobilisierung großer Teile der Bevölkerung einen langwierigen, nur mit massivem Militäreinsatz erfolgreich zu führenden Feldzug erwarten ließen. Doch auch ihn dürfte der Fanatismus der Aufständischen, die selbst in hoffnungsloser Lage oft buchstäblich bis zum letzten Mann kämpften, überrascht haben, da ihm der tiefere Grund für die in Palästina deutlich häufiger und deutlich heftiger als in anderen Provinzen auflodernden Aufstände fremd war: der Glaube der Juden an Jahwe, in dem sie

Abb. 13: Ein Schekel

die Legitimation und den Garanten ihrer Autonomie sahen. Dieser politische Charakterzug ihrer Religion kollidierte natürlich mit dem Herrschaftsanspruch Roms. Dass dieser Konflikt trotz der im Römischen Reich herrschenden Religionsfreiheit letztlich unlösbar war, zeigt sich besonders an den Zeloten („Eiferern"). Für sie war „Gott allein ihr Herrscher und Herr. Leichten Herzens nahmen sie jede Art von Tod auf sich, … wenn sie nur keinen Menschen als Herrn anzusprechen hatten."[63] Es verwundert daher nicht, dass sie die römische Oberherrschaft – insbesondere die von den Römern erhobenen Steuern – grundsätzlich ablehnten.

Sehen wir uns zunächst die Personen an, auf deren Zusammenarbeit Vespasian bei seinem Feldzug angewiesen war. In Ägypten amtierte Tiberius Iulius Alexander, dessen Vater „nach Herkunft und Reichtum einer der einflussreichsten Männer seiner Zeit war und seinen Sohn an Frömmigkeit weit übertraf, da dieser den überlieferten Glaubensgesetzen nicht treu blieb".[64] Der Sohn war demnach ein romanisierter Jude aus einer der wohlhabendsten Familien in Alexandria, dem sein Römertum näher stand als die Einhaltung jüdischer Gebote. Die Rolle, die ihm sein Onkel, der jüdische Philosoph Philo, in seinen Dialogen zuteilt, zielt ebenfalls in diese Richtung.

Seine Laufbahn begann er als Epistratege Mittelägyptens, also an der Spitze der Verwaltungsebene direkt unterhalb des Statthalters. Unter Claudius war er Statthalter von *Iudaea*, wo er trotz seiner Romnähe die jüdischen Sitten respektierte und so den Frieden sicherte.[65] Im Jahr 63 schickte Nero den „hochrangigen römischen Ritter" Alexander zur Unterstützung Corbulos nach Syrien.[66] Dass er dort zusammen mit Corbulos Schwiegersohn eine Ehreneskorte für den armenischen König Tiridates anführte, zeigt seine herausgehobene Position. Im Jahr 66 wurde er Statthalter von Ägypten[67] und damit – als einziger römischer Ritter – Kommandeur von zwei Legionen.[68] Schon bald nach dem Antritt dieses Amtes erlebte Alexander dessen Schattenseiten. Nachdem blutige Auseinandersetzungen zwischen der griechischen und jüdischen Bevölkerung Alexandrias zu einem Aufstand der großen jüdischen Gemeinde geführt hatten und er beim Versuch, diesen gewaltlos zu beenden, nur Hohn und Spott geerntet hatte, setzte er die beiden bei Alexandria stationierten Legionen gegen die Aufständischen ein. Am Ende hatten die Juden wohl mehrere tausend Tote zu beklagen.[69]

Tiberius Alexander kannte nicht nur alle Gebiete des Nahen Ostens aus eigener Anschauung, er war auch mit der Familie des Königs Herodes Agrippa II gut vernetzt. Schon ihre Väter pflegten geschäftliche Beziehungen.[70] Im Jahr 41 hatte zudem Alexanders jüngerer Bruder Agrippas Schwester, die damals etwa 13-jährige Berenike, geheiratet. Bereits 44, dem Todesjahr ihres Vaters, wurde sie Witwe, heiratete wenig später ihren Onkel, den Herrscher des Klientelkönigtums Chalkis, was sie zur Königin machte und im Jahr 48 mit 20 Jahren abermals zur Witwe. Nutznießer war ihr etwa ein Jahr älterer Bruder Agrippa, dem Kaiser Claudius dieses Königreich übertrug.[71] Nur von einer kurzen dritten Ehe unterbrochen, lebte Berenike nun am Hof ihres Bruders. Im Jahr 69 war sie etwa 40 Jahre alt, laut Tacitus „eine Frau in der Blüte ihrer Jahre und Schönheit und auch bei dem schon alten Vespasian wegen ihrer prächtigen Geschenke gern gesehen".[72] Berenike war also eine beeindruckende Persönlichkeit, die entschieden im Sinne der Flavier agierte und sicher auch auf Alexander entsprechend einwirkte. Sie brauchte wohl in keiner Hinsicht den Vergleich mit Kleopatra (VII) zu scheuen. Dass der zehn Jahre jüngere Titus bald eine Liaison mit ihr begann, die viele Jahre hielt, muss daher nicht verwundern. Berenike inspirierte noch im 18. Jahrhundert zahlreiche Komponisten – unter ihnen Georg Friedrich Händel – zu Opern über ihr wechselvolles Leben.

In Syrien war der vor Jerusalem gescheiterte Statthalter Cestius Gallus gestorben, „weil es das Schicksal so wollte oder er des Lebens überdrüssig war".[73] Sein Nachfolger wurde der Konsular Licinius Mucianus, „der im Glück wie im Unglück in gleicher Weise von sich reden machte. … Aus Verschwendungssucht und Tatkraft, Umgänglichkeit und Überheblichkeit, aus schlechten und guten Verhaltensweisen war er eine Mischung: Exzesse, wenn er nichts zu tun hatte, aber jedes Mal, wenn es darauf angekommen war, hervorragende Fähigkeiten!"[74] Bei Kaiser Claudius war er aus nicht bekannten Gründen in Ungnade gefallen und in eine abgelegene Gegend der Provinz *Asia* verbannt worden. Erst unter Nero konnte er seine Senatskarriere fortsetzen. Er wurde wohl bald Prätor, war unter Corbulo Legat der *legio VI Ferrata*, wurde Statthalter der im Süden Kleinasiens gelegenen Provinz *Lycia* und wahrscheinlich im Jahr 64 Suffektkonsul. Schließlich übernahm er die Statthalterschaft der militärisch wichtigen Provinz Syrien und damit den Oberbefehl über vier Legionen. Er dürfte dort im Oktober 67 eingetroffen sein.[75]

Obwohl von ähnlich bescheidener Herkunft,[76] waren Mucianus und Vespasian nicht nur sehr gegensätzliche Persönlichkeiten, auch ihre finanziellen Möglichkeiten unterschieden sich beträchtlich. Vespasian „hob sich in Kleidung und Auftreten kaum von einem einfachen Soldaten ab … Mucianus ließen im Gegensatz dazu Prachtentfaltung, Reichtum und all die anderen Verhaltensweisen herausstechen, die den für einen Privatmann üblichen Rahmen sprengten." Es verwundert daher nicht, dass es anfangs zu Reibereien zwischen beiden kam, bei denen es wohl im Wesentlichen um die Abstellung von Truppen für Vespasians Feldzug ging. Diese waren spätestens nach Neros Tod beigelegt, wozu maßgeblich Titus beitrug, „der von Veranlagung und Fähigkeiten her in der Lage war, sogar einen Mucianus für sich einzunehmen".[77]

Während Vespasian über den Hellespont nach Syrien reiste, schickte er seinen Sohn Titus trotz der Winterzeit über das Meer nach Alexandria, um mit Tiberius Alexander das weitere Vorgehen zu besprechen und die dort neben den beiden regulären Legionen für einen von Nero geplanten Feldzug stationierte *legio XV Apollinaris* nach *Iudaea* zu führen.[78] In Antiochia übernahm Vespasian das Kommando über zwei Legionen sowie über umfangreiche Hilfstruppenkontingente. Bei den Legionen handelte es sich um die *legio X Fretensis*, die lange unter Corbulos Oberbefehl gestanden hatte, und die *legio V Macedonica*, die unter Nero von Mösien in den Osten verlegt worden war und dort zeitweise von Corbulos Schwiegersohn geführt wurde.[79] Zusätzliche Verbände, großenteils Bogenschützen, stellten benachbarte Klientelkönige, etwa der schon erwähnte König Agrippa. Mit diesen Truppen zog Vespasian in Eilmärschen nach Ptolemais (dem heutigen Akkon; siehe Abb. 12), wo er auf Titus mit der 15. Legion traf, die Vespasian nun selbst übernahm. Die 10. unterstellte er dem knapp 40-jährigen ehemaligen Prätor[80] Marcus Ulpius Traianus, dem Vater des von 98 bis 117 herrschenden Kaisers. Seinem Sohn übertrug er das Kommando über die 5. Legion, auch wenn dieser bisher nur die Quästur erreicht hatte. Nach Josephus kommandierte damit Vespasian als *legatus Augusti pro praetore* eine Armee von etwa 60 000 Mann, mit der er Schritt für Schritt die Provinz *Iudaea* zurückeroberte. Selbst vor der Taktik der verbrannten Erde schreckte er dabei nicht zurück.

Obwohl er seinen militärischen Ruhm in Britannien schon vor langer Zeit und am anderen Ende des *Imperium Romanum* erworben hatte, scheint sich dieser bis nach Judäa herumgesprochen zu haben. Denn schon in Ptolemais konnte Vespasian eine Delegation der traditionsreichen und gut befestigten Stadt Sepphoris empfangen, die ihm ihre Treue versicherte. Auf ihre Bitte hin verlegte er zum Schutz vor den Aufständischen Fußtruppen und Reiterei in die Stadt. Diese Episode macht deutlich, dass der Jüdische Krieg nicht einfach ein Krieg zwischen Juden und Römern war, sondern zu großen Teilen ein Bürgerkrieg zwischen Rebellen und Gemäßigten, die eine Zusammenarbeit mit den Römern der Bevormundung und Unterdrückung durch religiöse Fanatiker vorzogen. Auch Kämpfe zwischen den zerstrittenen Rebellengruppen lassen dies erkennen.

Nun ging Vespasian systematisch daran, die befestigten Städte Galiläas zu erobern. Erstes Ziel war Jotapata. Schon hier zeigt sich sein überlegtes Vorgehen: „Er schickte Fußtruppen und Reiter voraus, um den Weg dorthin, der bergig und steinig und schon für Fußgänger mühsam, für die Reiterei aber völlig unpassierbar war, vorher in den rechten Stand zu setzen. In vier Tagen war die Arbeit verrichtet und dem Heer eine breite Straße gebahnt."[81] Die Belagerung erwies sich als langwierig und mühsam. Selbst Vespasian wurde durch ein Wurfgeschoss leicht verwundet. Glaubt man seinen eigenen Schilderungen, so trug Josephus, der die Verteidigung organisierte, mit seinen Finten wesentlich dazu bei, dass die Römer die Stadt erst nach 47 Tagen – im Juli 67 – einnehmen konnten. Als die Belagerungsdämme die Höhe der Stadtmauer erreicht hatten, gelang es einem Trupp – mit Titus an der Spitze – nachts in die Stadt einzudringen und dem Heer Zugang zu verschaffen. Josephus, der sich in einer Zisterne versteckt hatte, wurde wenig später gefangen genommen. Nach seinen Worten hatte er es vor allem Titus zu verdanken, dass man ihn am Leben ließ. Die Stadt wurde in Brand gesetzt, die Festungswerke geschleift.

Die lange Zeit der Belagerung ließ Vespasian nicht ungenutzt verstreichen. Ulpius Traianus konnte zwischenzeitlich mit einem Teil seiner 10. Legion die etwa 15 Kilometer südlich von Jotapata gelegene Stadt Japha erobern. Traianus sah, „wie die Einwohner ihm aus der Stadt kampfbereit entgegenzogen und nahm den Kampf mit ihnen auf. Sie leisteten jedoch nur kurze Zeit Widerstand, dann wandten sie sich zur Flucht. Er verfolgte sie mit den römischen Truppen, die den Fliehenden bis zur ersten Mauer auf den Fersen blieben und zugleich mit diesen eindrangen. Als aber die Fliehenden auf die zweite Mauer zueilten, verschlossen ihre eigenen Landsleute in der Stadt die Tore, weil sie fürchteten, die Feinde könnten mit ihnen hereinkommen." So eingepfercht zwischen den beiden Mauern wurden die Galiläer ein leichtes Opfer der nachsetzenden Römer.

Einen Teil der 5. Legion schickte Vespasian noch weiter nach Süden in das Gebiet der Samariter, die sich auf ihrem heiligen Berg Garizim verschanzt hatten. Als die Römer den Berg hinaufgezogen waren und die Samariter umzingelt hatten, richtete der römische Befehlshaber an sie „zunächst die Aufforderung, sich auf Gnade zu ergeben, und bot ihnen die Hand zur Rettung mit der festen Zusicherung freien Abzugs, falls sie die Waffen niederlegen würden. Als sein Zureden nichts half, ließ er stürmen, wobei er alle, insgesamt etwa 11 600 Personen, niedermetzeln ließ."

Nach diesen Erfolgen zog Vespasian mit seiner Armee zur Provinzhauptstadt Caesarea, wo später zwei seiner drei Legionen das Winterquartier beziehen sollten. Als er erfuhr, dass sich in dem von Cestius Gallus zerstörten Joppe ein neues Widerstandsnest gebildet hatte, schickte er eine Truppe in diese Gegend. Ihr fiel es leicht, die unzulänglich geflickten Stadtmauern zu überwinden. Die auf Schiffe geflüchteten Einwohner kamen größtenteils auf dem Mittelmeer um, „als sich gegen Morgen ein mächtiger Sturm erhob, der von den Seeleuten dieser Gegend ‚schwarzer Nordwind' genannt wird. Ein Teil der Schiffe zerschellte an den Felsen, ein anderer, weil sie gegeneinander getrieben wurden. Viele, die der Brandung entgegen das offene Meer zu gewinnen suchten, weil sie die felsige Küste und die dort postierten Feinde fürchteten, verschlang die sich turmhoch erhebende Flut."[82] Wer sich ans Ufer retten konnte, wurde von den dort stehenden römischen Soldaten umgebracht. Um künftigen Widerstand zu unterbinden, wurde bei Joppe ein festes Lager errichtet.

Meldungen von Unruhen in den Städten Tiberias und Tarichaea am See Genezareth[83] veranlassten Vespasian, einen großen Teil seines Heeres nach Sennabris zu verlegen. Die Unruhen in Tiberias (Abb. 14 zeigt eine Ansicht aus dem frühen 20. Jahrhundert) erwiesen sich als Aktionen einer radikalen Minderheit und konnten schnell beendet werden. Mit Rücksicht auf König Agrippa, zu dessen Gebiet die Stadt gehörte, blieb Tiberias von Gewalttaten und Plünderungen verschont. Entschiedener war der Widerstand in Tarichaea, das etwa 5 Kilometer von Tiberias entfernt am See lag (ob nördlich oder südlich von Tiberias ist umstritten) und auch über eine nennenswerte Flotte verfügte. Schon die Errichtung

Abb. 14: Tiberias am See Genezareth

eines römischen Lagers in der Nähe der Stadt versuchten die Anhänger eines gewissen Jesus zu verhindern, was allerdings misslang.

Der größte Teil der jüdischen Kämpfer, von denen nur wenige aus Tarichaea selbst stammten, hatte sich auf der Ebene vor der Stadt gesammelt. Sie wurden nach heftigem Kampf von einer Reitertruppe unter Titus – der natürlich an vorderster Stelle gegen den Feind stürmte – besiegt. Die Überlebenden flüchteten in die Stadt, deren Bewohner allerdings großenteils keinen Wert darauf legten, in den Kampf hineingezogen zu werden. Die daraus resultierenden Spannungen erleichterten den Römern die Eroberung der Stadt. Wieder war Titus der erste, der hinein gelangte, diesmal schwimmend von der Seeseite aus. Da sich zahlreiche Kämpfer auf die Boote geflüchtet hatten, ließ Vespasian eilends Schiffe zimmern. Deren Besatzungen erledigten den Rest: „Weithin erschien der See rot vom Blut und mit Leichen angefüllt. Denn gerettet wurde niemand. Der Gestank, der sich in den folgenden Tagen in der ganzen Gegend verbreitete, wie auch der Anblick, den sie bot, waren furchtbar." Die Bewohner der Stadt wurden begnadigt, die zugereisten Kämpfer versklavt. Von diesen schickte Vespasian die 6 000 kräftigsten zu Nero an den Isthmus von Korinth.

Die Eroberung von Tarichaea im September 67 veranlasste viele Städte in der Umgebung, ihren Widerstand gegen die Römer aufzugeben. Im Wesentlichen war es nur die zum Reich des Agrippa gehörende Stadt Gamala, die Vespasian ernsthafte Probleme bereitete.[84] Deren Bewohner glaubten, „sich noch mehr als die von Jotapata auf ihre schwer zugängliche Lage verlassen zu können. Von einem hohen Berg aus zieht sich nämlich ein schroffer Kamm herab, der in der Mitte einen Höcker bildet ..., sodass er einem Kamel ähnelt, von dem die Stadt auch ihren Namen hat."

Abb. 15: Titus an der Spitze der Reiterei

Vespasian verlegte sein Heer von Tiberias nach Gamala, besetzte einen der Stadt gegenüberliegenden Berg und errichtete darauf in gewohnter Weise ein festes Lager. Dann ging er daran, Belagerungsdämme aufwerfen zu lassen. Er selbst übernahm die östliche Seite, „wo der höchste Turm der Stadt stand, dem gegenüber die 15. Legion ihr Lager hatte, während sich die 5. Legion gegen das Zentrum der Stadt vorarbeitete. Die 10. hatte die Aufgabe, Gräben und Schluchten aufzufüllen.“ Einen ersten Versuch, die Stadt zu besetzen, mussten die Römer unter schweren Verlusten abbrechen. Den Bewohnern der Stadt nützte dies nichts. Etwa sechs Wochen nach dem Fall von Tarichaea wurde die Stadt im zweiten Anlauf erstürmt. „4 000 Bewohner wurden dabei von den Römern niedergemetzelt, über 5 000 aber stürzten sich selbst in die Tiefe.“

Interessant ist eine Notiz des Josephus, nach der Titus beim ersten Sturm auf Gamala nicht dabei war, „da er damals zu Mucianus nach Syrien geschickt worden war“. Sie bestätigt die Einschätzung des Tacitus, dass Titus der Richtige war, um den Kontakt zwischen Vespasian und Mucianus enger werden zu lassen (siehe S. 40). Beim zweiten Angriff war Titus wieder dabei – natürlich an der Spitze der Reiterei. Josephus mag übertreiben, wenn er wiederholt Titus die Reiterei gegen den Feind führen lässt. Doch Titus liebte diese Rolle. Noch Jahre später lässt er sich so auf Münzen feiern.

In der Abb. 15 sehen wir ein Beispiel aus der ersten Hälfte des Jahres 72. Das Porträt auf der Vorderseite dieses Sesterzes erinnert stark an seinen Vater. Bemerkenswert ist, dass – wie bei den meisten Münzen, die ihn als *Caesar* unter dessen Regentschaft zeigen – nur das erste „T“ der Umschrift (unten bei 6 Uhr) auf seinen Namen verweist. Auf der detailliert ausgearbeiteten Rückseite kämpft er gepanzert und mit einem Speer in der Rechten auf einem Pferd, das sich über einem auf dem Boden liegenden Krieger aufbäumt, der Titus verzweifelt Schild und Schwert entgegenhält.

Der Kampf um Gamala war die letzte große Schlacht in Galiläa. Nach zwei weiteren, eher unbedeutenden Aktionen war die Gegend Ende des Jahres 67 wieder vollständig in römischer Hand. Die letzte Aktion betraf im Norden Galiläas das Städtchen Gischala (siehe

Abb. 12) und verdient nur deshalb erwähnt zu werden, weil hier Vespasians Armee erstmals auf einen gewissen Johannes trifft, der in Jerusalem noch eine wichtige Rolle spielen sollte. Er war ein alter Bekannter des Josephus: Als letzterer nach der Vertreibung der Truppen des Cestius Gallus (siehe S. 37) für die Aufständischen Galiläa verwaltete, „erstand ihm in Gischala ein hinterlistiger Gegner, Johannes, Sohn des Levi, ein Mensch, der durch seine Heimtücke und Verschlagenheit alle übertraf, die sich durch besondere Schlechtigkeit auszeichneten. Von Hause aus arm, hatte ihn der Mangel an Vermögen lange Zeit gehindert, seine Bosheit in die Tat umzusetzen. Stets hatte er eine Lüge zur Hand und er verstand es auch bestens, seine Lügengebilde glaubhaft zu machen. Den Betrug erachtete er als Tugend, selbst im Verkehr mit seinen nächsten Freunden. Er konnte Menschenfreundlichkeit heucheln und schreckte doch, wenn ein Gewinn zu erhoffen war, vor keinem Mord zurück.“[85] Diese Charakterisierung macht klar, dass Johannes auch bei seinen weiteren Auftritten von Josephus kein Lob zu erwarten hatte.

Dies zeigt sich bereits beim Kampf um Gischala. „Die Menge der Einwohner wollte nichts vom Krieg wissen, denn die meisten von ihnen waren Bauern, deren Aufmerksamkeit nur den Ernteaussichten galt. Doch bei ihnen hatte sich eine nicht unbedeutende Räuberbande, die schon den Keim des Verderbens in sich trug, eingenistet; von ihr waren auch einige Bürger angesteckt worden. Der Mann, der diese Leute zum Aufstand aufgewiegelt und zusammengetrommelt hatte, war Johannes, der Sohn eines gewissen Levi, ein Verführer von schillerndem Charakter.“[86] Vespasian schickte Titus mit 1 000 Reitern gegen die Stadt, im übrigen die 5. und 15. Legion nach Caesarea sowie die 10. Legion nach Skythopolis ins Winterlager.

Auf ein Verhandlungsangebot des Titus reagierte Johannes mit der Bitte um Aufschub, da gerade Sabbat sei und ihnen ihr Glaube an diesem Tag Verhandlungen verbiete. Die darauffolgende Nacht nutzte Johannes zur Flucht. Obwohl ihm Titus am nächsten Tag Reiter nachschickte, gelang es Johannes, nach Jerusalem zu entkommen. Die Übernahme Gischalas erfolgte danach kampflos.

Die wenigen Aktionen Vespasians im Jahr 68 dienten vorrangig dazu, Judäa einzukreisen, um den Rücken frei zu haben für den Zug gegen Jerusalem, „der bei Weitem berühmtesten Stadt des Ostens“[87]. Noch im Winter wandte er sich gegen die stark befestigte, reiche Stadt Gadara[88] in Peraea. Ohne Wissen der Aufständischen verhandelten die Stadtoberen mit den Römern, „wozu sie die Liebe zum Frieden ebenso wie die Sorge um ihr Vermögen veranlasst hatte“.[89] Als dies die Rebellen bemerkten, brachten sie das Stadtoberhaupt um, machten sich aber angesichts der römischen Übermacht aus dem Staub. Vespasian sicherte den Bewohnern seine Unterstützung zu und legte in die Stadt „eine Besatzung aus Reiterei und Fußtruppen, um sich gegen die Streifzüge der Geflüchteten verteidigen zu können“.

Im Frühjahr zog Vespasian nach Emmaus, bemächtigte sich dort der nach Jerusalem führenden Pässe und ließ die 5. Legion ein festes Lager beziehen. Auch in Jericho errichtete er ein festes Lager und besetzte es mit Abteilungen von Römern und Bundesgenossen.[90]

3 Neros Triumph (Januar 68)

In Rom zog er auf dem Wagen ein, auf dem einst Augustus als Triumphator gestanden hatte. Gekleidet war er in ein purpurfarbenes Gewand und einen mit goldenen Sternen verzierten Mantel. Auf dem Kopf trug er den Siegerkranz aus Olympia, in der Rechten hielt er den von den Pythischen Spielen. Ihm voran bewegte sich der Festzug mit den übrigen Kränzen und Tafeln, auf denen die Orte, an denen er gewonnen hatte, die Namen der besiegten Gegner und die Titel der Gesänge und Bühnenstücke standen. Seinem Wagen folgten wie bei einem richtigen Triumphzug die Claqueure und brüllten, sie seien die Begleiter des Augustus und die Soldaten seines Triumphs. … Seine heiligen Siegerkränze legte er in seinen Schlafräumen rings um die Betten, ebenso ließ er Statuen aufstellen, die ihn als Kitharöden zeigten. Mit diesem Bild ließ er auch Münzen prägen.

Sueton, *De vita Caesarum*, Nero 25

Eine der von Sueton erwähnten Münzen sehen wir in Abb. 16. Der um 64 (also lange vor seiner Griechenlandtournee) geprägte As zeigt auf der Rückseite Nero, wie er ein – natürlich selbst komponiertes – Lied vorträgt und sich dabei mit der Kithara begleitet. Er sieht sich damit in der Rolle des „Apoll, dem die Gesänge heilig sind"[91] und der in derselben Pose dargestellt wurde. Solche Münzen könnten einen unbekannten, sicher nicht ungebildeten Autor zu folgendem – wohl auf eine Hauswand gekritzelten – Spottepigramm inspiriert haben:[92]

Unser Herrscher spannt die Saiten der Lyra, der Parther den Bogen,
unserer ist der Sänger, jener der Schütze Apoll.

Apoll ist nicht nur der Gott des (Delphischen) Orakels und Anführer der Musen, sondern auch der treffsichere Bogenschütze, der zusammen mit seiner Zwillingsschwester Artemis die Kinder Niobes niederschoss. Der Verfasser hält Nero vor, dass er sich nur mit der musischen Seite Apolls identifiziert, seine wehrhafte aber außer Acht lässt – im Gegensatz zum parthischen Erzfeind im Osten, mit dessen Bogenschützen es bis vor Kurzem Corbulo zu tun hatte. Die ganze Raffinesse dieser Zeilen offenbart erst ein Blick auf parthische Münzen. Diese zeigten nämlich – wie die (ältere) Tetradrachme der Abb. 17 – über Jahrhunderte auf dem Revers einen (königlichen) Bogenschützen. Anscheinend hat der Dichter obiger Zeilen solche Münzen schon in Händen gehalten. Solange solche Verse nur seine kriegerischen Fähigkeiten und nicht sein künstlerisches Genie in Frage stellten, ertrug sie Nero mit bemerkenswerter Geduld und Nachsicht.

Neros römischer Triumphzug war nur der Abschluss und Höhepunkt eines Triumphzugs durch Italien. Der Kaiser hatte sich nämlich nach dem Ende seiner Griechenlandtour-

Abb. 16: Nero als Kitharöde

nee keineswegs beeilt, um nach Rom zu kommen. Vielmehr ließ er sich auf dem Weg dorthin in mehreren Städten ausgiebig für seine in Griechenland errungenen Erfolge feiern. Den Ausgangspunkt bildete Neapel, wo er ja bei seinem ersten großen öffentlichen Auftritt begeistert gefeiert worden war. Aber auch seine Geburtsstadt Antium ehrte er mit einem Besuch.

In jeder dieser Städte ließ Nero nach einem alten griechischen Ritual einen Teil der Stadtmauer einreißen.[93] Nach Plutarch[94] geschah dies, wenn ein siegreicher Kämpfer von einem der großen Spiele in seine Heimatstadt zurückkehrte. Es sollte symbolisieren, dass eine Stadt, die einen solchen Kämpfer unter ihren Bürgern hat, eigentlich keine Mauer nötig hatte. Bei Plutarch geht es allerdings um Faustkampf, Ringen und Wettlauf, also um Wettbewerbe, die auf den Krieg vorbereiten oder ihn nachahmen sollten. Bei einem Kitharöden empfand dies wohl nicht nur die römische Elite als deplatziert. In ihren Augen endete Neros Griechenlandtournee mit der Karikatur eines Triumphzugs, so wie sie mit der Karikatur eines Feldzugs begonnen hatte. Da die Senatoren darauf bedacht sein mussten, ja nicht zu wenig zu jubeln, war dies für sie zudem eine mindestens so heikle und peinliche wie groteske Veranstaltung.

Nero sah dies natürlich ganz anders. In seinen Augen waren Siege in musischen oder sportlichen Wettkämpfen ebenso eines Triumphs würdig wie Siege in einem Krieg – eigentlich ein sympathischer Zug an ihm. Das große Spektakel, das Nero veranstaltete und geradezu kindlich genoss, folgte der Regie eines Triumphzugs, wies allerdings einige markante Unterschiede auf.[95] Der Triumphwagen zeigt, dass sich Nero in der Tradition des Augustus und seinen Ruhm ähnlich hell erstrahlen sieht. Nero trägt auch die mit Goldstickereien verzierten purpurnen Gewänder eines Triumphators. Seinen Kopf schmückt aber anstelle eines Lorbeerkranzes der bei den Olympischen Spielen errungene Olivenkranz aus den Zweigen des „schönkränzenden" (*kallistéphanos*) wilden Ölbaums, der im olympischen Hain in der Nähe des Zeustempels wuchs.[96] In der Rechten hält er statt eines Lorbeerzweigs den Lorbeerkranz, der ihm in Delphi überreicht worden war. Tafeln, auf denen die Orte seiner Siege, die Namen der Gegner und die Titel seiner Lieder stan-

Abb. 17: Bogenschütze auf einer parthischen Tetradrachme

den, ersetzten die Schlachtengemälde und die Tafeln mit den Namen der besiegten Feldherrn und Völker. Neros Zug endete auch nicht wie „echte" Triumphzüge auf dem Kapitol am Tempel des *Iupiter Optimus Maximus*, sondern bei dem von Augustus eingeweihten Apollotempel auf dem Palatin. Dio, der diesen Triumphzug ähnlich ausführlich schildert wie Sueton,[97] steuert weitere Einzelheiten bei. Wir erfahren, dass die ganze Stadt mit Girlanden geschmückt war und „die gesamte Bevölkerung, besonders laut aber die Senatoren" im Chor riefen: „Augustus! Augustus! Göttliche Stimme! Selig, wer dich hören darf!" Dio überliefert sogar die Zahl der mitgeführten Kränze: Es waren 1 808.

Mit den Problemen, die seinen römischen „Statthalter" Helius nach Griechenland getrieben hatten, scheint sich Nero kaum beschäftigt zu haben. Er hält sich nur kurz in Rom auf. Bereits im Frühjahr weilt er wieder in Neapel. Dort erhält er – nach Sueton „genau an dem Tag, an dem er seine Mutter ermordet hatte", also zwischen dem 19. und 23. März des Jahres 68 – die Nachricht von der Revolte des Iulius Vindex.[98]

Vindex, ein romanisierter Gallier königlicher Abstammung, dessen Vater den Sprung in den Senat geschafft hatte,[99] war Statthalter der Provinz *Gallia Lugdunensis*. Obwohl er bisher lediglich die Prätur erreicht hatte und in seiner Provinz nur Hilfstruppen standen, hatte er gewagt, was sich bisher keiner getraut hatte. In einer Rede vor Provinzbewohnern, die unter Neros Geldeintreibungen zu leiden hatten, und Soldaten, die sich über ausstehenden Sold beklagten, prangerte er Neros entwürdigendes Verhalten an und rief zum Aufstand auf: „So erhebt euch doch endlich gegen ihn! Helft euch selbst, helft den Römern, befreit die ganze Welt!"[100] Dabei geht es ihm keineswegs um die Befreiung Galliens von der römischen Herrschaft, sondern allein um einen würdigeren Regenten.

Nero zeigte sich darüber nicht sehr besorgt. Er machte sich lieber auf den Weg ins Gymnasium, um den Athleten zuzusehen. „Während der nächsten acht Tage schickte er niemandem ein Antwortschreiben, gab niemandem irgendwelche Anweisungen oder Befehle."[101] Erst als ihn Vindex als schlechten Kitharöden beschimpfte, schrieb er dem Senat, er solle Gegenmaßnahmen ergreifen. Offenkundig waren zu diesem Zeitpunkt noch keine militärischen Aktionen gegen die Aufständischen eingeleitet, die Legionen der beiden starken Militärbezirke *Germania inferior* und *Germania superior* also nicht in Marsch gesetzt worden.

Als sich die Eilmeldungen aus Rom häuften, kehrte er schließlich Mitte April nach Rom zurück. Doch den Ernst der Lage hatte er noch immer nicht erkannt. Er übernahm zwar außer der Reihe das Konsulat, beriet sich aber nur kurz mit führenden Mitgliedern des Senats, „um ihnen dann den Rest des Tages Wasserorgeln eines neuen, noch nie dagewesenen Typs vorzuführen; er zeigte ihnen jede einzelne und erging sich in Erklärungen über ihren Mechanismus und die Schwierigkeiten bei ihrer Bedienung."

Offenkundig versuchte Nero die Probleme zu verdrängen. Dies sollte sich sehr bald rächen.

Zweiter Akt
Drei jähe Abstürze

4 Neros klägliches Ende (Juni 68)

Nero starb in seinem 32. Lebensjahr, an dem Tag, an dem er einst Octavia ermordet hatte. Und die Freude über seinen Tod war so groß, dass das Volk mit Freiheitsmützen auf dem Kopf durch die ganze Stadt lief. Und doch gab es Leute, die sein Grab noch lange Zeit mit Frühlings- und Sommerblumen schmückten und bald Statuen, die ihn im Amtsgewand zeigten, auf der Rednertribüne aufstellten, bald seine Edikte bekanntmachten, so als lebe er noch oder werde in Kürze zum großen Verderben seiner Feinde wiederkommen.

Sueton, *De vita Caesarum*, Nero 57

Wohl wenige Tage früher als Nero erfährt Servius Sulpicius Galba, der seit acht Jahren Statthalter der Provinz *Hispania citerior* ist, von der gallischen Revolte. Der im Jahr 5 v. Chr. in einer Villa bei Tarracina (siehe Abb. 3 auf S. 21) geborene Patrizier[1] konnte auf eine eindrucksvolle, für einen Angehörigen des Adels aber nicht ungewöhnliche Karriere zurückblicken. Schon als Prätor unter Tiberius wusste er zu glänzen. Bei Spielen, die er in diesem Amt veranstaltete, „präsentierte er dem Publikum eine Nummer, die ganz neu war: Elefanten, die als Seiltänzer auftraten".[2] Danach wurde er Statthalter der Provinz *Aquitania* und im Jahr 33 ordentlicher Konsul. „Es traf sich, dass er in diesem Amt Domitius [Ahenobarbus], dem Vater Neros, nachfolgte, ihm selbst aber Salvius Otho, der Vater des Otho – gleichsam ein Vorzeichen für das, was später eintreten würde. War er doch der Kaiser, der von den Söhnen dieser beiden umrahmt wurde." Unter Caligula wirkte Galba erfolgreich als Statthalter Obergermaniens. Er gehörte zum engsten Beraterkreis des Kaisers Claudius, den er auch nach Britannien begleitete. Er war Prokonsul der Provinz *Africa*, war mit den Triumphalabzeichen geehrt und in mehrere Priesterschaften aufgenommen worden. Unter Nero lebte er zurückgezogen, bis er im Jahr 60 als Statthalter nach Spanien geschickt wurde.

Nach dem frühen Tod seiner Frau (und der zwei Söhne, die er mit ihr hatte) heiratete Galba nicht mehr. Selbst Agrippina, die sich intensiv um Galba bemühte, nachdem ihr erster Mann Domitius Ahenobarbus im Jahr 40 gestorben war, konnte ihn nicht zu einer erneuten Heirat bewegen. Im Erfolgsfall wäre Galba wohl Neros Adoptivvater geworden.

Zumindest in den drei Statthalterschaften, die er als Konsular inne hatte, unterschied sich Galba von seinen Vorgängern durch seine Strenge (*severitas*). Konnten die Soldaten in Obergermanien darauf noch mit Spottversen reagieren, ließ er als Prokonsul der Provinz *Africa* einen Soldaten dafür verhungern. Dieselbe Strenge zeigte er zunächst auch in Spanien. Doch nach stürmischem Beginn ließ er es mittlerweile ruhiger angehen.[3] Offensichtlich genoss er nun weit weg von Rom mit seinen Gefahren und Peinlichkeiten seinen Lebensabend – wohl wissend, dass in solchen Zeiten „Untätigkeit für Weisheit steht".[4]

Die Nachricht von den Unruhen in Gallien erreicht Galba nicht in seinem Statthalterpalast in Tarraco (dem heutigen Tarragona; siehe Abb. 11 auf S. 34), sondern 500 km weiter südlich in Carthago Nova (dem heutigen Cartagena), wo er gerade einen Gerichtstag abhält. Nur wenig später erhält er einen Brief des Vindex, in dem ihm dieser die Kaiserwürde anträgt. Das Schreiben trifft Galba nicht völlig unvorbereitet. Nach Plutarch[5] hatte nämlich Vindex ihn und andere Statthalter schon vor Beginn der Revolte kontaktiert. Galba habe zwar nicht darauf geantwortet, die Absichten des Vindex aber – im Gegensatz zu anderen Adressaten – auch nicht an den Kaiser verraten.

Vindex hatte erkannt, dass seine Revolte ohne einen würdigen Kandidaten keine Chance hätte. Und dass er selbst ein solcher Kandidat wäre, bezweifelt Galba keinen Augenblick. Schließlich gehört er zur *gens Sulpicia*, die an Alter und Ansehen der *gens Iulia*, der Caesar und Augustus entstammten, in nichts nachstand. „Als er Kaiser geworden war, stellte er gleich vorne im Atrium seinen Stammbaum auf, in dem er vonseiten seines Vaters seinen Ursprung auf Jupiter, vonseiten seiner Mutter auf Pasiphae, die Gattin des Minos, zurückführte."[6] Zudem war er einer der reichsten Männer des Reichs, der bei jeder Reise „in einem zweiten Wagen eine Million Sesterze in Gold mitführte".[7] Im Gegensatz zu Nero würde er keine Probleme haben, seine Truppen zu bezahlen.[8]

Galba beriet sich natürlich mit seinen Vertrauten über die neue Lage im Reich. Informationen bot ein offizielles Schreiben des Statthalters von Aquitanien, in dem dieser Galba wegen der Unruhen in Gallien um Hilfstruppen bittet.[9] Außerdem hatte der bestens vernetzte Galba sicher mitbekommen, dass *Germania inferior* und *Germania superior* bisher nicht auf die gallische Revolte reagiert hatten. Nur deshalb konnte er sich Hoffnung auf den Thron machen – wenn er entschlossen handelte. Und dies tat der 71-Jährige rascher und entschiedener als der nicht einmal halb so alte Kaiser.

Am 3. April[10] besteigt er wie üblich das Gerichtstribunal, an diesem Tag allerdings nicht, um Recht zu sprechen, sondern um eine Rede zu halten, in der er die gegenwärtigen Zustände im Reich anprangert. Es ist keine spontane Rede, sondern eine geschickte Inszenierung. Er hatte nämlich „vor sich viele Bilder von Leuten, die von Nero verurteilt und umgebracht worden waren, aufstellen lassen". Den Höhepunkt erreichte die Veranstaltung, als ihn die versammelte Menge – darunter sicher die Abteilung der in seiner Provinz stationierten Legion, die ihn auf dieser Dienstreise begleitete – zum *Imperator* und damit zum Kaiser ausrief. Denn so lautete der Titel des Kaisers in seiner Funktion als oberster Befehlshaber des Heeres und der Prätorianer, die letztlich die Basis seiner Herrschaft bildeten. Nicht umsonst hatte Augustus den Titel *Imperator* zu seinem Vornamen gemacht. (Im zivilen Bereich wurde der Kaiser in der Tradition von Augustus als *princeps* angesprochen, um zu suggerieren, er sei im Senat nur Erster unter Gleichen.) Galba folgte natürlich diesem Ruf, mied aber kaiserliche Titel und nannte sich lediglich *legatus senatus ac populi Romani*, Legat des Senats und des römischen Volkes. In republikanischer Tradition gab er vor, nicht die Macht usurpieren zu wollen, sondern sich lediglich Senat und Volk im Kampf gegen einen unwürdigen Regenten zur Verfügung zu stellen. De facto war es aber ein Putsch gegen den Kaiser.

Abb. 18: Galba

Galba schickte Schreiben an die Statthalter der Provinzen und legte sich eine ritterliche Leibgarde zu. Außerdem ließ er Truppen ausheben und verstärkte seine nur aus einer Legion und wenigen Hilfstruppen bestehende Streitmacht um die *legio VII Galbiana*.[11] Mit ihr machte er sich auf den Weg Richtung Rom.[12] In normalen Zeiten wäre dies ein hoffnungsloses Unterfangen gewesen. Doch es waren keine normalen Zeiten. Entscheidend war nicht Galbas (militärische) Stärke, sondern die bröckelnde Machtbasis Neros.

Der Aureus, der in Abb. 18 zu sehen ist, wurde wahrscheinlich im April 68 in Tarraco geprägt. Er zeigt das charakteristische Altersporträt des 71-Jährigen. Die hageren Wangen, die kräftige gebogene Nase und der energisch zugekniffene Mund vermitteln die unbeugsame Strenge, die er in seinen Ämtern geübt hatte, aber auch seine Entschlossenheit, die neue Herausforderung anzugehen. Die Umschrift der Vorderseite lautet IMP(erator) GALBA oder GALBA IMP(erator), belegt also den Verzicht auf den Titel *Augustus*. Auf dem Revers sehen wir die HISPANIA, die Personifikation Spaniens. Die Mohnkapsel und die Ähren in ihrer Rechten stehen für die Fruchtbarkeit der spanischen Provinzen. In der Linken hält sie zwei Speere und einen Schild. Spanien ist bereit zum Kampf!

Der erste, der sich Galba anschloss, war der Statthalter der Provinz *Hispania Lusitania*, der im Jahr 32 im etrurischen Ferentium (siehe Abb. 3 auf S. 21) geborene Salvius Otho. Zum Ansehen seiner Familie hatte vor allem sein Vater beigetragen. Dieser war unter Kaiser Tiberius, der ihn sehr schätzte, (Suffekt-)Konsul (siehe S. 51); von Claudius wurde er unter die Patrizier aufgenommen und vom Senat sogar mit einer Statue auf dem Palatin geehrt.[13] Otho erhielt den Posten als Statthalter bereits um das Jahr 59, obwohl er nur die Quästur erreicht hatte und die Stelle normalerweise einem ehemaligen Prätor vorbehalten war. Doch dies empfand Otho nicht als Auszeichnung. Ihm war vielmehr klar, dass er in diese kleine, am westlichen Rand des Reichs gelegene Provinz abgeschoben wurde.

Der Grund hierfür war damals in Rom Klatschthema Nummer eins, das sich kein Geschichtsschreiber entgehen ließ.[14] Otho, der gut fünf Jahre älter als Nero war, hatte es geschafft, zu seinem vertrauten Kumpanen zu werden – bis Poppaea ins Spiel kam.

„Ihre Mutter, die alle Frauen ihrer Zeit an Schönheit übertraf, hatte ihr in gleicher Weise Ruhm und Aussehen mitgegeben; ihr Vermögen entsprach der Vornehmheit ihrer Familie. Im Gespräch war sie gewinnend und geistig durchaus nicht unbegabt. Zurückhaltung trug sie zur Schau und praktizierte Hemmungslosigkeit." Otho konnte die verheiratete Poppaea „verführen mit seiner Jugend und Prachtentfaltung und weil er für den glühendsten Freund Neros gehalten wurde. Und so dauerte es nicht lange, bis sich an den Ehebruch der Ehebund anschloss." Es dauerte auch nicht lange, bis Nero Interesse an Poppaea zeigte. Poppaea, die dies als Chance zu weiterem Aufstieg sah, spielte nun die zwischen ihrer heftigen Liebe zu Nero und ihren Pflichten als treue Gattin Othos hin- und hergerissene Frau. Um nicht durch eine härtere Maßnahme das Gerede in Rom noch zu befeuern, schob Nero seinen Rivalen nach Lusitanien ab. Wider Erwarten verwaltete Otho seine Provinz „rechtschaffen und anständig". Angesichts seines bisherigen Lebenswandels fällt es allerdings schwer zu glauben, dass er „ausgiebig sein Nichtstun genoss". Vom fernen Westen aus konnte Otho Poppaeas weiteres Schicksal verfolgen. Im Jahr 62 wurde sie Neros Gattin und nach der Geburt einer Tochter sogar mit dem Titel *Augusta* geehrt. Das Kind starb schon nach wenigen Monaten, Poppaea im Frühsommer 65 an den Folgen eines (möglicherweise unbeabsichtigten) Fußtritts Neros, als sie zum zweiten Mal schwanger war.[15]

Natürlich war es für Otho riskant, sich zu diesem Zeitpunkt Galba anzuschließen. Doch er sah dies als vielleicht einzige Chance, seine Verbannung in den äußersten Westen des Reichs zu beenden. Schließlich war Nero jünger als er, konnte also noch Jahrzehnte regieren. Dagegen durfte er hoffen, dass ein Erfolg Galbas seiner vor Jahren so jäh beendeten Karriere nie geahnten Schwung verleihen würde.

Auch Alienus Caecina, der dem dortigen Statthalter untergeordnete Quästor der Provinz *Hispania Baetica*, schloss sich sofort Galba an. „Gut aussehend in seiner Jugendlichkeit, eine imponierende Gestalt, temperamentvoll, geschickt im Reden, stramm im Auftreten,"[16] schien er wie geschaffen, um Galbas Kampagne ein positives Image zu geben. Galba honorierte Caecinas Schritt, indem er ihm das Kommando über eine Legion übertrug – für einen Quästor ein beachtlicher Karrieresprung. Einige Monate später sollte er in dieser Position wesentlich zu Galbas Sturz beitragen.

Kommen wir zurück zu Vindex. Am gefährlichsten für ihn waren die drei obergermanischen Legionen. Ihr Befehlshaber Verginius Rufus war ein *homo novus*, ein Mann ohne senatorische Vorfahren. Im Jahr 63 wurde er Konsul, sogar *consul ordinarius*, was für einen Mann ritterlicher Herkunft ungewöhnlich war.[17] Wahrscheinlich Anfang 67 schickte ihn dann Nero auf den wichtigen Posten in Germanien. Als Kommandeur der nächstgelegenen Legionen hätte er eigentlich nicht in Rom Direktiven für sein Handeln erbitten, sondern sofort losschlagen müssen. Doch obwohl er Nero die entscheidenden Stationen seiner Karriere verdankte, hielt er sich bei der Revolte des Vindex zunächst zurück. Warum er nicht bereits Mitte März, als er von der Rebellion erfuhr, aktiv wurde, sondern erst gut einen Monat später, nachdem Vindex zum *hostis*, zum Staatsfeind, erklärt worden war und damit eine weitere Untätigkeit als Hochverrat gegolten hätte, hatte einen triftigen Grund: Verginius, der die Stimmung in seiner Truppe kannte, wusste um deren geringe Bereitschaft, sich von einem wegen seines würdelosen und völlig unsoldatischen Gebarens wenig geschätzten Kaiser in einen Machtkampf hineinziehen zu lassen. Ein Sieg gegen die Aufständischen, an dem Verginius schon angesichts der Kräfteverhältnisse keinen Moment zweifelte, konnte daher kaum zu kontrollierende Reaktionen auslösen. Bald würde er sich bestätigt fühlen.

Als Verginius Rufus schließlich ausrückte, kam es bei Vesontio (dem heutigen Besançon) zur Schlacht, in der viele Gallier fielen. Vindex nahm sich daraufhin das Leben. Die genauen Umstände sind – auch wegen der verlorengegangenen Bücher von Tacitus' Annalen – unklar. Wenig überzeugend ist Dios Vermutung, Rufus und Vindex hätten ein Abkommen gegen Nero getroffen und zur Schlacht sei es nur durch ein Versehen gekommen.[18] Der Sieg des Rufus war jedenfalls keiner, über den sich Nero freuen konnte. Danach hatten nämlich „seine Soldaten die Bilder Neros umgestürzt und zertrümmert sowie Rufus *Caesar* und *Augustus* genannt".[19] Doch Rufus verweigerte sich dem wiederholt und hartnäckig vorgebrachten Wunsch, ihn zum Kaiser zu machen. Die Vergabe der Macht sei nicht Sache des Heeres, sondern des Senats und des Volks von Rom. Nur mit Mühe konnte er die Ordnung wiederherstellen.

Das obergermanische Heer war also von Nero abgefallen. Auch die Äußerungen ihres Kommandeurs waren sicher kein Bekenntnis zu Nero und höchstens zwischen den Zeilen eine Warnung an Galba – präsentierte der sich doch ganz in Rufus' Sinn als Legat von Senat und Volk. Daher beunruhigte der Tod des Vindex Galba wohl weniger als Nero, der nun wusste, dass er sich beim Kampf gegen Galba nicht auf die Rheinarmee verlassen konnte.

Neros Reaktionen auf diese Entwicklungen schwankten zwischen Panik und Euphorie.[20] Als er Mitte April vom Abfall der spanischen Provinzen erfuhr, „fiel er in Ohnmacht und lag lange da, ohne einen Ton von sich zu geben, fast wie ein Toter. Als er wieder zur Besinnung kam, zerriss er sein Gewand, schlug sich vor den Kopf und verkündete, es sei um ihn geschehen." Doch „als er aus den Provinzen eine günstige Nachricht erhielt, parodierte er … die Anführer der Meuterer auf witzige und ausgelassene Weise – diese Stückchen sind allgemein bekannt gewesen – und setzte sie auch noch pantomimisch um. … Sobald er einen Fuß in die [gallische] Provinz gesetzt habe, werde er unbewaffnet vor die Soldaten hintreten und nichts weiter tun, als zu weinen. Habe er die Abtrünnigen dazu gebracht, ihre Handlungsweise zu bereuen, werde er am folgenden Tag fröhlich unter Fröhlichen die Siegeslieder singen, an deren Komposition er sich schon jetzt machen müsse." Er ließ in Rom auch Truppen ausheben. „Als sich keiner meldete, der tauglich war, legte er den Sklavenbesitzern die Stellung einer festgesetzten Zahl von Sklaven auf; aus dem Gesinde, das ein jeder insgesamt aufgeboten hatte, nahm er nur die Tauglichsten; nicht einmal Hausverwalter und Sekretäre blieben verschont." Außerdem versuchte er, aus Matrosen eine neue Legion zu bilden.[21]

Spätestens als er den Befehl erließ, dass die Angehörigen aller Stände einen Teil ihres Vermögens abzutreten und die Mieter eine Jahresmiete in die Staatskasse abzuführen hätten, kippte in Rom die Stimmung. Dies nutzte der Prätorianerpräfekt Nymphidius Sabinus. Aus niederen Verhältnissen stammend hatte er sich im Militärdienst emporgearbeitet und

Abb. 19: Galba Imperator Caesar Augustus

von Nero schließlich dieses Amt erhalten. Im Jahr 65 war er sogar mit den Abzeichen eines Konsuls ausgezeichnet worden.[22] Nymphidius verdankte also seine Karriere Nero, doch er dankte sie ihm nicht. Vielmehr bot er den Prätorianern am 8. Juni pro Mann 30 000 Sesterzen, wenn sie Galba zum *Imperator* ausriefen.[23] Die gewaltige Summe – sie war doppelt so hoch wie die Summe, die Claudius oder Nero nach ihrer Machtergreifung ausgeschüttet hatten[24] – tat zusammen mit der Behauptung, Nero habe sich bereits nach Ägypten abgesetzt (was zwar nicht stimmte, aber von Nero wohl erwogen worden war), ihre Wirkung: Die Prätorianer ließen Nero im Stich.

Gegen Mitternacht wird Nero durch den Abzug der wachhabenden Prätorianerkohorte aus dem Schlaf gerissen. Noch während der Nacht flieht er mit wenigen Getreuen. Der kleine Trupp kommt nicht weit. Die Flucht endet bei Tagesanbruch auf einem Landgut vor den Toren Roms. Neros Tod in einer schäbigen Hütte dieses Anwesens schildert Sueton bühnenreif.[25] Durch eine an den Villenbesitzer geschickte Botschaft erfährt er, dass ihn der Senat – früh am Morgen oder noch am Vortag – zum *hostis* erklärt und Galba zum neuen Kaiser ausgerufen habe. Außerdem werde nach ihm gefahndet. Doch es fällt Nero schwer, sich ins Unvermeidliche zu fügen. Als man ihm erklärt, dass er damit rechnen müsse, in Rom zu Tode gepeitscht zu werden, „ergriff er hastig zwei Dolche, die er mitgenommen hatte, und prüfte, ob sie scharf genug seien, steckte sie jedoch mit der Begründung wieder ein, die Stunde, in der sich sein Schicksal erfülle, sei noch nicht gekommen". Immer wieder klagt er: „Was für ein Künstler geht mit mir zugrunde!" Als er dann Pferdegetrampel hört, zitiert er Nestors Worte aus Homers Ilias: „Donnernd schallt mir zu Ohren der Hufschlag eilender Rosse."[26] Dann stößt er sich den Dolch in die Kehle. Bei Nestor kündigte der Hufschlag Odysseus mit freudiger Botschaft an. Bei Nero waren es die Reiter, die ihn zur Hinrichtung nach Rom schleppen sollten.

Einen schmählichen Tod fanden nach Galbas Machtübernahme auch die meisten der unter Nero reich gewordenen Freigelassenen. „Was den Helius … und gewisse andere betraf, die unter Nero groß herausgekommen waren, so ließ er sie gefesselt in der ganzen Stadt herumführen und hierauf hinrichten."[27]

In Narbo (dem heutigen Narbonne) trifft Galba die ihm entgegengeeilte Senatsdelegation, die ihm die offizielle Ernennung zum Kaiser überbringt.[28] Zeitlebens wird er betonen, dass er sich dieses Amt nicht genommen habe, sondern es ihm übertragen worden sei.[29] Nun nennt er sich Servius Galba Imperator Caesar Augustus. Eine entsprechende Münze sehen wir in Abb. 19. Auf der Vorderseite des hervorragend erhaltenen Sesterzes umrahmt dieser Titel ein würdiges Porträt Galbas. Auf der Rückseite wird die LIBERTAS PVBLICA, die wiederhergestellte Freiheit im Reich gefeiert. Ihre Personifikation hält in der Rechten den *pileus*, die Freiheitsmütze, die Sklaven bei ihrer Freilassung und – wie wir am Beginn dieses Abschnitts gelesen haben – viele Römer nach Neros Tod trugen.

Hatte Galba bis hierhin alles richtig gemacht, beging er nun einen Fehler nach dem anderen. Im Bestreben, die tradierte Lebensweise, den *mos maiorum*, hochzuhalten, war er blind geworden für die Erfordernisse der Gegenwart.

5 Galbas Ermordung (Januar 69)

Otho hatte gehofft, von Galba adoptiert zu werden, und er wartete jeden Tag darauf. Aber nachdem ihm Piso vorgezogen worden war und er seine Hoffnung begraben musste, verlegte er sich auf Gewalt, wozu ihn neben der erlittenen Kränkung auch sein riesiger Schuldenberg trieb. Er machte nämlich kein Hehl daraus, dass er sich nur als Kaiser halten könne und es keinen Unterschied mache, ob er in der Schlacht vom Feind erschlagen werde oder auf dem Forum seinen Gläubigern in die Hände falle.

Sueton, *De vita Caesarum*, Otho 5

Galba beeilt sich nicht, um nach Rom zu kommen. Auf dem Weg dahin hatte er sicher genügend Zeit, um über die Umstände seines Herrschaftsantritts, die sich daraus ergebenden Probleme und deren Lösungsmöglichkeiten sowie – bei einem fast 72-Jährigen naheliegend – die Regelung seiner Nachfolge nachzudenken. Der weitere Verlauf seiner Regentschaft wird zeigen, dass er dies nicht getan oder die falschen Schlüsse gezogen hat.

Eine Schlüsselrolle hatte die Rheinarmee gespielt. Hätte sie sich unmittelbar nach dem Sieg über Vindex für Nero erklärt, wäre Galbas Usurpation schnell in sich zusammengefallen. Und hätte der obergermanische Befehlshaber Verginius Rufus nicht „mit viel Mühe seine Truppen dazu gebracht, Galba als Kaiser anzuerkennen",[30] sondern selbst Ambitionen gezeigt, hätte Galba mit seinen zwei Legionen gegen ihn kaum eine Chance gehabt. Es war also offensichtlich und sicher auch Galba nicht verborgen geblieben, dass die sieben Legionen der beiden germanischen Militärprovinzen in der Lage waren, Kaiser zu machen und Kaiser zu stürzen. Er musste also umgehend am Rhein für Ruhe und Stabilität sorgen.

Zum anderen wäre Galba die Macht bei weitem nicht so leicht in den Schoß gefallen, wenn die Prätorianer Nero die Treue gehalten hätten. Um nicht das gleiche Schicksal zu erleiden, musste Galba alles daran setzen, ein gutes Verhältnis zu ihnen aufzubauen. Mindestens ebenso wichtig war die Regelung der Nachfolge. Da Galbas Söhne nicht mehr lebten, konnte er nur durch die Adoption eines überzeugenden Kandidaten verhindern, dass bereits zu seinen Lebzeiten Machtkämpfe um seine Nachfolge ausbrachen. Wir werden sehen, dass ihm nichts davon gelang.

Während Galba gemächlich nach Rom zog, „eilte ihm der Ruf der Grausamkeit und des Geizes voraus".[31] Er selbst hätte wohl von Strenge und Sparsamkeit gesprochen. Doch die Sparsamkeit, die angesichts der unter Nero geleerten Kassen und der Aufwendungen für die von Nero (siehe S. 75) und ihm selbst neu aufgestellten Legionen zweifellos angebracht war, ließ ihn vergessen, dass das Wohlverhalten der Prätorianer und des Heeres seinen Preis hatte. Doch statt Wohltaten erfuhren die Soldaten schon bei Galbas Einzug in die Hauptstadt seine Grausamkeit in erschreckendem Ausmaß. Es wirkte wie ein unheilvolles Omen, dass bereits auf seinem Weg nach Rom Blut floss und ein ehemaliger und ein designierter Konsul „ungehört und unverteidigt“ hingerichtet wurden.[32]

Die Senatsdelegation, die Galba in Narbo getroffen hatte, brachte die ersten Anweisungen des neuen Kaisers nach Rom. Eine davon betraf den Prätorianerpräfekten Nymphidius Sabinus. Da er eine wesentliche Rolle bei der Machtübergabe an Galba gespielt hatte, erhoffte er sich natürlich eine Verbesserung seiner Stellung – wohl das alleinige Kommando über die Prätorianer. Stattdessen setzte ihn Galba ab. Maßlos enttäuscht vom neuen Kaiser, versuchte er einen Putsch, der schnell scheiterte, aber zu neuer Unruhe unter den Prätorianern führte.[33]

Eine im *Imperium Romanum* lange nicht mehr gesehene Brutalität bewies Galba, als er – wohl Anfang Oktober – vor den Toren Roms angekommen war[34] und dort auf die Matrosen traf, aus denen Nero eine neue Legion hatte bilden wollen (siehe S. 55). Als er sie „zwingen wollte, in ihren alten Rang zurückzukehren, weigerten sich diese und verlangten hartnäckig Adler und Feldzeichen. Da ließ er nicht nur die Kavallerie in sie hineinsprengen und sie auseinandertreiben, sondern sie auch noch dezimieren“, also jeden zehnten Mann erschlagen. So hielt er „unter viel Blutvergießen und über eine Menge Leichen seinen Einzug in die Stadt“[35] und hatte eine weitere Truppe gegen sich aufgebracht, die in Rom für Spannungen sorgte. Einen schlechteren Einstand kann man sich schwerlich vorstellen.

Da die Prätorianer wussten, dass ihr Seitenwechsel wesentlich zu Galbas Sieg beigetragen hatte, rechneten sie fest mit einer Belohnung. Doch Galba dachte nicht daran, ihnen ein Donativ (Geldgeschenk) zu zahlen. Auf die entsprechende Forderung habe er geantwortet: „Ich bin es gewohnt, Truppen auszuheben, nicht aber sie zu kaufen.“[36] Natürlich waren die von Nymphidius gemachten Versprechungen absurd hoch. Aber nach Tacitus ging es den Prätorianern nicht in erster Linie um die Summe: „Fest steht, dass durch eine noch so kleine Spende des kargen Greises ihre Gunst zu gewinnen gewesen wäre. So aber schadeten ihm die alte Sturheit und die übertriebene Strenge, der wir nicht mehr gewachsen sind.“[37] Galba hatte nicht begriffen, dass Donative des Kaisers an die Soldaten zum festen Ritual geworden waren, durch die der Kaiser seine Wertschätzung ausdrückte. Zusätzlich aufgebracht dürfte es die Soldaten haben, dass selbst in Galbas engstem Umfeld ganz andere Regeln galten. Der Kaiser übersah nämlich geflissentlich, „dass bei seiner nächsten Umgebung und seinen Freigelassenen alles für Geld zu haben war und nach Gunst verschenkt wurde“.[38]

Doch Galba stieß die Prätorianer nicht nur ohne Not vor den Kopf, sondern begab sich gleichzeitig völlig in ihre Hände, indem er „die germanische Kohorte auflöste, die einst von den Kaisern als Leibgarde aufgestellt worden war und mehr als einmal ihre absolute Treue unter Beweis gestellt hatte“.[39]

Ein bezeichnendes Beispiel, wie Galbas Geiz positive Maßnahmen überlagerte, ist seine Behandlung der unter Nero Exilierten. Zwar „ließ er sämtliche, die wegen angeblicher Majestätsverbrechen von seinem Vorgänger verbannt worden waren, heimkehren“.[40] Doch gab er ihnen nicht die von Nero konfiszierten Güter zurück. Erst von Otho erhielt die „beklagenswerte, bedürftige Schar vornehmer Männer, die Galba zusammen mit ihren Kindern ins Vaterland zurückgerufen hatte,“ ihre Besitztümer zurück, jedenfalls soweit sie noch nicht zugunsten der kaiserlichen Kasse (*fiscus*) versteigert worden waren.[41] Viel dürfte das nicht mehr gewesen sein.

Dem Renommee seiner Familie wie der Versorgung der römischen Bevölkerung diente die Renovierung (oder Erweiterung) der *horrea Sulpicia* oder *horrea Galbae*, der größten Getreidespeicher Roms, die Ende des 2. Jahrhunderts v. Chr. ein gleichnamiger Vorfahr auf eigenem Grund hatte errichten lassen. Von einer kostenlosen Getreidespende des Kaisers (*annona Augusti*), wie wir sie von den Kaisern Nero, Vitellius oder Vespasian kennen, erfahren wir allerdings nichts.[42]

Herrschaft und Leben kosteten Galba letztlich die personalpolitischen Fehler, die er bei der Regelung der Nachfolge und in den beiden Heeresbezirken *Germania inferior* und *Germania superior* beging. Im Hinblick auf die folgenden Ereignisse lohnt ein genauerer Blick auf diese Provinzen und die dort konzentrierten Legionen. Hauptort Niedergermaniens war Colonia Agrippinensis[43] (das heutige Köln). Von den vier Legionen der Provinz standen zwei – die Legionen *V Alaudae* und *XV Primigenia* – in Vetera (beim heutigen Xanten), die *legio XVI Gallica* in Novaesium (heute Neuss) sowie die *legio I Germanica* in Bonna (Bonn). In Obergermanien standen drei Legionen, zwei davon – die Legionen *IV Macedonica* und *XXII Primigenia* – in Mogontiacum (Mainz), dem Sitz des obergermanischen Statthalters. Der Standort der dritten Legion, der *legio XXI Rapax*, war Vindonissa auf dem Gebiet der heutigen Gemeinde Windisch im Schweizerischen Kanton Aargau. Die unter Claudius im obergermanischen Argentorate (Straßburg) stehende Legion war mit Vespasian nach Britannien gegangen (siehe S. 31) und seitdem dort stationiert.

Natürlich hatte Galba nach seinem Regierungsantritt nie daran gedacht, die Zurückhaltung der beiden germanischen Heere mit einem Geldgeschenk zu belohnen. Entsprechend schlecht waren sie auf ihn zu sprechen. In besonders üblem Ruf stand er bei den gegen die aufständischen Gallier eingesetzten Truppen Obergermaniens. Denn statt ihren Kampf zu würdigen, belohnte Galba sogar die Rebellen mit dem Bürgerrecht und Steuererleichterungen.[44] Man darf auch annehmen, dass unter den Soldaten seit knapp drei Jahrzehnten abends in den Unterkünften (immer weiter ausgeschmückte) Geschichten über Galbas strenges Regiment als Statthalter dieser Provinz die Runde machten. So nährte das rücksichtslose Vorgehen Galbas gegen Neros Matrosenlegion bei ihnen sogar die Furcht, dass gegen sie ähnliche Aktionen geplant seien.

Den Oberbefehlshabern der beiden germanischen Militärbezirke kam daher eine entscheidende Rolle bei der Festigung von Galbas Herrschaft zu. Doch bei deren Auswahl bewies Galba alles andere als eine glückliche Hand.

In Niedergermanien war nach der Ermordung des von Nero wohl im Jahr 67 ernannten Statthalters Fonteius Capito die Stelle längere Zeit unbesetzt. Man hatte ihm Umsturzpläne unterstellt, für die es aber keine Belege gibt. „Manche glaubten, Capito habe sich, obwohl er durch Habsucht und Ausschweifung anrüchig und befleckt war, doch nicht mit dem Gedanken an einen Aufstand getragen."[45] Am 1. Dezember 68 trat dort der Bonvivant Aulus Vitellius sein Amt an. Der militärisch bisher nicht in Erscheinung getretene Mittfünfziger[46] hatte eine auffällige, wenn auch nicht gerade elegante Figur. „Er war nämlich überaus groß, hatte ein rotes Gesicht, meistens vom übermäßigen Weingenuss, einen fetten Bauch, ein Bein lahmte etwas, seit er einmal als Helfer des Gaius [Caligula] beim Wagenrennen von einem Viergespann angefahren worden war."[47] Unter Claudius war er im Jahr 48 für sechs Monate *consul ordinarius* (als Suffektkonsul folgte ihm für die gleiche Dauer sein jüngerer Bruder Lucius nach), unter Nero wurde er Statthalter der Provinz *Africa*. „Er war ein enger Freund des Gaius [Caligula], weil er sich für das Wagenlenken begeisterte, des Claudius, weil er versessen aufs Würfelspiel war. Noch beliebter war er bei Nero aus eben diesen Gründen", aber auch als Bewunderer von Neros Gesangskunst und eifrigster Speichellecker im Senat.[48] Sein Pflichtbewusstsein charakterisiert Tacitus spöttisch so: „Vitellius war nie so eifrig mit den Pflichten seines Amtes beschäftigt, dass er darüber seine Vergnügungen vergessen hätte."[49]

Galba, der sehr auf die Tradition setzte, bewogen zu dieser Wahl offenkundig weniger Vitellius' persönliche Meriten als die eindrucksvolle Karriere seines Vaters, der im Jahr 34 Galba als ordentlicher Konsul nachgefolgt war (mehr zu ihm auf S. 89). Sicher trug dazu auch Galbas Ansicht bei, „dass niemand weniger zu fürchten sei als jene, die nur ans Essen dächten, und die Vorräte in den Provinzen wohl ausreichten, seinen unersättlichen Schlund zu stopfen".[50] Vielleicht wähnte er sich damit in der Tradition Caesars, der nach einem bei Plutarch[51] überlieferten und von Shakespeare unsterblich gemachten Ausspruch eher dünne als dicke Männer fürchtete. Allerdings war dies von Caesar auf ganz bestimmte Männer in seiner Umgebung gemünzt.

Vitellius wusste die Soldaten für sich einzunehmen. Trotz seiner Armut (er musste einen Ohrring seiner Mutter verpfänden, um das Geld für die Reise in seine Provinz zusammenzubekommen) gab er sich großzügig, milderte Disziplinarmaßnahmen ab und nahm Degradierungen zurück, die während der Wirren des Thronwechsels ausgesprochen worden waren. „Die Mehrzahl der Entscheidungen traf er aus Anbiederung, einige nach gesundem Urteil, etwa wenn er die schmutzige Habgier des Fonteius Capito beim Entzug oder bei der Verleihung militärischer Dienstgrade uneigennützig abstellte."[52]

In Obergermanien berief Galba kurz nach seiner Anerkennung durch den Senat Verginius Rufus ab, obwohl der deutlich bewiesen hatte, dass er nicht nach der Kaiserwürde strebte, und ersetzte ihn durch den aus Puteoli (dem heutigen Pozzuoli; siehe Abb. 3 auf S. 21) stammenden Konsular Hordeonius Flaccus, „einen altersschwachen, an der Gicht leidenden Mann, ohne Charakterfestigkeit, ohne Autorität, sogar unfähig, Soldaten, die sich ruhig verhalten, zu führen".[53] Dass Galba einem solchen Mann diesen wichtigen Posten anvertraute, verwundert in zweifacher Hinsicht. Zum einen war abzusehen, dass er in schwierigen Situationen heillos überfordert sein würde. Zum anderen musste es eine Armee, die sich nur widerwillig auf den greisen Galba vereidigen ließ, als Hohn empfinden, als neuen Kommandeur „einen Schatten und ein Bild Galbas"[54] zu erhalten.

Besonders die Legionslegaten Alienus Caecina und Fabius Valens, denen Tacitus „maßlosen Ehrgeiz und außerordentliche Bedenkenlosigkeit" bescheinigt,[55] schürten in den beiden germanischen Heeren den Groll gegen Galba. In Obergermanien hatte Caecina die Sympathien der Soldaten für sich gewonnen. Das Legionskommando hatte ihm Galba übertragen, dem er sich schon sehr früh angeschlossen hatte (siehe S. 54). Doch Galba hatte Caecina inzwischen aufs Abstellgleis geschoben. Denn „als später bekannt wurde, er habe öffentliche Gelder unterschlagen, ließ ihn dieser wegen Veruntreuung von Staatseigentum gerichtlich belangen. Caecina nahm das nur voller Empörung hin und beschloss dann, alles über den Haufen zu werfen und seine privaten Wunden mit dem Unglück des Staates zuzudecken.“[56] Statt die veruntreuten Gelder zurückzuzahlen, wollte Caecina lieber neue Geldquellen erschließen – und unter einem neuen Kaiser seiner Karriere wieder Schwung verleihen. Mit Alienus Caecina hatte sich ein Gefolgsmann der ersten Stunde gegen Galba gestellt. Mit Otho würde bald ein weiterer folgen – und zu Caecinas Gegner werden.

In der niedergermanischen Provinz war der aus einer ritterlichen Familie stammende, in den Senat aufgestiegene Fabius Valens die treibende Kraft. Er war mindestens zehn Jahre älter als Caecina.[57] Bereits in Rom war er aufgefallen „als ein unverschämter Kerl, aber auch als aufgeweckter Kopf, der durch zügellose Lebensweise den Ruf eines Mannes von Welt zu erlangen suchte“.[58] An Neros Juvenalienspielen, bei denen zum Entsetzen der Senatoren auch bejahrte Konsulare und alte Damen als Possenreißer auftreten mussten,[59] „beteiligte er sich anfangs scheinbar gezwungen, bald aber freiwillig geschickt und wenig tugendhaft“. Da uns Fabius Valens am Rhein als Legat der in Bonna (Bonn) stationierten *legio I Germanica* begegnet,[60] hat er es wohl auf diese Weise unter Nero bis zum Prätor gebracht. Doch damit war sein Ehrgeiz keineswegs gestillt.

Valens war ein permanenter Unruheherd, wahrscheinlich sogar an der Ermordung des niedergermanischen Statthalters beteiligt: „Fonteius Capito ließ er umbringen, weil er sich hatte [zur Machtergreifung] verführen lassen oder weil man ihn nicht dazu verführen konnte.“[61] Auch Obergermaniens Statthalter Verginius Rufus hätte er gern als Kaiser gesehen. Doch als die Kunde von Neros Tod Germanien erreichte, Verginius aber weiterhin standhaft die Kaiserwürde ablehnte, bot sich ihm eine neue Chance. Noch vor Verginius vereidigte er seine *legio I Germanica* auf Galba.[62] Von ihm erhoffte er nun Zeichen der Dankbarkeit für seinen raschen Übertritt in Galbas Lager sowie „für die Aufdeckung des abwartenden Verhaltens des Verginius durch ihn und die Vereitelung von Capitos Komplott“.[63]

Als die ausblieben, wurde Valens zu Galbas Gegner und „hetzte deshalb Vitellius auf, wobei er ihm die Begeisterung der Soldaten vor Augen hielt. Er genieße überall einen hervorragenden Ruf, keinerlei Hindernis stelle Flaccus Hordeonius dar. Britannien werde mitmachen, die germanischen Hilfstruppen sich anschließen, schlecht stehe es um die Treue der Provinzen. Fragil sei die Herrschaft des alten Mannes und in Kürze vorüber: Er brauche nur den Bausch seiner Toga aufzuhalten und der auf ihn zukommenden Glücksgöttin entgegenzulaufen.“ Sie würde dann diese Gewandfalte, in der gelegentlich Gäste nach einem üppigen Gastmal (damit kannte sich Vitellius ja aus) kulinarische Köstlichkeiten nach Hause trugen, mit der Herrschaft füllen.

Niedergermaniens Legionen leisteten dennoch am 1. Januar den üblichen Eid auf den Kaiser, doch erst „nach langem Zögern und mit nur spärlichen Zurufen aus den vordersten Reihen … Die Stimmung in den Legionen unterschied sich allerdings sehr. Die Soldaten der 1. [*Germanica*] und 5. [*Alaudae*] waren derart in Aufruhr, dass ein paar Mann Steine auf Galbas Standbilder warfen; die 15. [*Primigenia*] und die 16. [*Gallica*] getrauten sich nichts außer Murren und Drohungen."[64] Dass die 1. Legion des Fabius Valens zu den größten Unruheherden gehörte, verwundert nicht.

Noch heftiger brodelte es in Obergermaniens Heer. Die Spannungen wurden schon am 24. Dezember 68, dem 72. Geburtstag Galbas, deutlich. Als sich die Truppe aus diesem Anlass versammelte, um für das Wohl des Kaisers zu beten, störten Soldaten das Gebet mit dem Zwischenruf „Wenn er es verdient!"[65] Eine Woche später kam es dann in Mogontiacum (Mainz), dem Sitz des Statthalters, beim Neujahrseid auf den Kaiser zur offenen Revolte, der Hordeonius hilflos zusah. Als nämlich die Soldaten der beiden dort stationierten Legionen *XXII Primigenia* und *IV Macedonica* (letztere wurde vermutlich von Alienus Caecina kommandiert, der seinem Statthalter kaum beigesprungen sein dürfte) anfingen, die Standbilder des Kaisers zu zerstören, „traute er sich nicht, die losstürmenden Männer in die Schranken zu weisen, Unentschlossene zurückzuhalten oder den anständigen Leuten Mut zuzusprechen, sondern blieb untätig, ängstlich und nur wegen seiner Schlaffheit ohne Schuld".[66]

Nun überschlugen sich die Ereignisse. Bereits in der Nacht zum 2. Januar erreichte die Kunde von der Mainzer Rebellion den in der (rund 180 Kilometer entfernten!) Colonia Agrippinensis residierenden niedergermanischen Statthalter Vitellius, als er sich gerade das abendliche Mahl schmecken ließ. Er wusste, dass es nun genau zwei Möglichkeiten gab: Entweder führte man gegen die Rebellen Krieg oder man rief einen neuen Kaiser aus. „Dabei sei es ein geringeres Risiko, einen *princeps* anzunehmen als erst nach einem zu suchen."[67] Jedem Zuhörer war klar, was Vitellius damit meinte: Am einfachsten ist es, mich zum Kaiser zu machen.

Fabius Valens, dessen Legion nur gut 30 km südlich von Köln stand, handelte unverzüglich. Noch am 2. Januar zog er „mit der Kavallerie seiner Legion und der Hilfstruppen in Colonia Agrippinensis ein und begrüßte Vitellius als *Imperator*. Es schlossen sich in einem außerordentlichen Wettlauf die Legionen derselben Provinz an; auch das obergermanische Heer … trat am 3. Januar zu Vitellius über."[68] Daraufhin „nahm er den Beinamen *Germanicus*, der ihm von allen Seiten angetragen wurde, voller Enthusiasmus an; den Beinamen *Augustus* wollte er noch nicht haben, den Beinamen *Caesar* wies er für alle Zeiten zurück."[69]

Es lief also ähnlich ab wie bei Galbas Proklamation (siehe S. 52). Wie dieser wurde er zum *Imperator* ausgerufen, wie dieser lehnte er den Titel *Augustus* ab . Den Namen Caesar hatte der erste Kaiser von seinem Großonkel und Adoptivvater Gaius Iulius Caesar geerbt und seinerseits an seine Nachkommen weitergegeben. Später wurde *Caesar* fester Titelbestandteil der römischen Kaiser. Auch männliche Nachkommen konnten diesen Beinamen erhalten. Die entschiedene Ablehnung dieses Titels durch Vitellius zeigt, dass er nicht vorhatte, sich in die Tradition des julisch-claudischen Kaiserhauses zu stellen. Er gedachte eine eigene Dynastie zu gründen. Erst kurz vor seinem Tod habe er „aus abergläubischem Vertrauen in diesen Namen"[70]verlangt, als *Caesar* angesprochen zu werden.

Wahrscheinlich geschah die Proklamation in Germanien auch ebenso wenig spontan wie in Spanien. Die Schnelligkeit, mit der diese Rebellion bei verschiedenen, zum Teil weit voneinander entfernten Truppenteilen um sich griff, legt eher nahe, dass insbesondere Caecina und Valens ihre Karrierepläne zielstrebig verfolgt und seit geraumer Zeit unter den Legaten und Zenturionen der beiden germanischen Provinzen Sympathisanten um sich geschart hatten, die nur auf einen geeigneten Zeitpunkt warteten, um losschlagen zu können. Die Rede, die Tacitus dem Legaten Valens in den Mund legt (siehe S. 62), lässt vermuten, dass dieser schon bei seinem Antrittsbesuch in Köln entsprechend vorgefühlt hatte und Vitellius dabei erkennen ließ, dass er nicht gänzlich abgeneigt war, die Herrschaft zu übernehmen. Da Hordeonius Flaccus bereits vorher als Schwachpunkt ausgemacht worden war, scheint man in Obergermanien an Galbas Geburtstag nochmals die Stimmung getestet und dann die Neujahrsparade zum Aufstand genutzt zu haben.

Binnen einer Woche erreichten Galba erste vage, gleichwohl beunruhigende Nachrichten von den germanischen Unruhen. Nun wurde es für ihn höchste Zeit, Volk, Senat und nicht zuletzt den Prätorianern einen Nachfolger zu präsentieren. Dies tat er unter unheilvollen Vorzeichen am 10. Januar, „einem hässlichen Regentag, an dem Donner, Blitz und Schreckenszeichen des Himmels ungewöhnliche Unruhe verbreiteten“.[71] Galbas ehrenvolle, aber politisch desaströse Wahl fiel auf den 30-jährigen Piso Frugi Licinianus, der in Werdegang, Stammbaum und Wesen das genaue Gegenteil von Otho war. Otho war Neros Kumpan, Piso war von ihm verbannt worden. Othos Familie konnte erst seit drei Generationen Senatoren vorweisen, Pisos Stammbaum hätte beeindruckender kaum sein können: Er war mit den beiden Partnern Caesars im – später so genannten – Ersten Triumvirat verwandt. Mütterlicherseits stammte er von Pompeius Magnus ab, väterlicherseits war er durch Adoption ein Nachfahre des Licinius Crassus. Auch Othos Eitelkeit (dazu mehr auf S. 71) war sicher weniger nach Galbas Geschmack als Pisos ernstes Wesen. „Seine Züge und äußere Erscheinung verrieten einen Mann der alten Sitte; bei richtiger Beurteilung galt er als ernsthaft, bei denen, die ihn negativer sahen, als finster.“[72]

Es ehrte Piso, dass er von Nero verbannt worden war. Doch dies machte ihn im Senat, dessen Mitglieder sich unter Nero größtenteils als Opportunisten erwiesen hatten, zum Außenseiter. Außerdem hatte er bisher kein Amt ausgeübt, also noch nie zeigen können, dass er der auf ihn zukommenden Aufgabe gewachsen sein würde. Auch seine Armut[73] war nicht gerade hilfreich beim Schmieden von Bündnissen. Besonders heikel war aber, dass Piso keinerlei militärische Erfahrung und damit keinen Rückhalt im Heer besaß. Galba war sich dieser Problematik offensichtlich nicht bewusst. Denn selbst als er im Prätorianerlager vor den zahlreich versammelten Soldaten die Adoption Pisos bekanntgab, „verlor er kein einziges Wort über ein Donativ“.[74] Die Stimmung der in strömendem Regen den Worten des Kaisers lauschenden Soldaten hob dies sicher nicht.

Auch auf eine publikumswirksame Inszenierung der Adoption vor dem Senat, den der sonst so traditionsbewusste Galba erst danach unterrichtete, verzichtete er: „Galbas Rede hierauf vor dem Senat war ebenso schmucklos und kurz wie die vor den Soldaten.“[75] Piso hielt eine freundliche Ansprache und trat danach nicht mehr in der Öffentlichkeit auf. So ist es zwar tragisch, aber nicht verwunderlich, dass nur vier Tage zwischen der Adoption und der Ermordung von Kaiser und Thronfolger liegen.

Otho war mit Galba nach Rom gekommen, um dort die Früchte seines frühen Eintretens für Galba zu ernten. Angesichts des Altersunterschieds und Galbas Kinderlosigkeit hatte er gehofft, von ihm adoptiert zu werden und ihm später nachzufolgen. Doch Galbas Entscheidung für Piso zeigt deutlich, dass Otho nie als Adoptivsohn in Betracht gekommen war. Dies scheint selbst Otho nach und nach klar geworden zu sein. Nicht zuletzt durch Galbas zunehmende Unbeliebtheit ermutigt, begann er auch einen gewaltsamen Machtwechsel ins Auge zu fassen. „Um die Sympathien der Soldaten hatte er sich schon länger in der Hoffnung auf die Nachfolge oder bei der Vorbereitung der Untat bemüht, indem er unterwegs, auf dem Marsch, in den Quartieren vor allem die dienstältesten Soldaten mit Namen ansprach und in der Erinnerung an die gemeinsame Zeit in Neros Gefolge als Kameraden bezeichnete. Die einen erkannte er wieder, nach anderen erkundigte er sich und half mit Geld oder seinem Einfluss, wobei er immer öfter Klagen und zweideutige Reden über Galba einstreute und was es sonst noch an Möglichkeiten gibt, das einfache Soldatenvolk aufzuwiegeln.“[76] Während also Galbas Akzeptanz sank, verstand es Otho, seine zu steigern – wie das einleitende Zitat zeigt, auch um den Preis einer immensen Verschuldung, die ohne Nachfolgeperspektive immer bedrohlicher wurde.

Am fünften Tag nach der Adoption des Piso handelte Otho. Doch seine Aktivitäten am 15. Januar vermitteln nicht den Eindruck überlegter Planung. Wir sehen Otho zunächst in Galbas Umgebung auf dem Palatin, wo der Kaiser vor dem Apollotempel ein Opfer darbringt (zum Folgenden Abb. 21 auf S. 67 und Abb. 32 auf S. 123). Dem traditionsbewussten Galba, der Livia, die langjährige Gattin des ersten Kaisers, sehr verehrte,[77] wird durch den Kopf gegangen sein, dass knapp 100 Jahre früher (im Jahr 27 v. Chr.) am selben Tag auch Octavian vor diesem von ihm gelobten und erst wenige Monate zuvor eingeweihten „Tempel aus glänzendem Marmor“[78] geopfert haben dürfte – im Bewusstsein, dass ihm der Senat am nächsten Tag den später zum Titel gewordenen Beinamen *Augustus* (der Erhabene, Verehrungswürdige) verleihen und ihn damit in sakrale Sphären heben würde. Der *Augustus* Galba dagegen sollte den folgenden Tag nicht erleben.

Otho stahl sich unter einem Vorwand davon und eilte zum Goldenen Meilenstein beim Saturntempel, dessen (im dritten Jahrhundert restaurierte) Front noch heute auf dem Forum zu bewundern ist (siehe Abb. 20). „Dort begrüßten ihn 23 Gardesoldaten als *Imperator*, setzten den über deren geringe Zahl bestürzten Mann schnell auf einen Tragsessel und schleppten ihn schleunigst mit gezückten Schwertern fort; ungefähr ebenso viele Soldaten schlossen sich ihnen auf dem Weg an, die einen aus Überzeugung, die meisten aber aus Neugier, ein Teil mit Geschrei und Schwertern, ein anderer mit Schweigen, um sich je nach Ausgang entscheiden zu können.“[79]

Währenddessen schwirrten auf dem Palatin die Gerüchte. Zunächst hieß es, ein unbekannter Senator werde in die Prätorianerkaserne geschleppt. Als allmählich klar wurde, dass es sich um Otho handelte, versuchte Piso die Palastwache gegen ihn zu positionieren. Ihm gegenüber brauche er nicht eigene Vorzüge aufzuzählen, da sich Otho „nur seiner Las-

Abb. 20: Saturntempel

ter rühmen"[80] könne. Piso appellierte an die Treue der Garde und ihren tadellosen Ruf – nicht die Prätorianer hätten ja Nero verraten, sondern sie seien von ihm durch seine geplante Flucht nach Ägypten verraten worden – und versprach ein Donativ. Wie wenig er damit erreichte, sollte sich bald zeigen. Ähnlich erfolglos waren die Tribune, die zur selben Zeit in die Prätorianerkaserne geschickt worden waren. Sie kamen dort zwar noch vor Otho an, konnten aber ebenso wenig ausrichten wie die Offiziere, die andere in Rom stationierte Truppenteile aufsuchten.

Als Otho die etwa 3 km vom Forum entfernte Prätorianerkaserne erreichte, herrschte dort völliges Chaos. Die Offiziere konnten, viele wollten auch nichts dagegen unternehmen. Mühelos brachte Otho die von Galba bei seinem Einzug in Rom brutal behandelten ehemaligen Marinesoldaten auf seine Seite. In einer Rede vom Kasernenwall aus machte er dann auch den Übrigen klar, dass sie auf Gedeih und Verderb mit ihm verbunden waren: „Hört ihr, wie meine Bestrafung und eure Hinrichtung gleichzeitig gefordert werden? Derart klar liegt auf der Hand, dass wir nur zusammen entweder untergehen oder gerettet werden können. Und bei der Milde, die Galba auszeichnet, hat er das vielleicht schon prophezeit; ist er doch der Mann, der, ohne dass es jemand verlangte, viele Tausend völlig unschuldige Soldaten abschlachten ließ. Das Grauen packt mich, sooft ich an seinen mit Leichen übersäten Einzug und diesen einzigen Sieg Galbas denke, als er vor den Augen der Hauptstadt die Einheiten nach ihrer Kapitulation dezimieren ließ."[81] Galbas „Milde" spielte Otho in die Karten. Als er das Waffendepot öffnen ließ, bewaffnete sich die Soldateska und stürmte in die Stadt.

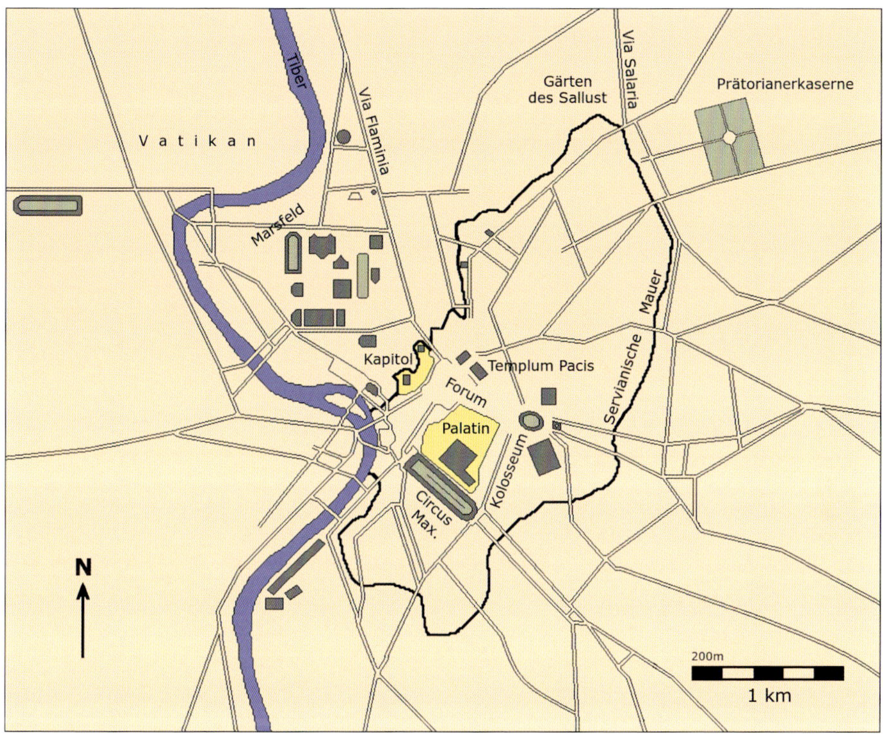

Abb. 21: Das flavische Rom

Dort war kurzzeitig das Gerücht aufgekommen, Otho sei ermordet worden. Daraufhin „brachen nicht nur das Volk und der ahnungslose Pöbel in Beifallsrufe und übertriebene Sympathiebekundungen aus, sondern auch eine große Anzahl von Rittern und Senatoren, die, nachdem sie ihre Furcht abgelegt hatten, nun unvorsichtig waren; sie sprengten die Tore des Palastes auf, strömten hinein und präsentierten sich Galba, … darunter gerade die größten Feiglinge, die, wie sich bald zeigen sollte, bei Gefahr nichts wagen würden, aber großspurig mit Worten, mit der Zunge wild entschlossen waren."[82] Dies veranlasste Galba, sich nicht wie von manchen geraten in seinem Palast zu verbarrikadieren, sondern in die Offensive zu gehen und sich zum Forum zu begeben. Er legte einen Brustpanzer an und ließ sich in einen Tragsessel heben, da ihm das Gehen schwerfiel. Unterwegs erreichte ihn die Nachricht, dass Otho noch am Leben und in der Prätorianerkaserne aktiv sei.

Auf dem Forum herrschte wildes Durcheinander. Galbas Sänfte wurde ziellos hin- und hergeschoben. In diesem Moment dürfte es Galba bedauert haben, dass er nach der Machtübernahme die germanische Leibwache der Kaiser aufgelöst hatte. Denn die wachhabende Prätorianerkohorte, die ihn begleitete, lief bei der ersten Gelegenheit zu den Aufständischen über: „Als der Fahnenträger der Kohorte, die Galba begleitete, … sah, dass der Haufen Bewaffneter schon ganz in der Nähe war, riss er Galbas Bildnis herunter und schmetterte es auf den Boden. Auf dieses Zeichen hin richteten sich ganz offen die Sympathien aller Soldaten auf Otho, das Volk verließ fluchtartig das Forum, gegen zögernde Personen wurden die Waffen gezogen. … Neben dem Curtiusbrunnen wurde Galba, weil die Träger voller Angst zu laufen begannen, aus dem Sessel geschleudert und rollte auf den Boden."[83] Dann durchtrennte ein Schwerthieb seine Kehle und der Mob zerfetzte Beine und Arme des Ermordeten.

Für eine ordentliche – wenn auch bescheidene – Bestattung sorgte der aus Cluviae (siehe Abb. 3 auf S. 21) stammende *homo novus* Helvidius Priscus, der unter Claudius Quästor und Legionslegat, unter Nero Volkstribun war.[84] Tacitus rühmt seinen „Freimut als Bürger, Senator, Ehemann, Schwiegersohn und Freund, als in den Pflichten des Lebens sich stets gleichbleibend, als einen Verächter von Besitz, im richtigen Handeln unbeugsam, standhaft gegenüber Einschüchterungen." Diese Eigenschaften teile er mit seinem Schwiegervater Thrasea Paetus, der bei Nero in Ungnade gefallen war, weil er den Senat verließ, als dieser die Ermordung Agrippinas feierte und Dankesfeste für die Aufdeckung des von ihr angeblich geplanten Anschlags auf Nero beschloss,[85] und „er nie für das Wohl des *princeps* oder für seine himmlische Stimme geopfert habe". Thrasea wurde zum Selbstmord gezwungen, Helvidius Priscus als sein Schwiegersohn aus Italien verbannt. Dass Galba die Verbannung aufhob, dankte ihm Priscus mit seiner Sorge um die Beerdigung des Verstümmelten.

Tacitus fasst Galbas Leben prägnant zusammen: „Dank eines gnädigen Schicksals überlebte er fünf *principes* und war während der Herrschaft anderer glücklicher als während seiner eigenen. … Solange er jung und kräftig war, glänzte er mit seinem militärischen Ruhm in Germanien. Als Prokonsul verwaltete er *Africa* besonnen, schon in höherem Alter das diesseitige Spanien mit der gleichen Gerechtigkeit. Er schien mehr als ein Privatmann zu sein, solange er Privatmann war, und nach allgemeiner Überzeugung fähig zu herrschen, wenn er nicht geherrscht hätte."[86]

Da Otho aus seinem frühen Eintreten für Galba einen Anspruch auf die Nachfolge ableitete, er sich also durch die Adoption Pisos von Galba betrogen sah, spürte er wegen Galbas Tod wohl kaum Gewissensbisse. Ähnliches dürfte auch für die – machtpolitisch wohl unvermeidliche – Ermordung Pisos wenige Stunden später gelten.[87] „Keinen Mord soll Otho mit größerer Freude vernommen, keinen Kopf mit so unersättlichen Augen gemustert haben, vielleicht weil er sich erst in diesem Augenblick innerlich von aller Beunruhigung erlöst fühlte und deshalb für Freude frei zu sein begonnen hatte" oder weil er – abgestoßen von den übrigen Morden – „es für menschliches und göttliches Recht hielt, sich über die Ermordung Pisos als seines persönlichen Feindes und Rivalen zu freuen". Tacitus zeichnet hier ein durchaus differenziertes Bild von Othos Gefühlen, keinesfalls bezichtigt er ihn der Mordlust, die viele andere Beteiligte an den Tag legten: „Um die Wette streckten ihre blutverschmierten Hände entgegen, die getötet hatten, die dabei waren, die zu Recht oder zu Unrecht damit prahlten, als sei es eine vortreffliche und denkwürdige Tat." Mehr als 120 dieser Opportunisten machten den Fehler, die dafür erwartete Belohnung nicht nur mündlich, sondern auch schriftlich einzufordern. Als diese Briefe später Vitellius in die Hände fielen, machte er mit den Absendern kurzen Prozess. Dass das Volk Vitellius die

Rolle als Rächer Galbas abnahm, darf allerdings bezweifelt werden; schließlich hatte er als erster gegen ihn geputscht.

Angehörige aller Stände buhlten um die Gunst des neuen *princeps*. Sie „stürzten in die Kaserne, versuchten schneller zu sein als ihre Nebenmänner, liefen mit ihren Vorderleuten um die Wette, schimpften auf Galba, lobten die Entscheidung der Soldaten, küssten Othos Hand; je unaufrichtiger war, was sie taten, umso mehr taten sie es. Dabei wies Otho die Einzelnen nicht ab, versuchte allerdings die Beutegier und drohende Haltung der Soldaten mit Stimme und Miene zu dämpfen." Doch der soldatische Mob ließ sich von Otho kaum bändigen, wie eine Episode zeigt, die Tacitus im Anschluss schildert. „Für Marius Celsus, den designierten Konsul und Galbas bis zum Letzten treuen Freund, verlangten sie die Todesstrafe, erbost über sein energisches Auftreten und seine Redlichkeit, als seien das schlechte Eigenschaften. Das war ganz offensichtlich der Beginn des Mordens und Plünderns und der Absicht, gerade die tüchtigsten Männer ins Verderben zu reißen. Doch Otho verfügte noch nicht über die Autorität, ein Verbrechen zu verhindern; befehlen konnte er es schon. Deshalb behauptete er in gespieltem Zorn, der Befehl, ihn festzunehmen, sei erteilt worden, und er werde eine ausgesprochen harte Strafe erleiden; so entzog er ihn dem augenblicklichen Verderben." Celsus, der unter Nero Legat der *legio XV Apollinaris* war und diese im Jahr 63 von Pannonien in den Osten zu Corbulo führte, war noch unter Nero zum Konsul für das Jahr 69 designiert worden. Galba bestätigte dies und betraute ihn mit heiklen militärischen Missionen. Celsus bewahrte Galba die Treue bis zum Schluss. Er wird sie auch Otho halten.

Rom stellte sich auf den neuen Kaiser ein. Der Senat beschloss umgehend die üblichen Titel und Ehrungen. Die zur Übertragung der Ämter formal nötigen Volksversammlungen wurden in den darauffolgenden Wochen abgehalten.[88] Die meisten Senatoren hatten inzwischen gelernt, sich bei einem Kaiser, dessen Truppen in Rufweite standen, ins rechte Licht zu rücken, ohne zu sehr in das Visier eines vielleicht bald vor den Toren Roms stehenden Nachfolgers zu geraten. Gleichwohl war es mühsam, „in allen Angelegenheiten das rechte Maß zu wahren, damit Schweigen nicht als aufsässig, Freimut nicht als verdächtig angesehen werden konnte. Außerdem war Otho, der ja kürzlich noch Privatmann gewesen war und dasselbe gesagt hatte, Kriecherei wohlbekannt. Deshalb änderte man seine Meinung und drehte sie hierhin und dorthin, wobei man Vitellius als Landesfeind und Hochverräter bezeichnete, die vorsichtigsten Zeitgenossen mit allgemein üblichen Schimpfworten, manche ließen auch wirkliche Beleidigungen fallen, allerdings nur bei lautem Geschrei und sobald sehr viele Stimmen durcheinandergingen oder wenn sie sich im lärmenden Wortschwall selbst überschrien."[89]

Othos in einer kurzen Rede vor dem Senat geäußerte Beteuerung, man habe ihn „quasi von der Straße fortgeschleppt und mit Gewalt genötigt, die Regentschaft zu übernehmen"[90] (man hat förmlich die Szene vor Augen, in der ihn Soldaten auf einen Tragsessel hieven und mit gezückten Schwertern davontragen), werden ihm die wenigsten Senatoren abgenommen haben. Doch sie enthält insofern einen Funken Wahrheit, als den Soldaten Otho als Nachfolger des ungeliebten Galba deutlich lieber war als der ihnen fremde Piso.

Wie nervös und angespannt alle waren, zeigt eine Begebenheit, die Tacitus ausführlich berichtet.[91] Als eine eben nach Rom verlegte Einheit abends aus dem Magazin ihre Waffen und die übrige Ausrüstung entgegennahm, verbreitete sich unter den Soldaten das Gerücht, Offiziere planten einen Putsch gegen den Kaiser. Eine wütende, alkoholisierte Horde ergriff die Waffen, brachte einen Tribun und mehrere Zenturionen, die sich ihr in den Weg stellten, um und stürmte zum Palast, wo Otho gerade ein großes Bankett gab. Die Teilnehmer wussten nicht, wie sie sich verhalten sollten, viele hielten es für eine Inszenierung Othos, um sie aus dem Weg zu räumen. Auf der anderen Seite hielt es Otho für einen Anschlag auf sein Leben: „Während sich Otho fürchtete, fürchtete man sich vor ihm." Doch Otho bewahrte klaren Kopf und schickte seine Gäste nach Hause. Die meisten waren aber so verängstigt, dass sie unterwegs die Insignien ihrer Macht wegwarfen und sich auf Schleichwegen zu Verwandten oder Klienten begaben, um dort unterzutauchen. Erst als Otho merkte, dass der anrückende Mob ihn nicht ermorden, sondern im Gegenteil seine Ermordung verhindern wollte, wandte er sich mit einer Rede an die Soldaten, wozu er „im Widerspruch zur Würde seiner Herrschaft auf ein Speisesofa stieg". Mit Mühe konnte er sie so zur Rückkehr in ihre Kaserne bewegen. Am nächsten Tag eilten die beiden Prätorianerpräfekten dorthin und bemühten sich, die Disziplin wiederherzustellen. Nicht zuletzt durch das Versprechen, jedem Soldaten 5 000 Sesterzen (zur Einordnung: dies war ein Sechstel der Summe, die ihnen beim Sturz Neros in Aussicht gestellt worden war) auszuzahlen, gelang dies einigermaßen. Erst danach wagte sich Otho in die Kaserne, um durch eine Rede die Moral in der Truppe zu heben. „Sowohl die Rede, die darauf angelegt war, die Soldaten betroffen zu machen und zu beschwichtigen, als auch seine maßvolle Strenge – er hatte nämlich nur zwei Mann bestrafen lassen – wurden beifällig aufgenommen und so gaben für den Augenblick die Leute Ruhe, die nicht im Zaum zu halten waren."

Das Volk „begann allmählich die negativen Auswirkungen des Kriegs zu spüren, da das gesamte Geld für den Unterhalt der Soldaten verwendet wurde und die Lebensmittelpreise anzogen".[92] Im März 69, als das – im Frühjahr nicht ungewöhnliche – Tiberhochwasser deutlich stärker als sonst ausfiel, der Fluss große Teile der Stadt überschwemmte und auch die Getreidespeicher in Mitleidenschaft zog,[93] fehlte so das Geld, um den Getreidepreis stabil zu halten und die Römer bei der Behebung der Schäden an ihren Wohnungen, Werkstätten oder Läden zu unterstützen. Für die Zukunft befürchteten daher viele das Schlimmste: „Solle man etwa für einen Otho oder für einen Vitellius in die Tempel gehen? In beiden Fällen seien Gebete gottlos, in beiden Gelübde verabscheuungswürdig angesichts der Wahl zwischen zwei Männern, durch deren Krieg man nur das eine herausfinden könnte: Schlimmer werde sein, wer gesiegt habe."[94]

Anscheinend ist Otho in Rom (und bei Tacitus) hauptsächlich als Organisator und Teilnehmer neronischer Orgien in Erinnerung geblieben. Dass er fast ein Jahrzehnt die Provinz *Hispania Lusitania* ordentlich geführt hatte, scheint sich nicht herumgesprochen zu haben. Doch „entgegen der allgemeinen Erwartung lebte Otho nicht in Saus und Braus und ließ sich auch nicht in Untätigkeit gehen. Aufgeschoben wurden die Vergnügungen, so getan, als kenne man keinen Hang zur Verschwendung, und überhaupt wurde alles auf die

Würde der Herrschaft abgestellt; umso mehr Befürchtungen riefen seine verlogenen anständigen Verhaltensweisen und die absehbare Rückkehr seines Fehlverhaltens hervor. Den designierten Konsul Marius Celsus, den er durch seine scheinbare Verhaftung der Grausamkeit der Soldaten entzogen hatte [siehe S. 69], ließ er aufs Kapitol holen; den Ruhm der Großzügigkeit wollte man aus dem Umgang mit dem berühmten und der eigenen Partei verhassten Mann gewinnen. Celsus bekannte sich zu dem Verbrechen, standhaft die Treue zu Galba gewahrt zu haben, und schrieb sich das obendrein als beispielhaftes Verhalten zu. Aber Otho tat nicht so, als müsse er ihm verzeihen, sondern … zählte ihn sogleich zu seinen engsten Freunden und nahm ihn später im Krieg unter seine Kommandeure auf. Gleichsam schicksalhaft blieb für Celsus auch die Treue zu Otho unverbrüchlich und unglücklich."[95] Tacitus bescheinigt also Otho eine seriöse Regentschaft, ja sogar edelmütiges Verhalten gegenüber seinen Feinden – auch wenn er sich die Unterstellung, Otho würde sich nur verstellen, nicht verkneifen kann. Wesentlich negativer, bisweilen sogar konträr zu Tacitus' Darstellung ist das Bild, das Dio von Othos Regentschaft zeichnet. Man hätte feststellen müssen, „dass seine Regierung noch zügelloser und härter als die Neros zu werden drohte". Da er sich sogar zu der Feststellung versteigt, dass „zweifellos kein Mensch schändlicher als er gelebt habe",[96] kann man Dios Verdikt getrost infrage stellen.

Bis Ende Februar übernahmen Otho und sein Bruder Salvius (Otho) Titianus das Konsulat. Für Titianus war es sein zweites; bereits im Jahr 52 war er ordentlicher Konsul gewesen,[97] später unter Nero um das Jahr 64 Prokonsul der angesehenen Provinz *Asia*. Konsulat und Prokonsulat übte Titianus also fast zeitgleich mit Vespasian aus. Da er aber als von Claudius sehr geschätzter Patrizier das (erste) Konsulat etwa zehn Jahre früher erreichte, wurde er um das Jahr 20 geboren und war damit gut zehn Jahre älter als sein kaiserlicher Bruder. Tacitus wirft dem Prokonsul Titianus vor, er sei „zu jeder Gier geneigt gewesen",[98] wobei der Leser sicher nicht nur an Habgier denken sollte. Allerdings ist diese Charakterisierung mit Vorsicht zu genießen. Will doch Tacitus vor diesem düsteren Hintergrund nur seinen Schwiegervater Agricola, der als Quästor Titianus unterstellt war, um so heller erstrahlen lassen.

Am 1. März erhielt Verginius Rufus „als Beschwichtigungsmittel für das germanische Heer"[99] (das ja lieber Rufus als Kaiser gehabt hätte; siehe S. 55) ein zweites Suffektkonsulat. Die übrigen Konsulate konnten die Senatoren wie von Nero oder Galba bestimmt übernehmen. Stadtpräfekt wurde Flavius Sabinus, der dieses Amt ja schon unter Nero innehatte, von Galba aber nicht bestätigt worden war.[100] Außerdem vergab Otho großzügig Priesterämter.

Auf der Rückseite des Aureus, der in Abb. 22 zu sehen ist, feiert der neue Kaiser die *Victoria Othonis*, die ihm von der Gottheit verliehene und durch den Sieg über Galba bewiesene Sieghaftigkeit. Die Göttin eilt dem auf der Vorderseite porträtierten IMP(erator) M(arcus) OTHO CAESAR AVG(ustus) mit einem Lorbeerkranz entgegen. Für die seltsame Frisur des Kaisers liefert Sueton eine Erklärung: „Er soll recht klein, schlecht zu Fuß und krummbeinig gewesen sein, aber fast so eitel wie die Frauen; er habe sich nämlich die Körperhaare auszupfen lassen und – da sein Haupthaar sehr licht war – eine Perücke fertigen

Abb. 22: Otho

und so befestigen lassen, dass es niemand bemerkte."[101] Dass dies nicht wirklich gelungen ist, beweist dieser Satz Suetons. Im Übrigen halten die Geschichtsschreiber ausdrücklich fest, dass Othos Geist keineswegs diesem verweichlichten Äußeren entsprach.[102]

Schon früh begann Otho die Last der Herrschaft zu spüren. „Bereits in der ersten Nacht soll er durch einen Traum erschreckt worden sein und schwer geseufzt haben; als man zu seinem Bett lief, habe man ihn am Boden vor dem Bett liegend vorgefunden." Immer wieder habe er das Sprichwort zitiert „Was musste ich auch auf langen Flöten spielen?"[103] Auch wenn Sueton hier etwas dick aufträgt, so ist doch sicher, dass Otho mit seinem ersehnten und blutig errungenen Amt nicht glücklich geworden ist. Selbst von Albträumen könnte er bald geplagt worden sein – ausgelöst durch die Entwicklungen in Germanien.

Zum Zeitpunkt seines Putsches wusste Otho wohl nur, dass die beiden Mainzer Legionen gegen Galba rebelliert hatten.[104] Zunächst konnte er davon ausgehen, mit Galba auch die Ursache dieser Revolte beseitigt zu haben. Die Lage änderte sich grundlegend, als er erfuhr, dass der Aufstand beide germanische Militärbezirke erfasst hatte und Vitellius zum Kaiser ausgerufen worden war. Trotzdem gab Otho die Hoffnung auf eine friedliche Lösung nicht auf. Zwischen den beiden Kontrahenten wurden Briefe, Boten und Spione hin- und hergeschickt, vertrauliche und offizielle Verhandlungen geführt. Vor allem Otho schien unbedingt einen Krieg vermeiden zu wollen. Nach Dio[105] habe er Vitellius sogar eine Teilung des Reichs angeboten. Es konnte jedoch keine Einigung erzielt werden. Eine militärische Auseinandersetzung rückte immer näher.

Bald sollte sich zeigen, dass die Siegesgöttin, der Otho seinen Aureus widmet, den Siegeskranz nicht ihm entgegenträgt, sondern an ihm vorbei zu Vitellius eilt.

6 Othos ehrenhafter Tod (April 69)

„Es ist ja sicher viel besser und gerechter, wenn ein Einzelner für alle stirbt, als wenn viele für einen Einzigen zugrunde gehen müssen."

Otho bei Cassius Dio, Römische Geschichte 63.13 (2)

Vitellius hatte den großen Vorteil, dass ihm sofort die sieben Legionen Nieder- und Obergermaniens und umfangreiche Hilfstruppen zur Verfügung standen – sowie zwei Feldherrn, die darauf brannten, in den Kampf zu ziehen. So konnte er, ohne die Rheingrenze zu entblößen, zwei schlagkräftige Heeresgruppen aufstellen und nach Italien in Marsch setzen.[106] Die Abb. 23 kann dabei helfen, die Aktionen der vitellianischen Verbände in den Bürgerkriegen gegen Otho und Vespasian zu verfolgen.

Die aus den niedergermanischen Truppen gebildete Marschkolonne war 40 000 Mann stark. Im Zentrum stand mit der *legio V Alaudae* eine der beiden in Vetera stationierten Legionen. Ihr Weg führte durch Gallien und die Provinz *Alpes Cottiae* über den 1854 m hohen Col de Montgenèvre. Kommandiert wurde sie von Fabius Valens, für den sich damit sein früher Übertritt zu Vitellius rasch ausgezahlt hatte.

Die aus den obergermanischen Truppen geformte Kolonne war 30 000 Mann stark. Ihr Zentrum bildete die in Vindonissa stationierte *legio XXI Rapax*, die bei der Revolte in Obergermanien nicht aufgefallen war, aber den kürzesten Weg nach Italien hatte. Unter dem Kommando des Alienus Caecina ging es durch die Provinz *Alpes Poeninae* über den 2 469 m hohen Großen St. Bernhard nach Italien. Auf dieser Route kam es – wohl ausgelöst durch die Habgier der römischen Soldaten – zu Kämpfen mit den Helvetiern, die allerdings Caecinas Truppen wenig entgegenzusetzen hatten. Mehrere Tausend Helvetier fielen oder wurden versklavt. Caecinas Vormarsch verzögerte sich dadurch nur unwesentlich. Er konnte wie geplant die noch winterlichen Alpen überwinden und gelangte – da er die zwar mühsamere, aber deutlich kürzere Route hatte – als erster nach Oberitalien, wo er nicht auf nennenswerten Widerstand stieß. Zahlreiche Städte, darunter Mediolanum (heute Mailand), schlossen sich Vitellius an.[107] „Leicht fällt ja der Übertritt zu den nächstgelegenen und stärkeren Truppen."[108]

Als Hauptquartier wählte Caecina Cremona, eine blühende Stadt nördlich des Po. Gegründet worden war sie „beim Einfall Hannibals nach Italien, und zwar als Bollwerk gegen die jenseits des Po siedelnden Gallier und für den Fall, dass irgendeine andere Macht durch die Alpen vordringe. So wuchs sie heran und blühte dank der Zahl der Siedler, der günstigen Lage an Wasserläufen, der Fruchtbarkeit des Ackerlands, der Beziehungen und ehelichen Verbindungen mit anderen Stämmen."[109] Zwischen den Straßen nach Bedriacum und Brixia (siehe Abb. 25 auf S. 80) errichteten Caecinas Truppen längs der Stadtmauer ein durch einen starken Wall befestigtes Legionslager.

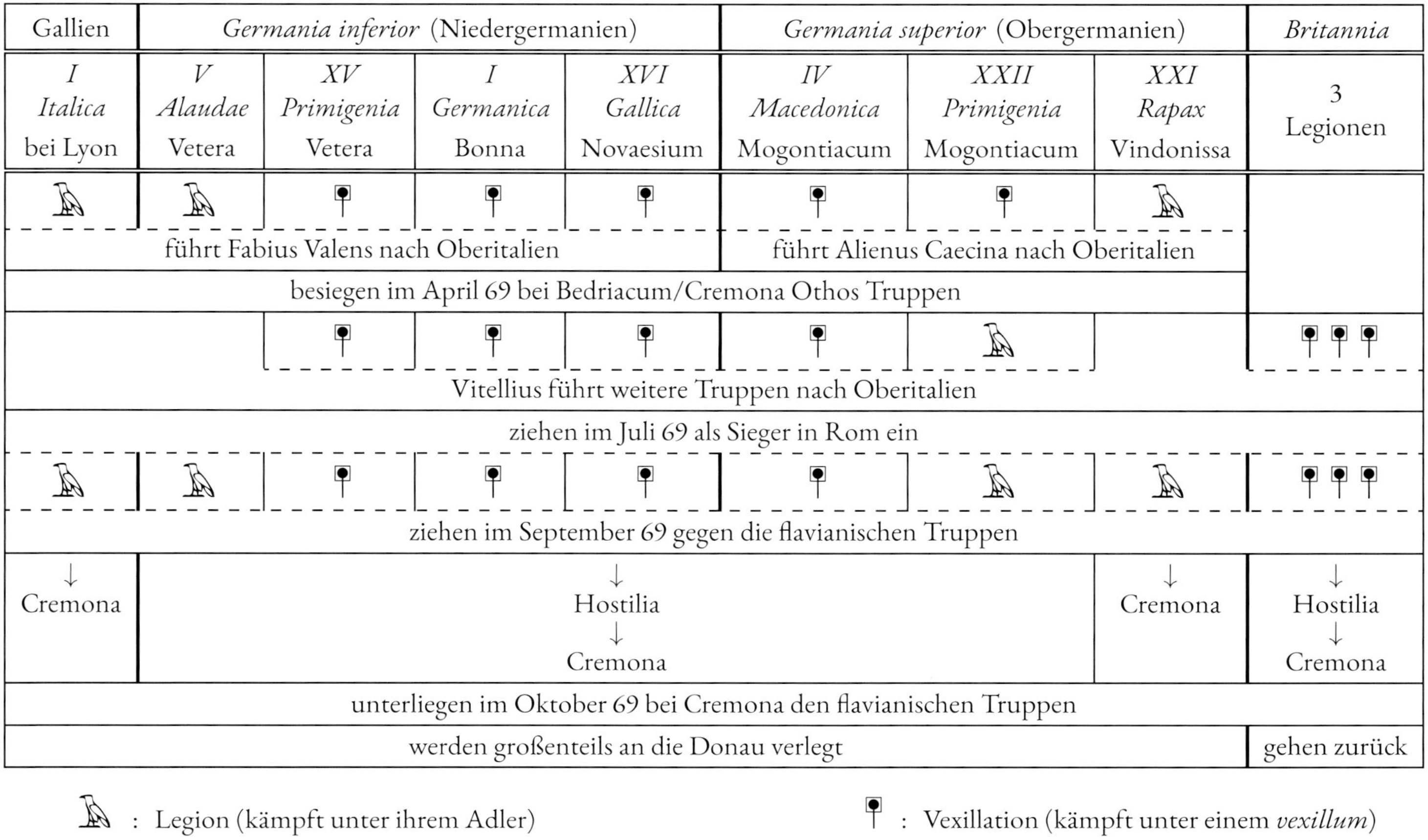

<table>
<tr><td>Gallien</td><td colspan="4">Germania inferior (Niedergermanien)</td><td colspan="3">Germania superior (Obergermanien)</td><td>Britannia</td></tr>
<tr><td>I
Italica
bei Lyon</td><td>V
Alaudae
Vetera</td><td>XV
Primigenia
Vetera</td><td>I
Germanica
Bonna</td><td>XVI
Gallica
Novaesium</td><td>IV
Macedonica
Mogontiacum</td><td>XXII
Primigenia
Mogontiacum</td><td>XXI
Rapax
Vindonissa</td><td>3
Legionen</td></tr>
<tr><td>[Adler]</td><td>[Adler]</td><td>[Vexillum]</td><td>[Vexillum]</td><td>[Vexillum]</td><td>[Vexillum]</td><td>[Vexillum]</td><td>[Adler]</td><td rowspan="3"></td></tr>
<tr><td colspan="5">führt Fabius Valens nach Oberitalien</td><td colspan="3">führt Alienus Caecina nach Oberitalien</td></tr>
<tr><td colspan="8">besiegen im April 69 bei Bedriacum/Cremona Othos Truppen</td></tr>
<tr><td></td><td></td><td>[Vexillum]</td><td>[Vexillum]</td><td>[Vexillum]</td><td>[Vexillum]</td><td>[Adler]</td><td></td><td>[Vexillum] [Vexillum] [Vexillum]</td></tr>
<tr><td colspan="9">Vitellius führt weitere Truppen nach Oberitalien</td></tr>
<tr><td colspan="9">ziehen im Juli 69 als Sieger in Rom ein</td></tr>
<tr><td>[Adler]</td><td>[Adler]</td><td>[Vexillum]</td><td>[Vexillum]</td><td>[Vexillum]</td><td>[Vexillum]</td><td>[Adler]</td><td>[Adler]</td><td>[Vexillum] [Vexillum] [Vexillum]</td></tr>
<tr><td colspan="9">ziehen im September 69 gegen die flavianischen Truppen</td></tr>
<tr><td>↓
Cremona</td><td colspan="6">↓
Hostilia
↓
Cremona</td><td>↓
Cremona</td><td>↓
Hostilia
↓
Cremona</td></tr>
<tr><td colspan="9">unterliegen im Oktober 69 bei Cremona den flavianischen Truppen</td></tr>
<tr><td colspan="8">werden großenteils an die Donau verlegt</td><td>gehen zurück</td></tr>
</table>

[Adler] : Legion (kämpft unter ihrem Adler) [Vexillum] : Vexillation (kämpft unter einem *vexillum*)

Abb. 23: Die vitellianischen Truppen

Auch die niedergermanischen Verbände provozierten Kämpfe, „nicht wegen der Beute oder aus Lust am Plündern, sondern in rasender Wut und aus unerklärlichen Gründen (was Gegenmaßnahmen umso schwieriger machte), bis sie sich dann doch durch die Bitten ihres Kommandeurs besänftigen ließen und von der Vernichtung der Bevölkerung absahen: Umgebracht worden waren dennoch ungefähr 4 000 Menschen.“[110] Die entsetzten Gallier vermieden daraufhin alles, was die Soldaten reizen könnte, hatten aber weiterhin unter ihren Schikanen zu leiden.

Bei Lugdunum (Lyon) übernahm Valens die *legio I Italica*.[111] Diese Legion war von Nero für einen geplanten, aber nie unternommenen Feldzug „aus Rekruten aus Italien, die alle sechs Fuß groß waren“,[112] gebildet worden. Nero hatte sie gegen Vindex in Marsch gesetzt. Allerdings traf sie in Gallien erst ein, als die Kämpfe vorüber waren. So verstärkt gelangte nun auch Valens nach Oberitalien. Als er Ticinum (das heutige Pavia) erreicht hatte,[113] war die westliche Hälfte Oberitaliens in der Hand der vitellianischen Truppen.

Doch auch Otho konnte auf eine ansehnliche Streitmacht bauen, insbesondere auf die illyrischen Legionen (siehe Abb. 24), die als erste ihren Eid auf Otho geleistet hatten.[114] Auf seinen – spätestens Anfang März ergangenen – Befehl hin hatten sich die in Dalmatien stationierte *legio XI Claudiana*, sowie die drei pannonischen Legionen auf den Weg gemacht, wobei je 2 000 Mann vorausgeschickt wurden.[115] In Pannonien standen zu dieser Zeit die *legio XIII Gemina* und die noch von Galba hierher verlegte *legio VII Galbiana*, die uns beide später auf der Seite Vespasians begegnen werden, sowie die berühmte, von Nero für den von ihm geplanten Feldzug aus Britannien an die Donau abkommandierte *legio XIV Gemina* (mehr zum Grund ihres Ruhms auf S. 79). Die ebenso in Marsch gesetzten mösischen Legionen hatten einen zu langen Anmarschweg, um Otho wesentlich unterstützen zu können. Lediglich die in Viminacium (siehe Abb. 11) stationierte, also am nächsten gelegene *legio VII Claudiana* könnte in der entscheidenden Schlacht durch eine Reiterabteilung vertreten gewesen sein.[116] Erstaunlich ist allerdings, dass man von der dalmatinischen *legio XI Claudiana* erst wieder hört, als sie nach der Schlacht vom Sieger nach Dalmatien zurückgeschickt wird.[117] Der Statthalter Dalmatiens hatte offenkundig kein Interesse, in den Bürgerkrieg hineingezogen zu werden.

Ein weiteres großes Truppenkontingent führte Otho am 14. März von Rom aus nach Norden, nachdem er „den Frieden in der Hauptstadt und die Regierungsgeschäfte seinem Bruder Salvius Titianus anvertraut“ hatte.[118] Zu diesem Zeitpunkt wusste er bereits, dass Caecinas Truppen in Norditalien standen.[119] Um die Ufer des Padus (Po) zu sichern, wurden daher unter dem Kommando des Konsulars Annius Gallus fünf Prätorianerkohorten, die gewaltige Zahl von 2 000 Gladiatoren und die *legio I Adiutrix* nach Norden vorausgeschickt. Diese Legion hatte Otho aus den Matrosen gebildet, die schon Nero zu einer Legion hatte formen wollen, von Galba bei seinem Einzug in Rom brutal dezimiert worden waren und deshalb Otho auf den Thron geholfen hatten.

Gallus legte etwa ein Drittel seiner Streitmacht (darunter drei Prätorianerkohorten) nach Placentia (Piacenza),[120] dem südlich des Flusses gelegenen wichtigen Knotenpunkt der *Via Postumia* und der *Via Aemilia*, und überquerte mit den übrigen Truppen (wohl

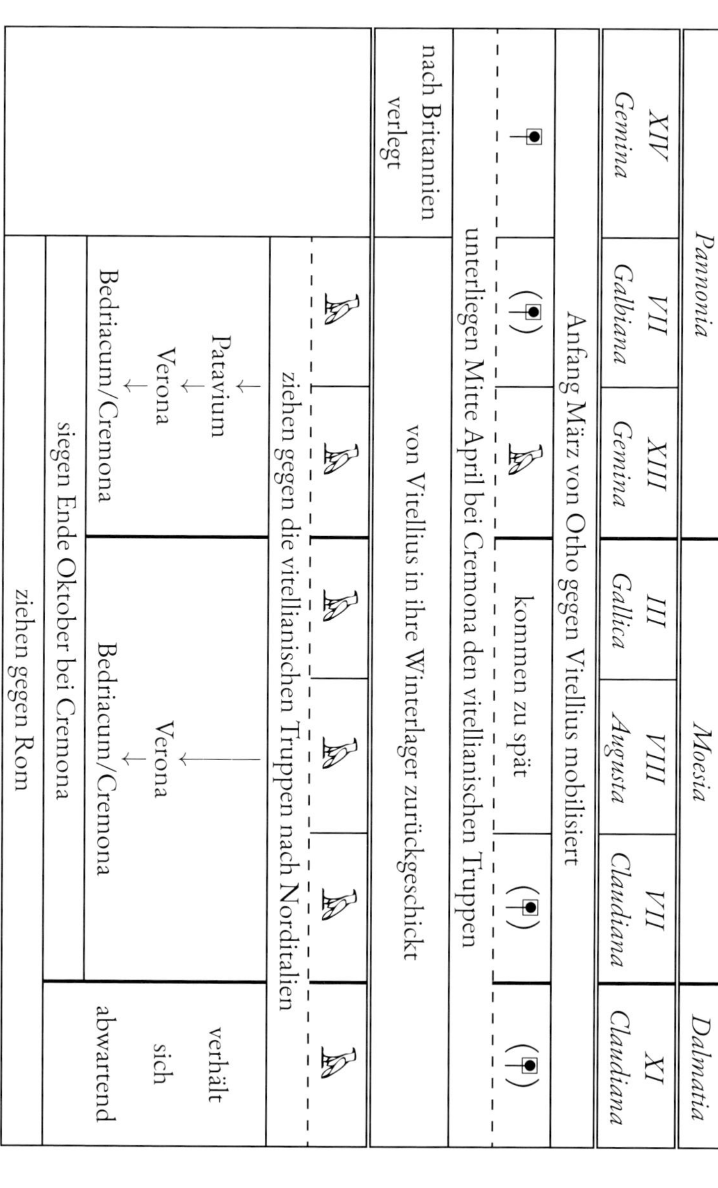

: Legion

: Vexillation

Abb. 24: Die illyrischen Legionen im Jahr 69

bei Brixellum, Cremona war ja in der Hand der Vitellianer) den Po, um in der östlichen Poebene die Straßen – insbesondere die nach Aquileia führende *Via Postumia* – für die aus Illyrien erwarteten Legionen freizuhalten.

„Otho persönlich begleitete eine ausgesuchte Leibgarde zusammen mit den übrigen Prätorianerkohorten, dazu Veteranen der Prätorianer und eine beträchtliche Anzahl von Marinesoldaten. Sein Vormarsch verlief nicht träge oder entehrt durch übermäßigen Luxus, sondern er trug einen Brustpanzer und zog zu Fuß vor den Standarten her, struppig, ungepflegt, also völlig anders als sein Ruf erwarten ließ." Wieder einmal wundert sich Tacitus über Othos Wandlung vom jugendlichen Salonlöwen zum verantwortungsvollen Regenten und Feldherrn. Auch Lucius Vitellius, den Bruder seines Kontrahenten, nahm er in sein Gefolge auf und „behandelte ihn wie alle anderen".[121]

Nichts deutete bei Othos Auszug aus Rom darauf hin, dass schon einen Monat später der Krieg und seine Herrschaft enden würden. Wesentlich zu diesem schnellen Scheitern trug die problematische Zusammensetzung von Othos Generalstab bei. „Für die Infanterie- und Kavallerieeinheiten wurden Suetonius Paulinus, Marius Celsus und Annius Gallus als Leiter bestimmt; aber das höchste Vertrauen genoss der Prätorianerpräfekt Licinius Proculus. Der war im städtischen Militärdienst sehr rührig, hatte aber keinerlei Kriegserfahrung. Doch indem er das Ansehen des Paulinus, die Tatkraft des Celsus und das reife Urteil des Gallus, kurz die Vorzüge eines jeden, verunglimpfte, was ja kein Kunststück ist, lief der verworfene und durchtriebene Kerl den anständigen und bescheidenen Männern den Rang ab."[122]

Die allenfalls marginale militärische Erfahrung Othos – da er nur das Amt eines Quästors erreicht hatte und in seiner iberischen Provinz nur Hilfstruppen standen, hatte er nie eine Legion kommandiert – ist wohl *ein* Grund für das Fehlen klarer Befehlsstrukturen und das Versäumnis, einen erfahrenen Militär an die Spitze seines Heeres zu stellen. Der wichtigere ist jedoch das mangelnde Vertrauen Othos zu seinen Kommandeuren. Nicht sie hatten ihm ja zur Herrschaft verholfen, sondern einfache Soldaten und Prätorianer. Um zu verhindern, dass siegreiche Feldherrn seine Herrschaft gefährden und bei der erstbesten Gelegenheit die Seiten wechseln könnten, neutralisierte Otho sie durch seinen militärisch wenig ausgewiesenen Vertrauten Licinius Proculus und seinen Bruder Salvius Titianus, den der Kaiser bald aus Rom hatte nachkommen lassen.[123] Die innere Zerstrittenheit des Generalstabs führte nicht nur zu fatalen militärischen Entscheidungen, sie untergrub auch dessen Autorität bei den Soldaten, obwohl Otho deren Bedeutung durchaus erkannt hatte.[124]

Sehen wir uns Othos Offiziere etwas näher an. Der erfahrene Truppenführer Marius Celsus ist uns bereits begegnet (siehe S. 69f.). Von Proculus, dem wichtigsten Mann dieses Quartetts, wissen wir nur, dass er ein enger Vertrauter Othos war, Otho ihn deshalb nach seiner Machtübernahme zu einem der beiden Prätorianerpräfekten ernannte und er in dieser Position dazu beitrug, die zunächst unsichere Situation Othos zu festigen.[125] Von Annius Gallus ist lediglich bekannt, dass er unter Nero im Jahr 66 oder 67 *consul suffectus* war.[126]

Die facettenreichste der vier Personen ist Suetonius Paulinus. Nach seiner Prätur hatte er im Jahr 42 unter Claudius in Mauretanien gegen die Mauren gekämpft[127] und war dabei „als erster römischer Feldherr einige Meilen über den Atlas hinausgekommen".[128] Darüber hatte er einen ausführlichen Bericht verfasst, aus dem Plinius der Ältere größere Passagen über den Atlas zitiert: „Sein Fuß ist mit dichten hohen Wäldern bedeckt. Die Bäume, deren Art unbekannt ist, sind von einer beeindruckenden Höhe und besitzen glänzende Stämme ohne Astlöcher. Abgesehen vom starken Duft ähneln die Zweige denen der Zypresse. Sie sind von einem zarten Flaum überzogen, aus dem man mit einer gewissen Kunstfertigkeit Kleidungsstücke anfertigen kann, die denen aus Seide gleichen."

Kurz nach seinem Einsatz in Nordafrika wurde Paulinus *consul suffectus*. Berühmt wurde er als Statthalter der unter Claudius eingerichteten Provinz *Britannia*, wo er „glänzenden und den Siegen der alten Zeit ebenbürtigen Ruhm" errang.[129] Noch unter Nero kam es in dieser Provinz immer wieder zu kriegerischen Auseinandersetzungen. Im Jahr 61, als die Römer abermals eine schwere Niederlage erlitten hatten, marschierte Paulinus zuerst gegen die vor der Nordwestküste von Wales in der Irischen See liegende Insel Mona (heute Anglesey), „die dicht besiedelt und ein Zufluchtsort für Überläufer war … An der Küste stand das gegnerische Heer, dicht geschlossen mit Waffen und Männern, zwischen denen Frauen hin- und herliefen, die wie Furien im Leichengewand und mit zerzausten Haaren Fackeln vor sich hertrugen. Dazu gaben die Druiden ringsum grausige Verwünschungen mit zum Himmel erhobenen Händen von sich und machten durch ihren ungewöhnlichen Anblick die Soldaten derart fassungslos, dass sie wie mit gelähmten Gliedern ihre Leiber unbeweglich Verwundungen aussetzten. Nach Ermunterungen durch ihren Kommandeur und sich selbst damit Mut machend, doch nicht vor einem Haufen rasender Weiber in Panik zu geraten, griffen sie dann aber an, warfen, wer ihnen in den Weg trat, zu Boden und rollten sie in ihr eigenes Feuer. Daraufhin legte man eine Besatzung ins Gebiet der Besiegten und haute die Haine um, die grausamen abergläubischen Riten geweiht waren; denn sie hielten es für ein göttliches Gebot, mit dem Blut von Gefangenen Altäre zu besprengen und mit menschlichen Eingeweiden ihre Götter zu befragen."

Doch dies war nur der Auftakt zum eigentlichen Krieg. Noch auf der Insel erfuhr Paulinus vom Aufstand der Königin Boudicca, die allen Grund dazu hatte. Um sein Erbe zu sichern, hatte ihr Mann neben seinen beiden Töchtern auch den Kaiser als Erben eingesetzt – eine gängige Praxis und unter Nero unvermeidlich, wenn man der Gefahr der Enteignung entgehen wollte. Doch seine Hoffnung war vergebens. „Gleich zu Beginn wurde seine Frau Boudicca mit Schlägen misshandelt, seine Töchter vergewaltigt. Als ob man die ganze Gegend zum Geschenk bekommen hätte, vertrieb man alle führenden Persönlichkeiten von ihren ererbten Gütern und behandelte die Verwandten des Königs wie gekaufte Sklaven." Schürte dies den Hass, so nährte die Unbekümmertheit der Römer die Hoffnung auf einen Sieg. Diese wurde befeuert, als es den Aufständischen nach kleineren Siegen gelang, sogar die von einem gewissen Petillius Cerialis (von ihm werden wir später noch hören) geführte „Legion in die Flucht zu schlagen und die ganze Infanterie niederzumachen. Cerialis entkam mit der Kavallerie ins Lager und fand hinter den Befestigungen Schutz. … Suetonius jedoch marschierte mit bewundernswerter Entschlossenheit mitten durch die Feinde nach Londinium [London], ... beschloss dann – die geringe Zahl seiner Soldaten und die Tatsache vor Augen, dass Petillius für sein unüberlegtes Vorgehen einen deutlichen Denkzettel bekommen hatte – durch die Preisgabe einer einzigen Stadt das Ganze zu retten."

Er überließ die Stadtbewohner, die nicht in der Lage waren, sich der Armee anzuschließen, dem sicheren Tod und traf mit seinem Heer von etwa 10 000 Mann, dessen Kern die *legio XIV Gemina* bildete, Vorbereitungen für die entscheidende Schlacht gegen einen zahlenmäßig weit überlegenen Gegner. „Dafür suchte er einen Platz aus, der nur einen engen Zugang hatte und im Rücken von Wald eingeschlossen war, nachdem er sich vergewissert hatte, dass er Feinde nur vor sich habe und die Ebene offen sei ... Zuerst rührte sich die Legion nicht von der Stelle und behielt den Engpass als Deckung bei. Nachdem sie mit sicherem Wurf auf die näher herangekommenen Feinde ihre Speere aufgebraucht hatte, stürmte sie keilförmig nach vorne. Den gleichen Schwung zeigten die Hilfstruppen und die Kavallerie durchbrach mit vorgestreckten Lanzen, was sich ihr in den Weg stellte und zum Kämpfen in der Lage war. Der Rest wandte sich zur Flucht, wobei das Entkommen erschwert war, weil die ringsum aufgestellten Fahrzeuge die Fluchtwege versperrt hatten. Und so verschonten die Soldaten bei ihrem Morden nicht einmal die Frauen; auch die von Geschossen getroffenen Zugtiere hatten den Leichenhaufen vergrößert. ... Es gibt Autoren, die berichten, kaum weniger als 80 000 Briten seien gefallen, während ungefähr vierhundert Soldaten getötet und nicht viel mehr verwundet wurden. Boudicca setzte ihrem Leben mit Gift ein Ende."

Suetonius Paulinus galt danach neben Corbulo (siehe S. 33) als der größte Feldherr seiner Zeit. Auch wenn er inzwischen auf die siebzig zuging, hätte wohl mit ihm an der Spitze Othos Armee keinen Gegner zu fürchten brauchen. Doch er stand dort nur in der zweiten Reihe.

Kehren wir nach Norditalien zurück. Die relativ schwache othonianische Besatzung Placentias, (keineswegs grundlose) Gerüchte über Streitigkeiten unter den dort eingesetzten Truppen und sicher nicht zuletzt die Aussicht auf einen ohne seinen – mit seinen Truppen noch bei Ticinum stehenden – Konkurrenten Fabius Valens errungenen Sieg verführten Caecina zu einem Sturm auf Placentia (siehe zu den folgenden Kämpfen Abb. 25). Doch nach zwei Tagen verlustreichen, aber vergeblichen Anrennens musste er wieder abziehen.[130] Auf diese Nachricht hin ließ Annius Gallus, der dabei war, auf der *Via Postumia* zur Unterstützung der Verteidiger Placentias die *legio I Adiutrix* heranzuführen, seine Soldaten bei Bedriacum haltmachen, einem kleinen Ort etwa 20 Meilen (30 km) östlich von Cremona. Nur mühsam konnte er sie davon abhalten, dem nach Cremona zurückweichenden Caecina nachzusetzen. Zurecht sah er keinen Grund, den für seine taktischen Aufgaben (nämlich den Nachzug der illyrischen Truppen abzusichern) bestens geeigneten Stützpunkt durch überstürzte Aktionen zu gefährden.

Da auch Caecina diese für die Feinde vorteilhafte, für die Vitellianer aber gefährliche Situation erkannte und er außerdem die bei Placentia erlittene Schlappe auswetzen wollte, legte er auf der *Via Postumia* zwischen Bedriacum und Cremona einen (nicht besonders

Abb. 25: Kampf um Italien

originellen) Hinterhalt. Die Kavallerie sollte einen Kampf provozieren, dann zurückweichen und so den beiderseits der Straße versteckten Soldaten ermöglichen, die nachstürmenden othonianischen Truppen zu umzingeln. Doch der Plan wurde verraten. Mit Celsus an der Spitze der Kavallerie und Paulinus als Führer der Infanterie konnten die inzwischen durch die vorausgeschickte Vexillation der 13. Legion verstärkten othonianischen Truppen Caecinas Absichten durchkreuzen und unter den Gegnern Chaos, teilweise sogar Panik erzeugen. Später wurde Paulinus vorgeworfen, er hätte durch ein voreiliges Rückzugssignal die Chance vertan, das gesamte Heer Caecinas zu vernichten. Dies mag für die am Kampf beteiligten Einheiten stimmen, aber sicher nicht für die in Cremona und dem dortigen Lager verbliebenen Legionen. Da Paulinus erst kurz zuvor in Bedriacum eingetroffen war und weder das Gelände kannte noch die Moral und Kampfkraft der eigenen Truppe einschätzen konnte, war seine Entscheidung sicher vernünftig.

Die Niederlage des Caecina hatte eine heilsame Wirkung auf die vitellianischen Truppen und ihre Führung und zwar „nicht nur aufseiten Caecinas, der die Schuld seinen Soldaten anzulasten versuchte, die eher auf eine Meuterei als auf den Kampf eingestellt seien".[131] Auch die Truppen des Fabius Valens, unter denen es aus Unzufriedenheit über die Strategie, aber auch wegen der (mutmaßlichen) Raffgier ihres Kommandeurs zu schweren Tumulten gekommen war, „gewöhnten es sich ab, auf ihre Feinde herabzusehen, und gehorchten aus dem dringenden Wunsch heraus, ihre Ehre wiederherzustellen, nun respektvoller und konsequenter ihrem Kommandeur". Sogar die beiden Befehlshaber „unterdrückten ihre tiefe Abneigung und verfolgten dieselben Interessen".[132]

Abb. 26: Der Po bei Ostiglia

In Eilmärschen zog das Heer des Fabius Valens von Ticinum nach Cremona. „Nach dem Zusammenschluss von Caecinas und Valens' Truppen gab es bei den Vitellianern kein Zögern mehr, mit der gesamten Streitmacht den Kampf zu beginnen. Otho dagegen ließ darüber beraten, ob man den Krieg aufschieben oder sein Glück versuchen solle."[133] Bei einem Treffen des Kaisers mit seinem Generalstab in Bedriacum hielt Suetonius Paulinus als ältester Konsular[134] und erfahrener Militär mit seiner Meinung nicht hinter dem Berg. Er erklärte, dass das Heer des Vitellius nicht auf Verstärkungen hoffen könne und seine Versorgungslage schlecht sei. Daher nütze Eile den Feinden, Abwarten dagegen ihnen selbst. Denn man verfüge über reichliche militärische Ressourcen, sei durch den Po geschützt und könne in wenigen Tagen mit der Ankunft der 14. Legion (deren Kampfkraft und Moral er kannte und hoch schätzte) und der mösischen Truppen rechnen. Außerdem habe man „außerordentlich viel Geld, das bei Auseinandersetzungen unter Bürgern wichtiger sei als das Schwert". Die vorgebrachten Argumente waren stichhaltig. Dass der Po ein Hindernis darstellte, das nicht leicht zu überwinden war, lässt etwa das Foto aus dem Jahr 1964 ahnen, das in Abb. 26 zu sehen ist. Nicht zufällig wählten die Römer – wenn möglich – Ströme als Außengrenzen.

Marius Celsus und Annius Gallus, der sich einige Tage zuvor bei einem Sturz vom Pferd verletzt hatte, schlossen sich dieser Auffassung an. Doch Proculus und Othos Bruder Salvius Titianus drängten im Vertrauen auf die Götter und Othos *fortuna* zur Eile. Da auch Otho zur schnellen Entscheidungsschlacht neigte, setzten sie sich durch. Gleichzeitig wurde beschlossen, dass sich Otho nach Brixellum (dem heutigen Brescello) zurückziehen solle. „Das war der erste Tag, der die othonianische Partei hart traf; denn einerseits zog zusammen mit ihm eine schlagkräftige Truppe von Prätorianerkohorten, Leibgarde und Kavallerie ab, andererseits entmutigte dies die Zurückbleibenden, weil sie ihre Kommandeure verdächtigten und Otho – nur ihm vertrauten die Soldaten, wie auch er nur den Soldaten vertraute – die Kompetenzen der Kommandeure im Ungewissen gelassen hatte."

Warum Otho entgegen der Ratschläge der Fachleute zur Eile drängte und es auch von Brixellum aus wiederholt tat, erklärt sich vielleicht aus einer Begebenheit, die Sueton mehrfach von seinem Vater gehört hatte. Da dieser als ritterlicher Tribun der 13. Legion auf Seiten Othos kämpfte, ist er ein glaubwürdiger Zeuge. „Otho habe auch als Privatmann Bürgerkriege dermaßen verabscheut, dass er zusammenfuhr, als jemand während des Essens an den Tod des Cassius und Brutus erinnerte. Er hätte es auch nicht zum Zusammenstoß mit Galba kommen lassen, wenn er nicht überzeugt gewesen wäre, dass die Sache ohne Krieg zu Ende gebracht werden könne."[135] Auch dies belegt, dass er zum Zeitpunkt seines Putsches das Ausmaß der germanischen Rebellion unterschätzt und danach noch lange gehofft hatte, den Konflikt mit Vitellius friedlich beilegen zu können. Nun wollte wohl er die unvermeidliche Entscheidungsschlacht möglichst schnell hinter sich bringen.

Nach Othos Abmarsch liegt der Oberbefehl bei Salvius Titianus, die eigentliche Macht aber bei Proculus. „Celsus und Paulinus sollten, da niemand auf ihren Sachverstand zurückgriff, unter der hochtrabenden Bezeichnung *dux* [wohl am besten mit ‚General' zu übersetzen] nur für das Versagen anderer herhalten."[136] Am 14. April rücken Othos Truppen aus ihrem vier Meilen westlich von Bedriacum gelegenen Lager aus, wo der noch unter den Folgen seines Sturzes leidende Annius Gallus mit einer starken Besatzung zurückbleibt, und marschieren auf der *Via Postumia* Richtung Cremona. Wie von Otho befohlen, sollen sie die Schlacht suchen. Da ein Angriff auf das stark befestigte Lager der Feinde vor den Toren Cremonas aussichtslos wäre, wollten sie versuchen, sich auf der Straße zwischen Cremona und Brixia (dem heutigen Brescia) festzusetzen als ersten Schritt zu einer Isolierung Cremonas (weshalb sie auch mit vollem Gepäck auszogen). Da der Feind dies nicht hinnehmen konnte, würde er so zum Angriff gezwungen.[137]

Noch während das Heer auf der *Via Postumia* unterwegs ist, berichtet man Caecina, der den Bau einer Pontonbrücke über den Po leitet, das Nahen der feindlichen Streitmacht. Sofort begibt er sich ins Lager, wo Valens bereits die Truppen zur Schlacht formiert und die Legionen die Reihenfolge beim Aufmarsch des Heeres auslosen. Die Kavallerie prescht vor. Etwa vier Meilen (6 km) vor Cremona trifft die vitellianische Reiterei auf die othonianischen Truppen, die einen Marsch von zwölf Meilen (18 km) in den Beinen haben. „Und kaum zu glauben: Dass diese von den zahlenmäßig unterlegenen Othonianern auf den Wall zurückgeworfen wurde, davor ließ sie nur die Tapferkeit der *legio [I] Italica* zurückschrecken. Mit gezückten Schwertern zwang diese die geschlagenen Männer, zurückzureiten und den Kampf wieder aufzunehmen."[138]

Als dann die geschlossene Front des an Kampfkraft und Zahl überlegenen vitellianischen Heeres vorrückte, „nahmen die Othonianer, obwohl zersplittert, zahlenmäßig weniger und erschöpft, den Kampf dennoch energisch auf. So ergab sich in dem Gelände, das mit Bäumen und Weinpflanzungen viele Hindernisse aufwies, kein einheitliches Bild des Kampfgeschehens: Im Nah- und Fernkampf, in ungeordneten Haufen und geschlossenen

Keilen stieß man zusammen. Auf dem Straßendamm setzten sie einander verbissen Fuß an Fuß mit Körpern und Schildbuckeln zu, verzichteten auf das Schleudern der Speere und schlugen mit Schwertern und Äxten durch Helme und Panzer. Sie kannten sich gegenseitig und kämpften vor den Augen aller anderen um die Entscheidung im gesamten Krieg. Zufällig stießen zwischen dem Po und der Straße auf freiem Feld zwei Legionen aufeinander, für Vitellius die 21. mit dem Beinamen *Rapax*, angesehen wegen ihres alten Ruhms, und auf Othos Seite die *I Adiutrix*, die vorher noch nicht in einer Schlacht eingesetzt worden war, aber wild auf den Kampf und versessen auf den Glanz neuen Ruhms. Die Einser machten die vorderen Reihen der Einundzwanziger nieder und nahmen ihnen ihren Adler weg."[139] Doch dieser Erfolg war nicht von Dauer. Die 21. Legion schlug zurück, entriss den Einsern viele Standarten und Fahnen, tötete sogar ihren Legaten. Auch in anderen Abschnitten verlief es schlecht für Othos Truppen. Ihre 13. Legion, die inzwischen in voller Stärke vor Ort war, wurde bei einem Vorstoß der gegnerischen *legio V Alaudae* in die Flucht geschlagen, die Soldaten der 14. Legion durch zahlenmäßig überlegene Einheiten des Vitellius umzingelt. „Zudem führten, während Othos Kommandeure schon längst die Flucht ergriffen hatten, Caecina und Valens mit Reservetruppen ihren Leuten Verstärkungen zu."[140] Als auch noch ihr Zentrum durchstoßen wurde, flohen Othos Truppen Hals über Kopf Richtung Bedriacum, um in ihrem Lager Schutz zu suchen.

Dort herrschte heller Aufruhr. Nur durch die Unfähigkeit, ja den Verrat ihrer Kommandeure wären sie unterlegen. Die Soldaten der 13. Legion beschimpften ihren Legaten als fahnenflüchtigen Verräter und waren nahe daran, ihn zu lynchen. Suetonius Paulinus und Licinius Proculus blieben ungeschoren. Sie hatten wohl die Stimmung in der Truppe richtig eingeschätzt und beim Rückzug einen großen Bogen um das Lager gemacht. Erst nach Einbruch der Nacht konnte Annius Gallus die Soldaten „mit Überzeugungskraft, Bitten und Entschiedenheit davon abbringen, sich zusätzlich zur Katastrophe der verlorenen Schlacht in ihrer Wut noch gegenseitig umzubringen. Ob nun das Ende des Kriegs gekommen sei oder sie lieber wieder zu den Waffen greifen wollten: Das einzige Linderungsmittel für Besiegte sei Einmütigkeit."[141]

Am nächsten Tag hatten sich die meisten im Lager mit der Niederlage abgefunden. Eine Abordnung unter Annius Gallus und Marius Celsus wurde zum vitellianischen Heer geschickt, das fünf Meilen vor Bedriacum gestoppt hatte. Dabei wäre Celsus fast das Opfer einer Attacke vitellianischer Reiter geworden.[142] Man einigte sich über die Modalitäten des Friedensschlusses. Als die Lagertore geöffnet wurden, „brachen Besiegte und Sieger in Tränen aus und verwünschten das in Bürgerkriegen übliche Schicksal in schmerzlicher Freude: In denselben Zelten pflegten die einen die Wunden von Brüdern, andere von Verwandten. Hoffnung und Belohnungen waren ungewiss, sicher nur Begräbnisse und Trauer."[143]

Anders sah es in Othos Lager bei Brixellum aus. Sueton überliefert, was er von seinem Vater gehört hatte: Als ein einfacher Soldat Otho „die Nachricht von der Niederlage seines Heeres überbrachte und ihm niemand glauben wollte, ja er von Seiten seiner Kameraden der Lüge und Feigheit beschuldigt wurde, als wenn er sich aus dem Schlachtgetümmel einfach auf und davon gemacht hätte, stürzte er sich vor dem Kaiser in sein Schwert". Bei diesem Anblick habe Otho ausgerufen, „er werde nicht länger so hoch verdiente Männer in Gefahr bringen“.[144]

Doch die in Brixellum versammelten Truppen dachten nicht an Kapitulation. „Nicht nur die Prätorianer, Othos ureigene Soldaten, standen fest zu ihm, es berichteten auch die aus Mösien vorausgeschickten Kuriere von derselben Entschlossenheit des im Anmarsch befindlichen Heeres, dazu vom Einzug der Legionen in Aquileia, sodass ohne jeden Zweifel der schreckliche, unheilvolle Krieg mit einem für Besiegte und Sieger ungewissen Verlauf hätte wiederaufgenommen werden können.“[145] Bei den in Aquileia eingetroffenen Legionen könnte es sich um die *legio XIV Gemina* (siehe S. 81) und die *legio VII Galbiana*[146] gehandelt haben. Doch Otho, dessen bei Dio überlieferter Ausspruch diesen Abschnitt einleitete, wollte den Bürgerkrieg beenden – um den Preis seines Lebens: „Euer Verlangen, euren Mut, euch ohne Not weiterhin Gefahren auszusetzen, halte ich für einen zu hohen Preis für mein Leben. Je mehr Hoffnung ihr in Aussicht stellt für den Fall, dass ich weiterleben wollte, um so ruhmvoller wird mein Tod sein.“

Danach zog er sich zurück, vernichtete alle Briefe, deren Inhalt den Absendern gefährlich werden könnte, und verschenkte das Geld, das er bei sich trug. Als Personen, die abreisen wollten, durch randalierende Soldaten in Lebensgefahr gerieten, zeigte er sich noch einmal in der Öffentlichkeit. „Dabei richtete sich die schlimmste Gewalt gegen Verginius [Rufus], den sie in seinem Haus eingeschlossen hatten und belagerten. Nachdem Otho den Rädelsführern heftige Vorwürfe gemacht hatte, nahm er sich auf dem Rückweg Zeit, mit den Abreisenden zu sprechen, bis sich alle unbehelligt entfernen konnten. Gegen Abend stillte er seinen Durst mit einem Schluck kalten Wassers. Dann ließ er sich zwei Dolche bringen und nachdem er beide geprüft hatte, legte er den einen unter sein Kopfkissen. Als er sich sicher war, dass seine Freunde schon aufgebrochen waren, verbrachte er eine ruhige und, wie man behauptet, nicht schlaflose Nacht. Beim ersten Morgengrauen stürzte er sich mit der Brust in die Klinge.“ Er ist knapp 37 Jahre alt geworden. Damit war am 16. April der noch in Gallien weilende Vitellius der unangefochtene Regent.

Um zu verhindern, dass feindliche Soldaten Othos Leiche schändeten, wurde eilends ein Scheiterhaufen aufgeschichtet und der Leichnam verbrannt. Othos Asche wurde in einem bescheidenen Grabmal bei Brixellum beigesetzt, das unbehelligt blieb, wie Plutarch Jahre später bei einem Besuch Norditaliens feststellen konnte.[147] Bei Othos Begräbnis bewies Verginius Rufus abermals, dass er nicht vom Heer auf den Thron gehoben werden wollte. „Bei der Bestattung lebte aus Trauer und Erbitterung die Revolte der Soldaten wieder auf und es gab niemanden, der ihnen Einhalt geboten hätte. An Verginius wandte man sich und bat ihn unter Drohungen bald die Herrschaft zu übernehmen, dann wieder eine Gesandtschaft zu Caecina und Valens anzuführen. Verginius aber schlich sich auf der Rückseite seines Hauses wie ein Dieb hinaus.“[148]

Einige unangenehme Stunden durchlebten in der Zwischenzeit die Senatoren, die mit Otho ausgezogen waren und in Mutina (heute Modena), wo man sie zurückgelassen hatte, angespannt auf die Nachricht vom Ausgang der Kämpfe warteten. Als Othos Niederlage bekannt wurde, setzte ihnen die sie begleitende (und bewachende) Truppe zu, die diese

Nachricht nicht glauben wollte. Nachdem sich die Soldaten beruhigt hatten und die Senatoren bereits Lucius Vitellius, den Bruder des Siegers, umschmeichelten, versetzten sie Gerüchte über neu aufgeflammte Kämpfe abermals in Schrecken – grundlos, wie sich bald herausstellte.

„In Rom jedoch fand sich keine Spur von Aufregung: Bei den Ceresspielen schaute man wie üblich zu. Als im Theater zuverlässige Gewährsleute die Nachricht verbreiteten, Otho habe seinen Platz frei gemacht und vom Stadtpräfekten Flavius Sabinus seien alle in der Hauptstadt stationierten Soldaten auf Vitellius vereidigt worden, kam es zu Beifallskundgebungen für Vitellius; das Volk trug mit Lorbeer und Blumen geschmückte Bildnisse Galbas zu den Tempeln ringsum, wobei man Kränze zu einer Art Grabhügel neben dem Curtiusbrunnen aufschichtete, dem Platz, den der sterbende Galba mit seinem Blut getränkt hatte.“[149] Schon am 19. April segnete der Senat die Machtübernahme ab und „beschloss sofort alle im Laufe der langen Prinzipate früherer Herrscher erdachten Ehrungen; angeschlossen wurden Lob und Dank für das germanische Heer und eine Gesandtschaft geschickt, die der Freude formell Ausdruck verleihen sollte. Verlesen wurde ein Brief des Fabius Valens, der in bemerkenswert maßvollem Ton an die Konsuln geschrieben worden war; noch lieber sah man die Zurückhaltung Caecinas: Der hatte nämlich gar nicht geschrieben.“ Der 19. April wurde zum *dies imperii* des Vitellius, zum offiziellen Antrittsdatum seiner Herrschaft.[150]

Außerhalb der Stadt wurde die Lage dagegen Tag für Tag schlimmer. In den drei Monaten, die zwischen der Schlacht bei Bedriacum und dem Einzug des Vitellius in Rom lagen, hatte Italien „noch schwerer und schrecklicher als im Krieg zu leiden: Die über die Städte und Ortschaften verstreuten Vitellianer plünderten, raubten, schändeten mit Gewalttaten und Vergewaltigungen. … Weniger Habgier zeigte Caecina, dafür mehr Bemühungen um Popularität. Valens dagegen war wegen seiner Gewinn- und Raffsucht verrufen und sah deshalb auch über fremde Schuld hinweg. Das längst daniederliegende Italien konnte die Gewalttätigkeit so vieler Soldaten zu Fuß und zu Pferd, die angerichteten Schäden und ihre Übergriffe kaum noch ertragen.“[151]

Während seine Truppen nach Norditalien zogen und dort für ihn kämpften, „blieb Vitellius untätig und nahm die Stellung als *princeps* durch träge machenden Luxus und verschwenderische Gastmähler vorweg, schon um die Mittagszeit betrunken und von üppigem Essen schwer“.[152] Erst nach der Schlacht von Bedriacum „begann Vitellius, der von seinem Sieg noch nichts wusste, wie zu einem noch unentschiedenen Krieg die restlichen Streitkräfte des germanischen Heeres an sich zu ziehen. Nur wenige altgediente Soldaten ließ man im Winterlager zurück und führte eilig Aushebungen in Gallien durch, um die lediglich dem Namen nach [also mit ihrem Adler] zurückbleibenden Legionen wieder auf Sollstärke aufzufüllen. Die Zuständigkeit für das Rheinufer wurde Hordeonius Flaccus übertragen; er selbst gliederte sich aus Britannien abkommandierte Einheiten von 8 000 Mann an.“[153] Zu den Truppen, die Vitellius begleiteten, gehörten auch der Adler und der Großteil der in Mainz stationierten *legio XXII Primigenia*.[154]

Nachdem Vitellius „dann wenige Tagesmärsche vorgerückt war, erreichte ihn die Nachricht vom Erfolg bei Bedriacum und dem Verschwinden des Kriegs durch Othos Tod“.

Abb. 27: Vitellius präsentiert seine Kinder

Danach sah Vitellius noch weniger Anlass, sein Tempo zu beschleunigen. Er hielt vielmehr in Lugdunum (dem heutigen Lyon) Hof. „Ihre Aufwartung machten in Lugdunum die Kommandeure der siegreichen und der besiegten Partei. Valens und Caecina lobte er vor der Heeresversammlung und ließ sie dann neben seinem Amtssessel Platz nehmen. Dann befahl er, das gesamte Heer solle seinem Sohn – einem [sechsjährigen] Kind – entgegenziehen; er nahm ihn in Empfang, hielt ihn, in seinen Feldherrnmantel gehüllt, auf seinem Schoß, nannte ihn *Germanicus* und stattete ihn mit sämtlichen Abzeichen aus, die zur Stellung eines *princeps* gehören.“[155] Mit dieser Inszenierung vor großem Publikum zeigte Vitellius, was er seinen Vorgängern voraus hatte: einen Sohn. Auch wenn es stimmen sollte, dass dieser nur schwer verständlich stammeln konnte[156]: Vitellius musste nicht wie Galba oder Otho nach einem Nachfolger suchen. Er konnte und wollte eine neue Dynastie begründen. Dies belegen seltene Aurei und Denare des Vitellius, deren Rückseiten die einander zugewandten Büsten der beiden Kinder (LIBERI) aus der zweiten Ehe des Vitellius zieren, des eben erwähnten Vitellius Germanicus und seiner Schwester Vitellia. Ein solcher Denar ist in Abb. 27 zu sehen.

Erst gut einen Monat nach der Schlacht gelangte Vitellius nach Norditalien. Wenig später begannen bei den besiegten Truppen Säuberungen – die entschlossensten Zenturionen wurden hingerichtet[157] – und Truppenverlegungen. Die *legio I Adiutrix* wurde nach Spanien geschickt, die *legio XIV Gemina* zurück nach Britannien. Die Legionen *VII Galbiana* und *XI Claudiana* führte man sofort in ihre Winterlager zurück, die *legio XIII Gemina* ließ man zuvor noch Amphitheater für Spiele zu Ehren des neuen Kaisers bauen. Besonders bei den illyrischen Einheiten entwickelte sich so eine tiefe Abneigung gegen Vitellius. Einen Unsicherheitsfaktor bildeten auch die Prätorianer, die Otho auf den Thron gehoben hatten. Doch „nachdem man sie zuerst abgesondert und ihnen dann zu ihrer Beruhigung eine ehrenvolle Entlassung in Aussicht gestellt hatte, lieferten sie die Waffen bei ihren Tribunen ab“.[158]

Wie erging es den Mitgliedern von Othos Generalstab? Suetonius Paulinus und Licinius Proculus verspielten ihren guten Ruf, als sie dem Sieger ihre strategischen Fehler als geplante Sabotage verkauften. Zurecht ließ sie Vitellius lange buchstäblich in Sack und Asche gehen, aber dann doch ungeschoren. Salvius Titianus „geriet in keinerlei Gefahr, weil er durch Bruderliebe und Feigheit entschuldigt war".[159] Auch Annius Gallus überstand die Herrschaft des Vitellius unbehelligt. Unter Vespasian wurden seine militärischen Fähigkeiten wieder gebraucht. Schon im Jahr 70 schickte ihn Mucianus als Statthalter nach Obergermanien.[160] Marius Celsus gehörte ebenfalls zu den wenigen, die in den Wirren der Bürgerkriege nicht „wegen des Verbrechens der Treue"[161] bestraft wurden oder gar ihr Leben verloren – obwohl er ohne sich zu verbiegen fünf Kaisern gedient und auch seine Rolle als Offizier in Othos Heer bis zur Niederlage bei Bedriacum nach besten Kräften ausgefüllt hatte. Unter Vitellius konnte er im Juli 69 sein (Suffekt-)Konsulat wie (von Nero) geplant antreten. Vespasian machte ihn zum Statthalter zweier militärisch wichtiger Provinzen, zunächst von Niedergermanien, dann von Syrien, wo er wohl gestorben ist.[162] All das spricht dafür, dass Celsus ein fähiger Offizier war, den niemand irgendwelcher Machenschaften verdächtigte.

In größere Gefahr geriet der so standhaft die Kaiserwürde ablehnende Verginius Rufus, als Vitellius in Ticinum gerade ein Bankett gab. „Ein Sklave des Verginius, der zufällig vorbeigekommen war, wurde beschuldigt, er wolle Vitellius umbringen, und schon stürmten die Soldaten zum Bankett und verlangten den Tod des Verginius. Nicht einmal Vitellius, der bei allen Verdächtigungen in Angst geriet, zweifelte an seiner Unschuld. Trotzdem ließen sich nur mit Mühe die Leute bändigen, die den Tod des früheren Konsuls, ihres ehemaligen Kommandeurs forderten. Tatsächlich war bei einem Aufruhr niemand öfter in Gefahr als Verginius."[163]

Verginius zog sich daraufhin wohl zurück; jedenfalls hören wir unter den Flaviern nichts von ihm. Dass er aber nicht vergessen, sondern im Gegenteil hochgeachtet war, zeigt sich am 1. Januar 97, als Verginius Rufus mit 83 Jahren an der Seite des Kaisers Nerva zum dritten Mal Konsul wird. Doch diese Ehre wird ihm zum Verhängnis. Denn als er beim Amtsantritt seine Dankesrede an den Kaiser halten will, fällt ihm ein Buch aus der Hand, er bückt sich danach, rutscht aus und bricht sich das Hüftgelenk. Nach monatelangem Leiden stirbt er. „Die Beerdigung dieses Mannes war eine große Ehre für den Kaiser, eine große für das Jahrhundert, eine große auch für das Forum und die Rednerbühne. Er ist vom Konsul Cornelius Tacitus gelobt worden; denn dieser wortgewaltige Lobredner kam noch als höchster Gipfel zu seinem Glück hinzu."[164] Auf seinem Grabstein formulierte Verginius stolz:

Hier liegt Rufus, der einst nach dem Sieg über Vindex
die Herrschaft sicherte – nicht sich, sondern dem Vaterland

Von Ticinum reiste Vitellius weiter nach Cremona, wo er zunächst ein von Caecina veranstaltetes Gladiatorenspiel besuchte, um dann Ende Mai unter Führung von Valens und Caecina „seinen Fuß auf das Schlachtfeld von Bedriacum zu setzen und die Spuren des erst kürzlich errungenen Siegs mit eigenen Augen zu sehen. Ein abstoßendes, grauenhaftes Schauspiel war das: weniger als vierzig Tage nach der Schlacht zerfetzte Leichen, abgeris-

Abb. 28: Die Milvische Brücke

sene Gliedmaßen, verfaulende Leiber von Männern und Pferden, von verwesendem Blut getränkter Erdboden, durch umgelegte Bäume und niedergetrampelte Saaten grausige Verwüstung."[165] Vitellius besichtigte auch das bescheidene Grabmal Othos. Dabei spottete er, Otho „sei eines solchen Mausoleums würdig. Den Dolch, mit dem er sich umgebracht hatte, schickte er als Weihegeschenk für Mars nach Colonia Agrippinensis [Köln]."[166]

Gemächlich ging es über Bononia (Bologna) und die Via Flaminia weiter Richtung Rom. In Bononia durfte nun auch Fabius Valens ein Gladiatorenspiel veranstalten, „zu dem die Ausstattung aus der Hauptstadt herangefahren wurde. Je näher man ihr kam, desto verkommener wurde der Zug, weil sich unter ihn Schauspieler und Horden von Eunuchen mengten und die übrigen für den neronischen Hof charakteristischen Figuren. Denn Vitellius verehrte auch Nero persönlich voller Bewunderung. Er hatte ihn regelmäßig begleitet, wenn er sang, nicht gezwungenermaßen wie die ehrenwertesten Leute, sondern gefangen und erkauft durch Schwelgerei und Fresserei. … Noch unerträglicher machten den großen Haufen die aus der Hauptstadt entgegenkommenden Senatoren und Ritter, einige aus Furcht, viele aus Liebedienerei, der Rest und damit nach und nach alle, um nicht selbst zurückzubleiben, wenn sich die anderen auf den Weg machten. Dazu gesellten sich aus dem Pöbel Vitellius durch ihre schändliche Willfährigkeit bekannte Hanswurste, Schauspieler und Wagenlenker, über deren entehrende Freundschaft er sich außerordentlich freute. So wurden nicht nur die Städte durch die Stellung von Proviant, sondern die Bauern selbst und die Felder mit dem reifen Getreide wie Feindesland heimgesucht."[167]

Am 17. Juli hatte Vitellius Rom erreicht.[168] Tacitus schildert detailreich seinen Auftritt. Demnach ritt er „im Feldherrnmantel und mit dem Schwert umgürtet auf einem prächtigen Pferd von der Milvischen Brücke [siehe Abb. 28] heran. Er trieb Senat und Volk vor

Abb. 29: Vitellius erinnert an seinen Vater

sich her und ließ sich nur durch den Rat seiner Freunde davon abbringen, wie in eine eroberte Stadt einzumarschieren. So legte er die Toga mit dem breiten Purpurstreifen an und zog mit dem Heer in Reih und Glied ein: vor ihm vier Legionsadler und auf beiden Seiten ebenso viele *vexilla* anderer Legionen."[169] Umgeben ist Vitellius also von den Feldzeichen der *legio I Italica* und der sieben germanischen Legionen. Nur mit Mühe kann er dazu gebracht werden, vor dem Überschreiten des *pomerium*, der geheiligten Stadtgrenze Roms, den Feldherrnmantel gegen das Friedensgewand, nämlich die *toga praetexta* der höheren Magistrate, zu tauschen.

Mit dem Einzug war die Siegesfeier natürlich nicht beendet. „Stadtgespräch war das Essen, das sein Bruder [Lucius] ihm zu Ehren bei seiner Ankunft gab"[170] – kein Wunder bei diesem Menü: „Leber von Papageifischen, Hirne von Fasanen und Pfauen, Flamingozungen, Milch von Muränen". Derartige Veranstaltungen wurden zum Markenzeichen seiner Herrschaft. Das beste Bonmot überliefert Dio. Ein Senator, der wegen einer Krankheit eine Zeit lang nicht an diesen Gelagen teilnehmen konnte, habe bemerkt: „Wäre ich nicht krank geworden, hätten sie mich umgebracht."[171]

Noch am Tag seines Einzugs verlieh Vitellius seiner hochbetagten Mutter Sextilia, einer Dame vom alten Schlag, den Titel *Augusta*.[172] Sie starb wenige Tage vor ihrem kaiserlichen Sohn, musste also sein schmähliches Ende nicht miterleben.

Seinen bereits verstorbenen Vater Lucius Vitellius[173] würdigt er auf dem Revers des in Abb. 29 gezeigten Denars. Vitellius ist damit der einzige römische Kaiser, der Münzen mit dem Porträt seines Vaters prägen ließ, obwohl dieser nicht selbst Kaiser war. Lucius Vitellius war im Jahr 34 unter Tiberius als *consul ordinarius* zum ersten Mal Konsul, anschließend Statthalter der wichtigen Provinz *Syria*. Eine Amtshandlung aus dem Jahr 36, die ihm sicher nicht besonders im Gedächtnis geblieben ist, sei als Randnotiz erwähnt. Er enthob den aus dem Neuen Testament bekannten Pontius Pilatus seines Amtes als Statthalter von Judäa. Er befahl ihm, „sich nach Rom zu begeben, um sich vor dem Caesar [Tiberius] wegen der von den Juden erhobenen Beschuldigungen zu verantworten. Nach zehnjähriger Amtsführung in *Iudaea* reiste daher Pilatus nach Rom … Doch ehe er dort eintraf, war

Tiberius schon gestorben."[174] Danach verlief die Angelegenheit – es ging dabei natürlich nicht um die Kreuzigung Jesu, sondern um Konflikte mit Bewohnern von Samaria – wohl im Sande.

Trotz seiner vorbildlichen und im Umgang mit den Parthern sehr erfolgreichen Statthalterschaft blieb Lucius Vitellius der Nachwelt als „Musterexemplar eines würdelosen Speichelleckers" in Erinnerung, der sich nach seiner Rückkehr aus seiner Provinz „aus Angst vor Gaius Caesar [Caligula] und wegen der engen Verbindung zu Claudius in einen niederträchtigen Sklaven" verwandelt habe.[175] Dass dieses harte Urteil vertretbar ist, haben wir auf S. 21 gesehen. Um so mehr Grund hatte der Kaiser, durch die Münzumschrift L(ucius) VITELLIVS CO(n)S(ul) III CENSOR auf die eindrucksvolle Laufbahn seines Vater zu verweisen. Unterstrichen wird die Botschaft durch den Lorbeerkranz und das elfenbeinerne Adlerzepter, Insignien eines triumphierenden Feldherrn. Doch die hochfliegenden dynastischen Pläne des Vitellius waren nach seinem Tod schnell Makulatur.

Vitellius „besuchte die Wahlversammlungen der Konsuln zusammen mit den Kandidaten wie ein einfacher Bürger und bemühte sich um jedweden Beifall des gemeinsten Pöbels im Theater als Zuschauer, im Zirkus als Anhänger. Dieses Verhalten wäre natürlich sympathisch und volkstümlich gewesen, wenn es auf einer sittlichen Einstellung beruht hätte; dachte man aber an sein früheres Leben, erschien es unangemessen und billig. Er kam häufig in den Senat, sogar dann, wenn dort nur über unbedeutende Angelegenheiten beraten wurde. Zufällig hatte einmal der designierte Prätor Helvidius Priscus gegen die offensichtliche Intention [des Kaisers] abgestimmt. Obwohl Vitellius zunächst empört war, rief er dennoch lediglich die Volkstribune zur Unterstützung seiner missachteten Amtsgewalt an. Als ihn dann seine Freunde, die eine tiefer gehende Verärgerung befürchteten, besänftigen wollten, gab er zur Antwort, es sei nicht das erste Mal passiert, dass zwei Senatoren in einer politischen Angelegenheit verschiedene Auffassungen verträten."[176] Nach Dio[177] ging es bei dieser Meinungsverschiedenheit um die Streitkräfte, also um ein Thema, bei dem der Senat schon lange kein Mitspracherecht mehr hatte. Hier klingt zum ersten Mal ein zentrales Anliegen des Priscus an, nämlich an den *princeps* verlorene Kompetenzen für den Senat zurückzugewinnen.

Dio weiß von weiteren positiven Seiten des Vitellius zu berichten. So habe er keine Vermögen konfisziert und nur sehr wenige Anhänger Othos hinrichten lassen. Bei Tacitus (siehe S. 86) und Sueton liest sich dies ganz anders. Nach Letzterem neigte Vitellius sogar dazu, „jeden Beliebigen aus jedem beliebigen Grund töten und foltern zu lassen" und dabei insbesondere „kaum einen von den Bankiers, Gläubigern und Steuerpächtern zu schonen, die in Rom von ihm einmal die Begleichung seiner Schulden oder unterwegs Zoll verlangt hatten".[178]

Mühsame Regierungsarbeit war jedenfalls Vitellius' Sache nicht. Er ließ die Dinge schleifen, was seine Autorität weiter untergrub. Die Regierungsgeschäfte nahmen im Wesentlichen Caecina und Valens wahr. Um ihnen das Konsulat zu ermöglichen, hatte Vitellius die Konsulate anderer verkürzt oder ganz gestrichen. In diesem Amt traten die schon früher spürbaren, aber durch den Krieg überlagerten Spannungen zwischen den beiden (siehe S. 80) immer deutlicher zutage: „Sie wurden schon lange von Hassgefühlen geplagt, die man in Krieg und Feldlager nur mühsam verhehlt hatte und die nun verstärkt wurden durch die Schlechtigkeit ihrer Freunde und eine Bevölkerung, die einen Nährboden für das Stiften von Feindschaften darstellt."[179] Auch diese Gegnerschaft wird zum Scheitern des Vitellius beitragen.

Manchem Römer war schon am Tag nach dem triumphalen Einzug klar, dass die Herrschaft des Vitellius nicht gut enden würde. Zu Beginn des 4. Jahrhunderts v. Chr. hatten nämlich die Römer an einem 18. Juli an der Allia eine traumatische Niederlage gegen die Kelten (Gallier) erlitten. In der Folge hatten die Gallier Rom erobert und das Kapitol belagert. Nur dank des Schnatterns der heiligen Gänse der Juno konnte dessen Eroberung verhindert werden.[180] Die dankbaren Römer errichteten dafür der *Iuno Moneta*, der Warnerin oder Mahnerin Juno, einen Tempel auf dem Kapitol. Um die Mitte des dritten Jahrhunderts v. Chr. wurde daneben Roms erste Prägestätte eingerichtet, was dem Beinamen *Moneta* eine völlig neue Bedeutung verlieh. Seit der Schlacht an der Allia war der 18. Juli ein *dies ater* (schwarzer Tag), ein Unglückstag. An einem solchen Tag den Titel *Augustus* anzunehmen, das Amt des *pontifex maximus* anzutreten und sich zum Konsul auf Lebenszeit bestellen zu lassen, hieß „menschliches und göttliches Recht missachten" und konnte nur Unheil bringen.[181]

Dritter Akt
Ein kometenhafter Aufstieg

7 Vespasian greift nach der Macht (Juli 69)

Vespasian war auch sonst kein Freund rascher Entschlüsse und zögerte daher lange Zeit, sich in so wirre Verhältnisse einzulassen.

Cassius Dio, Römische Geschichte 64.8 (3^a)

Bei privaten Vorhaben gebe es ein schrittweises Vorankommen und ganz nach Belieben könne man sich vom Glück mehr oder weniger nehmen; wer aber nach der Herrschaft strebe, habe nichts in der Mitte zwischen Gipfel und Absturz.

Tacitus, Historien 2.74.2

Vespasian hatte in den Jahren 67 und 68 die Voraussetzungen geschaffen, um 69 gegen Jerusalem marschieren zu können. Dorthin hatten sich – zum Leidwesen großer Teile der ansässigen Bevölkerung – Aufständische aus allen Teilen des Landes zurückgezogen. Auch um das Eingreifen der Römer zu rechtfertigen, bezeichnet sie Josephus oft als Räuber, womit er wohl nicht ganz unrecht hat. Denn natürlich gab es Räuberbanden in *Iudaea* ebenso zahlreich wie im übrigen *Imperium Romanum*. Dass sie insbesondere jede Reise zu einem riskanten Unterfangen machten, zeigt die – aus dem Leben gegriffene – Geschichte vom barmherzigen Samariter, die Jesus im Neuen Testament erzählt: „Ein Mann ging von Jerusalem nach Jericho hinab und wurde von Räubern überfallen. Sie plünderten ihn aus und schlugen ihn nieder; dann gingen sie weg und ließen ihn halbtot liegen."[1] Man kann davon ausgehen, dass sich solche Banden in der Hoffnung auf Beute den Aufständischen angeschlossen haben. Wie groß ihr Anteil in den verschiedenen Gruppen war, lässt sich nicht sagen. Gewohnt an Brutalität und kampferfahren dürfte es ihnen aber nicht schwer gefallen sein, manche davon zu übernehmen.

Die Aufrührer erhielten Verstärkung aus Idumaea (siehe Abb. 12 auf S. 36). Josephus schildert die Bewohner dieser Gegend als „ein stürmisches und wildes Volk, das es stets auf Unruhen abgesehen und an Umwälzungen seine helle Freude hat, dem schon eine kleine Schmeichelei und Bitte die Waffen in die Hand drückt und das sich zum Kampf drängt, als ginge es zu einem Fest".[2] Blutige Auseinandersetzungen zwischen den verschiedenen Gruppen waren an der Tagesordnung. „Alle höheren römischen Offiziere betrachteten den Zwist unter den Feinden als eine unerwartete Gunst des Kriegsgottes und wollten sich sofort auf die Stadt werfen, wozu sie auch Vespasian drängten, den sie schon für den Herrn der Lage hielten." Doch Vespasian schätzte die Situation anders ein: „Wenn wir sofort gegen die Stadt stürmen, so werden wir nur erreichen, dass die Feinde wieder zusammenhalten und ihre volle Kraft gegen uns kehren. Warten wir aber ab, so wird der Bürgerkrieg weiter ihre Reihen lichten. … Sollte aber jemand der Meinung sein, ein ohne Kampf erworbener Siegeskranz könne nur ein welker ein, so soll er wissen, dass ein geräuschlos gewonnener Erfolg einen größeren Nutzen bringt als eine gewagte Waffentat."[3]

In seiner gewohnten Art wollte Vespasian nichts überstürzen. Er war überzeugt, dass die Zeit für ihn arbeiten würde. Zudem hatte er einen weiteren Grund, den Kampf um Jerusalem vorerst auf Eis zu legen. Denn als er im Jahr 68 nach Abschluss seiner Feldzüge mit seinem Heer nach Caesarea zurückgekehrt war, hatte ihn die Nachricht vom Tod Neros erreicht. Gänzlich unvorbereitet traf ihn diese Meldung nicht, da längst (wohl im April) die Kunde von der Revolte des Vindex nach Judäa gedrungen war. Josephus schildert ausführlich, wie Vespasian reagierte, als wenig später der Name des neuen Regenten nach Judäa gelangte. „Als er erfuhr, dass Galba die Herrschaft angetreten hatte, wollte er den Feldzug nicht eröffnen, bevor der neue Kaiser ihm eine diesbezügliche Weisung übermittelt hätte, und sandte, um ihm seine Huldigung zu bezeigen und den kaiserlichen Bescheid hinsichtlich der Juden einzuholen, seinen Sohn Titus an ihn ab. Dem Titus schloss sich auf dieser Seefahrt zum Kaiser aus dem gleichen Grund König Agrippa an. Während sie an Bord von Kriegsschiffen eben Achaia passierten – diesen Weg hatten sie wegen der Winterzeit gewählt –, hatte schon Galba nach einer Regierung von nur sieben Monaten und ebenso vielen Tagen ein gewaltsamer Tod ereilt. … Ohne sich im geringsten durch diese Umwälzung einschüchtern zu lassen, beschloss Agrippa, seine Fahrt nach Rom fortzusetzen, Titus aber fuhr, wie auf einen höheren Wink, von Griechenland nach Syrien zurück und eilte zu seinem Vater nach Caesarea. Mit größter Spannung verfolgten dort beide die Weltlage, ging es doch um nichts Geringeres als um die Erschütterung des *Imperium Romanum.*“[4]

Dass Vespasian auf Weisungen des neuen Kaisers wartete, ist verständlich. Natürlich konnte er davon auszugehen, dass auch Galba an der Niederschlagung der jüdischen Revolte interessiert war. Doch wie Nero ihm zu seiner großen Überraschung dieses Kommando übertragen hatte, nicht zuletzt weil er ein Mann ohne berühmte Vorfahren, ein *homo novus* war, musste er nun befürchten, dass Galba – dessen Stolz auf seinen langen Stammbaum Vespasian sicher bekannt war – es ihm aus dem gleichen Grund wieder nehmen würde. Als Vespasian von der Absetzung seines Bruders als Stadtpräfekt (siehe S. 71) erfuhr, verstärkten sich sicher seine Sorgen. Doch Galbas Direktiven ließen auf sich warten. Da Vespasian aber nicht länger über seine zukünftige Rolle im Unklaren bleiben wollte (im nächsten Frühjahr sollte ja die Offensive gegen Jerusalem starten), schickte er schließlich im Spätherbst 68 seinen Sohn trotz der ungünstigen Reisezeit nach Rom, um dort mit der Unterstützung Agrippas für die flavischen Interessen einzutreten. Titus kam nur bis nach Korinth. Von dort drängte ihn wohl weniger höhere Eingebung oder gar die glühende Sehnsucht nach der Königin Berenike, wie manche meinten,[5] zur raschen Rückreise als vielmehr die Brisanz der Neuigkeiten, die in Griechenland die Runde machten. Er erfuhr ja nicht nur von Galbas Ermordung und Othos Machtübernahme, sondern auch von der Rebellion der germanischen Legionen.[6] Um nicht in diese Auseinandersetzung hineingezogen zu werden, blieb ihm nur die Umkehr. Zudem wäre der ursprünglich zu Galba geschickte Titus in Rom kaum als Freund Othos empfangen worden. Dass Agrippa die Reise fortsetzte, war sicher mit Titus abgesprochen. Der reiche und daher gern gesehene König konnte dort glaubhaft versichern, dass die Umkehr des Titus nicht als Affront gegen Otho oder gar als Parteinahme für Vitellius zu verstehen sei.

Die Kunde von Galbas Tod war noch vor der Ankunft des Titus in Palästina eingetroffen und die Heere in Syrien und Judäa dementsprechend auf Otho vereidigt worden. Doch als sich wenig später die Auseinandersetzungen zwischen Otho und Vitellius herumsprachen, „begannen die Soldaten ihre Unzufriedenheit darüber zu äußern, dass auf alle anderen die Belohnungen der Herrschaft warteten, auf sie selbst aber nur der Zwang, untertänig zu dienen. Und sie fingen an, an ihre eigene Stärke zu denken."[7]

Spätestens als Vespasian nach Othos Tod seine Truppen – wohl im Mai 69 – pflichtgemäß auf Vitellius vereidigte, offenbarte ihm eine beredte Stille die Gefühlslage der Truppe. „Seine Soldaten waren ihm derart ergeben, dass sie ihm, als er den Eid vorsprach und Vitellius Glück und Segen in allem wünschte, nur schweigend zuhörten."[8] Das Ausbleiben der – eigentlich obligatorischen – Jubelrufe verriet, wie wenig Vespasians Heer vom neuen Herrscher hielt. Wenn das Bild, das die Geschichtsschreibung von Vitellius zeichnet, nicht völlig aus der Luft gegriffen ist, verwundert dies nicht, zumal es wohl auf seinem Weg in den Osten des Reichs mit jedem Kilometer karikaturhafter und weniger schmeichelhaft geworden war.

Die Stimmung ähnelt der kein halbes Jahr zurückliegenden, gegen Galba gerichteten in Germanien. Doch in Judäa gibt es weder empörte Zwischenrufe, noch werden Kaiserstatuen umgeworfen. Während Vitellius als Getriebener die Flucht nach vorne antrat, behielt Vespasian das Heft des Handelns in der Hand. Dies kam nicht von ungefähr. Im jüdischen Krieg hatte sich Vespasian durch eine strategisch überzeugende, die Sicherheit seines Heeres nicht unnötig aufs Spiel setzende Kriegsführung das Vertrauen seiner Soldaten erworben. Dass er dabei auch sich nicht schonte und sogar Verletzungen riskierte (siehe S. 40), band die Truppe noch enger an ihn. Doch das Schweigen zeigte ihm, dass man die Vereidigung auf den neuen Kaiser – ein Ritual, das von den Legionen sonst sehr ernst genommen wurde – als Farce empfand. Schließlich war dies die dritte Vereidigung innerhalb eines Jahres, wobei die zweite erst drei Monate zurücklag. Vespasian wusste nun, dass das Heer nichts gegen seinen Willen unternehmen würde, von ihm aber ein Zeichen erwartete.

Josephus fasst die Stimmung der Soldaten so zusammen: „Die Soldaten in Rom, hieß es, die im Wohlleben schwelgten und deren zarte Ohren nicht einmal das Wort Krieg vertrügen, vergäben den Thron nach Gutdünken und ließen sich bei der Ernennung der Imperatoren lediglich von ihrer Habgier leiten. Und da sollten sie, die so viele Strapazen durchgemacht hätten und unter den Helmen grau geworden seien, die höchste Gewalt an andere verschenken, während sie einen der Herrschaft würdigeren Mann in ihrer Mitte hätten? Würden sie je wieder Gelegenheit finden, ihm für das Wohlwollen, das er ihnen entgegen brachte, zu danken, wenn sie die jetzige vorübergehen ließen? Vespasian stehe der Thron vor Vitellius ebenso sicher zu, wie ihnen das Recht der Ernennung vor denen, die den letzteren gewählt hatten. Die Kriege, die sie selbst mitgemacht hatten, stünden doch denen in Germanien an Bedeutung nicht nach; ebenso wenig seien sie jenen, die von dort einen Tyrannen nach Italien gebracht hatten, an Schlagkraft unterlegen."[9]

Wir dürfen Dio glauben, dass es Vespasian nicht nach der Macht drängte (siehe das einleitende Zitat). Dafür sprechen nicht nur sein Alter und seine bisherige, anfangs ja recht

Abb. 30: Der Karmel

schleppend verlaufene Karriere, sondern auch das hohe Risiko und die Unwägbarkeiten, die ein Bürgerkrieg barg. Im einleitenden Zitat bringt es Tacitus in gewohnter Prägnanz auf den Punkt: Es geht dabei um alles oder nichts. Die beiden Flavier nutzten die wenigen Wochen der Regentschaft Othos und seines Kampfes gegen Vitellius, um Gespräche zu führen und eine Entscheidung reifen zu lassen. Maßgeblich beteiligt daran waren die Statthalter der beiden Nachbarprovinzen Syrien und Ägypten. Nun zahlten sich die in den letzten Monaten mit Mucianus (insbesondere über Titus) und Tiberius Alexander (sicher auch über Berenike) intensiv gepflegten Kontakte und das dabei entstandene gegenseitige Vertrauen aus. Die beiden Statthalter und die meisten Offiziere ermutigten Vespasian, den entscheidenden Schritt zu wagen.

Er wusste nun, dass er neben seinen drei eigenen Legionen auf die vier syrischen und die beiden ägyptischen zählen konnte. Auch „die 3. Legion [*Gallica*] rechnete Vespasian zu den seinen, weil sie von Syrien nach Mösien verlegt worden war. Die übrigen illyrischen Legionen würden, so hoffte man, folgen. Denn alle Heere hatte die Arroganz der von Vitellius kommenden Soldaten in helle Empörung versetzt, weil diese, wild in ihrem Erscheinungsbild und in ihren Äußerungen abstoßend, alle anderen als minderwertig verlachten."[10] Zudem konnte er davon ausgehen, dass ihn Agrippa und andere Klientelkönige unterstützen würden.

Vespasian, den Tacitus als nicht frei von Aberglauben beschreibt, suchte beim Orakel am Berg Karmel Rat für die folgenschwere Entscheidung, die er zu treffen hatte (Abb. 30 zeigt eine Ansicht der Gegend vom Beginn des 20. Jahrhunderts; zur Lage siehe Abb. 12 auf S. 36). Die Antwort war zwar – wie bei Orakeln üblich – rätselhaft, aber überaus positiv:

„Was auch immer du vorhast, Vespasian, einen Hausbau, die Erweiterung deiner Ländereien oder die Vergrößerung deiner Dienerschaft, zur Verfügung gestellt werden dir ein großer Wohnsitz, gewaltige Flächen, eine Menge Menschen.“[11]

Nach vielen geheimen Besprechungen wandte sich Mucianus bei einem Treffen mit Vespasian am Berg Karmel in einer großen Rede an die Öffentlichkeit.[12] Zunächst geht er ausführlich auf die Legitimation, ja Notwendigkeit eines Aufstands gegen Vitellius ein: „Nicht gegen den messerscharfen Verstand des vergöttlichten Augustus, nicht gegen das äußerst misstrauische Alter des Tiberius, nicht einmal gegen das auf einer langen Regentschaft fest gegründete Haus des Gaius [Caligula] oder Claudius oder Nero erheben wir uns. Du hast auch vor den Ahnenbildern Galbas zurückgesteckt; noch länger untätig zu bleiben und den Staat der Entehrung und Vernichtung preiszugeben, würde als Trägheit und Feigheit erscheinen … Und dass man von einem Heer zum *princeps* gemacht werden kann, dafür ist Vitellius selbst der Beweis, der ohne Kriegsdienst, ohne militärische Reputation nur wegen des Hasses auf Galba so weit gekommen ist.“ Es geht also nicht um die Frage, ob ein Mitglied einer unbedeutenden Familie die julisch-claudische Dynastie beerben könne. (Diese Frage hatte oder hätte sich Verginius Rufus stellen müssen.) Vespasian hat sich nur mit Vitellius vergleichen zu lassen. Und diesen Vergleich brauchte er in der Tat nicht zu scheuen.

Dann listet Mucianus Vespasians Ressourcen auf. „Dir stehen aus Judäa, Syrien und Ägypten neun frische Legionen zur Verfügung, die durch keine Schlacht erschöpft, nicht durch Meuterei verdorben sind, vielmehr durch Übung gestärkte Soldaten und Bezwinger auswärtiger Feinde, die besten Flotten, Reitereinheiten und Fußtruppen, dazu treu ergebene Könige und deine Erfahrung, an der du alle übertriffst.“ Obwohl er später bei jeder Gelegenheit sagte, Geld sei der Lebensnerv eines Bürgerkriegs[13] (und auch keine Gelegenheit verstreichen ließ, es einzutreiben), erwähnt er diese unverzichtbare Ressource nicht. Dies gegenüber den anwesenden Soldaten zu formulieren, wäre wohl unpassend gewesen, zumal Vespasian ohnehin klar war, dass diese Koalition „reichlich mit Geld ausgestattet“[14] wäre, wie ja die Betrachtung ihrer Protagonisten gezeigt hat.

Mucianus erklärt auch, warum er selbst nicht antritt: „Mich ziehe ich Vitellius vor, dich mir. Dein Haus verfügt über die Auszeichnung mit einem Triumph, über zwei junge Männer, der eine schon fähig zur Herrschaft und bereits in den ersten Jahren seiner militärischen Laufbahn auch bei den germanischen Heeren anerkannt. Widersinnig dürfte es sein, die Herrschaft nicht dem zu überlassen, dessen Sohn ich adoptieren würde, wenn ich selbst an der Herrschaft wäre.“ Zwei wichtige Argumente sprechen also für Vespasian. Zum einen besitzt er einen kriegserprobten Sohn, der *capax imperii* ist, also körperlich und geistig in der Lage, die Herrschaft zu übernehmen. Welche Gefahren eine – für Mucianus im Falle eigener Ansprüche unumgängliche – Adoption heraufbeschwören kann, war ja unter Galba zu sehen. Das Adoptivkaisertum wirft hier deutliche Schatten voraus. Zum anderen gehört Vespasian zum vergleichsweise kleinen Kreis der mit den Triumphalabzeichen ausgezeichneten Senatoren, weshalb er trotz seiner bescheidenen Herkunft zu den führenden Mitgliedern des Senats zählt. Nicht umsonst vermerkt es Tacitus jeweils penibel, wenn ein Senator die *ornamenta triumphalia* erhalten hatte.

Im Licht dieser Ausführungen sah nun jeder im „großen Wohnsitz“, der Vespasian am Berg Karmel verheißen worden war, den römischen Kaiserpalast: „Diese rätselhaften Worte, die sofort die Runde gemacht hatten, offenbarten nun ihren Sinn; nichts führte das Volk häufiger im Munde.“[15]

So sehr Vespasian zögerte, nach der Macht zu greifen, so rasch und entschlossen handelten er und Mucianus, als die Entscheidung gefallen war. Um die weiteren Maßnahmen einzuleiten, kehrten sie umgehend auf dem schnellsten Weg in die Provinzhauptstädte Antiochia und Caesarea zurück. Vespasian „schrieb sofort an Tiberius Alexander, den Statthalter Ägyptens, und teilte ihm das Verlangen des Heeres mit, ferner, dass er notgedrungen die Last der Staatsführung sich aufgeladen habe und ihn als Mitarbeiter und Helfer für sich gewinnen möchte. Nachdem Alexander dieses Schreiben öffentlich verlesen hatte, forderte er entschlossen die Legionen und die Bevölkerung auf, Vespasian den Treueid zu leisten. Beide Gruppen folgten freudig seinem Verlangen, da ihnen die Tüchtigkeit dieses Mannes aufgrund des in ihrer Nähe durchgeführten Feldzugs bekannt war.“[16] Dies geschah am 1. Juli 69, den Vespasian später als *dies imperii*, als den ersten Tag seiner Herrschaft, feierte. Für kurze Zeit wurden danach in Alexandria Münzen geprägt, auf denen Vespasian zwar den Titel *Caesar*, aber nicht den Titel *Augustus* trägt.[17] Es dauerte wohl einige Wochen, bis sich die von Vespasian gewählte Titulatur *Imperator Caesar Vespasianus Augustus* (siehe etwa die Aversumschrift des auf S. 150 in Abb. 38 gezeigten Sesterzes) überall herumgesprochen hatte.[18]

Mit seinem schnellen Handeln kam Tiberius Alexander sogar dem Heer in Judäa zuvor, das erst am 3. Juli seinen Eid auf Vespasian leistete, dann aber „mit einem derartigen Feuereifer, dass man nicht einmal auf seinen Sohn Titus warten wollte, der auf dem Rückweg von Syrien war und als Bote für die Vereinbarungen zwischen Mucianus und seinem Vater diente“.[19]

In Antiochia betrieb Mucianus vor Volk und Heer erfolgreich Propaganda für Vespasian. Im Theater hielt er „an die zusammenströmende und ihm übertrieben schmeichelnde Bevölkerung eine Ansprache, durchaus glänzend auch in griechischer Beredsamkeit und bei allem, was er sagte und tat, ein Mann, der sich mit einem gewissen Geschick in Szene zu setzen wusste. Nichts empörte Provinz und Heer so sehr wie die von Mucianus ernsthaft vorgebrachte Behauptung, Vitellius habe beschlossen, die germanischen Legionen zu einem einträglichen, ruhigen Dienst nach Syrien und im Gegenzug die syrischen Legionen in die dank Klima und Strapazen harten germanischen Winterlager zu verlegen.“[20] Sueton berichtet darüber hinaus, „dass die Abschrift eines echten oder auch gefälschten Briefs des verstorbenen Otho unter das Volk gebracht wurde, worin dieser Vespasian äußerst eindringlich beschwört, ihn zu rächen, und ihn bittet, dem Staat zu Hilfe zu kommen“.[21] Noch vor dem 15. Juli waren alle Truppen Syriens auf Vespasian vereidigt. Auch die Vasallenkönige schlossen sich ihm an. Agrippa wurde heimlich aus Rom zurückgeholt, Berenike steuerte beträchtliche Geldmittel bei. Als Vitellius am 17. Juli unter Fanfarenklängen in Rom einzog (siehe S. 88), konnte er nicht wissen, dass sie nicht den Beginn einer vitellianischen Ära, sondern deren Ende ankündigten.

Abb. 31: Thermen in Berytus

Abgeschlossen wurde die Startphase der neuen Koalition mit einem politisch-militärischen Gipfeltreffen[22] in Berytus (dem heutigen Beirut), einer blühenden römischen Stadt, wie die Spiele, die gut ein Jahr später Titus im dortigen Amphitheater veranstaltete (siehe S. 147), ebenso belegen wie die Thermen, die in den 60er-Jahren des vorigen Jahrhunderts ausgegraben wurden. In Abb. 31 erkennt man im Vordergrund die – ursprünglich unter dem Fußboden verborgene – Hypokaustenheizung des großen Warmwasserbereichs. Bei dem Treffen in Berytus, das zugleich prunkvoller Hoftag und Strategietreffen war, wurden die Weichen für den weiteren Verlauf des Kriegs gestellt. Mucianus und Vespasian reisten dazu mit ihren Stäben und ausgesuchten Truppenteilen an. Zahlreiche Gesandtschaften aus Syrien und anderen Provinzen überbrachten Glückwünsche und die bei einem Herrscherwechsel üblichen goldenen Kränze. Für besonderen Glanz sorgten die prächtigen Auftritte der Vasallenkönige.

Im Zentrum standen aber Mobilisierungsmaßnahmen und die Festlegung des weiteren Vorgehens. Es wurden Aushebungen vorgenommen und Veteranen wieder einberufen. In leistungsfähigen Städten wurden Waffenwerkstätten in Betrieb genommen, in Antiochia Gold- und Silbermünzen geprägt. Präfekturen und Prokuratorenstellen wurden neu besetzt, Männer, die für senatorische Ämter vorgesehen waren, von Vespasian in den Senatorenrang erhoben, „hervorragende Männer, die es bald bis zu den Spitzenämtern brachten; ein paar hatten auch Glück anstelle von Fähigkeiten." Vespasian bewies also Menschenkenntnis, aber auch den in einer solchen Situation nötigen Pragmatismus. Bei den Geldgeschenken vermied man den Geiz Galbas, aber auch jede Übertreibung: „Ein Geldgeschenk hatte Mucianus den Soldaten in der ersten Heeresversammlung nur in maßvollem Umfang in Aussicht gestellt. Auch Vespasian bot im Bürgerkrieg nicht mehr als andere im Frieden, außerordentlich konsequent gegen Geldzuwendungen an Soldaten mit der Folge, dass sein Heer besser war." Ebenso bot man den von Vitellius entlassenen Prätorianern eine Prämie an, wenn sie den Dienst wieder aufnähmen.

Dann wurden die Aufgaben für den bevorstehenden Krieg verteilt: Mucianus sollte mit einem Teil der im Osten stehenden Truppen nach Italien ziehen, Titus den Krieg in Judäa zu Ende bringen. Die militärischen Fähigkeiten, die Titus bisher in diesem Konflikt bewiesen hatte, ließen Vespasian darauf vertrauen, dass der 30-Jährige diese Aufgabe meistern würde. Er selbst wollte sich zunächst um die in Syrien eingeleiteten Maßnahmen kümmern[23] und dann nach Ägypten gehen. Wer nämlich „Ägypten – also die Schlüssel für die Getreideversorgung – und die Steuern der reichsten Provinzen in der Hand halte, könne Vitellius' Heer durch das Ausbleiben des Solds und des Getreides zur Kapitulation zwingen".[24] Die Getreideversorgung der Hauptstadt hätte bei einem länger andauernden Bürgerkrieg sicher eine wichtige Rolle gespielt. Dass die Entscheidung wesentlich rascher als erwartet und in Berytus geplant fallen würde, war nicht abzusehen.

Es mag für Vespasian einen weiteren Grund gegeben haben, im Osten des *Imperium Romanum* zu bleiben: die fragile Lage an der Ostgrenze. Dass Vespasian von Anfang an nicht nur die eigenen Interessen, sondern auch die des Reichs im Blick hatte, zeigte sich schon in Berytus, wo man sich um eine ausreichende Besatzung in den Grenzgarnisonen kümmerte und Gesandte zu den Parthern und Armeniern schickte. Trotzdem konnte Vespasian nicht sicher sein, dass sich die Parther ruhig verhalten würden.

„Mucianus, der mehr den Partner in der Herrschaft als den Befehlsempfänger spielte, ließ mit einer Einheit ohne Tross – nicht in einem langsamen Marsch, um nicht den Eindruck zu erwecken, er lasse sich unnötig Zeit, aber auch nicht in Hast – seinen Ruhm allein durch die Entfernung wachsen. Ihm war nämlich bewusst, dass er nur über bescheidene Streitkräfte verfügte und diese für bedeutender gehalten würden, solange sie weit weg wären."[25] Doch in einem gewaltigen Zug folgten die *legio VI Ferrata*, der sich Mucianus besonders verbunden fühlte (siehe S. 39), und 13 000 Soldaten der übrigen syrischen Legionen und der Hilfstruppen.

Im November erreicht Vespasian in Ägypten die Nachricht vom Sieg seiner Truppen bei Bedriacum (siehe das folgende Kapitel). Er erkennt, dass sich die Ereignisse in Italien überschlagen und eilt nach Alexandria, „um die entmutigten Heere des Vitellius und die auf Hilfe von außen angewiesene Hauptstadt durch Hunger unter Druck zu setzen. Er schickte sich auch an, die auf derselben Seite gelegene Provinz *Africa* zu Lande und zu Wasser anzugreifen in der Absicht, die Getreidelieferungen zu unterbinden und damit Not und Uneinigkeit beim Feind hervorzurufen."[26]

Vespasians Aufenthalt in Ägypten umrahmen mehrere Wundergeschichten. „Ein einfacher Mann aus Alexandria, der für den Verlust seines Augenlichts bekannt war, warf sich ihm zu Füßen, flehte ihn unter Stöhnen inständig um eine Medizin für seine Blindheit an … und ersuchte den *princeps*, er möge geruhen, seine Wangen und Augenhöhlen mit seinem Speichel zu benetzen. Ein anderer, dessen Hand gelähmt war, bat … darum, dass der *Caesar* mit seiner Fußsohle darauftrete. Vespasian lachte zunächst darüber und weigerte sich. Als sie aber darauf bestanden, fürchtete er bald in den Ruf der Wichtigtuerei zu kommen, bald schöpfte er dank der beschwörenden Worte durch sie selbst und die Äußerungen von Schmeichlern Hoffnung. Schließlich ließ er durch Ärzte begutachten, ob solche Blindheit und Lähmung durch menschliche Hilfe überwunden werden könnten. Die Ärzte brachten allerlei Argumente vor: Bei dem einen sei die Sehkraft nicht völlig erloschen und werde zurückkehren, wenn man die Hinderungsgründe beseitige; dem anderen könnten die nur in die verkehrte Position verschobenen Glieder wieder eingerenkt werden, falls man den richtigen Druck ausübe. Das liege vielleicht den Göttern am Herzen und für den göttlichen Dienst sei der *princeps* ausersehen worden. Schließlich falle der Ruhm, falls das Heilmittel Erfolg habe, auf den *Caesar*. Wirke es nicht, treffe der Spott nur die unglücklichen Kranken. Deshalb führte Vespasian in der Überzeugung, alles stehe seinem Glück offen und nichts sei mehr unglaublich, die verlangten Handlungen aus – er selbst mit froher Miene, die dabeistehende Menge in gespannter Erwartung. Sofort kehrte die Gebrauchsfähigkeit der Hand zurück und für den Blinden leuchtete wieder das Tageslicht. Von beiden Vorfällen erzählen Augenzeugen noch jetzt, wo es doch für einen Schwindel keinerlei Belohnung mehr gäbe."[27]

Die hier von Tacitus ausführlich geschilderten Wunder findet man auch bei Dio und Sueton.[28] Dies zeigt, dass sie für die Aura und Autorität eines Kaisers unverzichtbar waren – insbesondere wenn der Kaiser aus dem Nichts kam und nicht vom Ansehen seiner Vorfahren zehren konnte. Der Bericht des Tacitus zeigt aber auch, wie fremd, ja unangenehm Vespasian die Rolle eines Wunderheilers war. Erst die Hinweise seiner Ärzte – die zwischen den Zeilen eine geschickte Inszenierung andeuten – brachten ihn dazu mitzuspielen. Tacitus lässt die Ärzte auch aussprechen, worum es dabei geht: Vespasian erweist sich als Werkzeug und damit als Schützling der Götter.

Einzig Dio überliefert als weiteres göttliches Zeichen, dass nach Vespasians Ankunft in Alexandria die Nilschwemme eingesetzt habe und höher als gewöhnlich ausgefallen sei. „An einem einzigen Tag stieg der Fluss um eine Hand breit an. Ein solches Ereignis soll sich zuvor nur ein einziges Mal zugetragen haben."[29] Da die Nilschwemme im Delta ihren Höhepunkt Anfang Oktober erreichte, müsste Vespasian demnach – im Widerspruch zu Tacitus – bereits Ende September in Alexandria eingetroffen sein. Entweder ist also Dios Bericht reine Fiktion oder Dio setzt irrtümlich Vespasians Ankunft in Alexandria mit der in Ägypten gleich.

„Obgleich ihn die Gottheit durch solche Wundertaten auszeichnete, wollten die Alexandriner nichts von ihm wissen, sie waren vielmehr über ihn derart erbittert, dass sie ihn nicht nur im engen Kreis, sondern in aller Öffentlichkeit verspotteten und schmähten. Hatten sie doch damit gerechnet, von Vespasian eine große Belohnung zu erhalten, weil sie ihn als erste zum Kaiser gemacht hatten; indes statt etwas zu bekommen, wurden noch zusätzliche Abgaben von ihnen erhoben."[30] Auch dass er einen großen Teil der ausgedehnten Palastanlage veräußerte, nahm man ihm übel.[31] Vespasian störte das wenig. Wichtig für ihn war die Unterstützung durch die beiden in Ägypten stehenden Legionen – die ihr (maßvolles) Donativ natürlich erhalten hatten.

Vespasians Zurückhaltung bei Geldgeschenken ist bereits angeklungen (siehe S. 101). Daneben erhalten wir hier einen Vorgeschmack auf Vespasians spätere Steuerpolitik, die im noch heute sprichwörtlichen „Geld stinkt nicht" ihren prägnantesten Ausdruck fand. Er geht zurück auf die von Vespasian eingeführte Besteuerung des Urins, den die Gerber für ihr Gewerbe benötigten. Als ihm sein Sohn Titus deswegen Vorhaltungen machte, „hielt er ihm das Geld aus der ersten Zahlung unter die Nase und wollte wissen, ob er am Geruch etwas auszusetzen habe",[32] was dieser natürlich verneinen musste. Die antike Geschichtsschreibung kreidete ihm dies als Habgier an. Heute würde er wohl für seine Kreativität bei der Sanierung der (seinerzeit durch Neros Bauprojekte) ruinierten Staatsfinanzen gelobt.

8 Entscheidender Sieg bei Cremona (Oktober 69)

Auf keine der beiden Seiten hatte sich das Glück geneigt, bis mitten in der Nacht der aufgehende Mond die Heere sichtbar werden ließ und in die Irre führte. Aber für das flavianische stand er günstiger, nämlich im Rücken. Deshalb warfen Pferde und Männer längere Schatten und infolgedessen fielen, weil man darauf fälschlicherweise wie auf wirkliche Körper zielte, die Geschosse der Feinde zu kurz. Die Vitellianer dagegen leuchteten im Gegenlicht und waren so den wie aus einem Versteck heraus schießenden Gegnern ungeschützt ausgesetzt.

Tacitus, Historien 3.23.3

Vitellius verdankte seinen Sieg über Otho den am Rhein stehenden Legionen. Für Vespasians Kampf gegen Vitellius werden die illyrischen Truppen, vornehmlich die Legionen der Donauprovinzen *Pannonia* und *Moesia* kriegsentscheidend sein. Die Nachricht von der Erhebung Vespasians scheint sich längs der Donau wie ein Lauffeuer verbreitet zu haben und auch wie von ihm erhofft (siehe S. 98) aufgenommen worden zu sein. Folgt man Sueton, trat das illyrische Heer schon im August,[33] also nur gut einen Monat nach den Geschehnissen im Osten, in das Lager Vespasians über – nach Tacitus mit Begeisterung.[34]

In Mösien konnte Vespasian auf die *legio III Gallica* zählen. Entscheidend war wohl, dass sie noch denselben Kommandeur wie in Syrien hatte, nämlich Aurelius Fulvus, den Großvater des späteren Kaisers Antoninus Pius.[35] Die 3. Legion wirkte auf die beiden anderen in Mösien stationierten Legionen – die *legio VIII Augusta* und die *legio VII Claudiana* – ein. Diese „fühlten sich zutiefst Otho verpflichtet, obwohl sie an der Schlacht [bei Bedriacum] nicht teilgenommen hatten. Sie waren nach Aquileia vorgerückt, hatten die Boten, die von Otho[s Niederlage] berichteten, fortgejagt, die Fahnen zerrissen, die den Namen des Vitellius trugen, schließlich die Kriegskasse geplündert, das Geld unter sich verteilt und sich dabei wie Landesfeinde aufgeführt. Daraus entwickelte sich Furcht und aus der Furcht die Überlegung, man könne sich bei Vespasian gutschreiben lassen, was man Vitellius gegenüber entschuldigen müsste." Es gibt ehrenwertere Motive, die Seiten zu wechseln.

In Pannonien „schlossen sich die *legio XIII [Gemina]* und die *legio VII Galbiana*, die sich ihren Kummer und Zorn über die Schlacht bei Bedriacum erhalten hatten, ohne Zögern Vespasian an". Die 13. Legion dürfte es zusätzlich empört haben, dass sie danach sogar Amphitheater für die Siegesfeiern des Vitellius hatte bauen müssen (siehe dazu S. 83 und S. 86).

Zwei Männer sollten in den folgenden Wochen von sich reden machen. Der eine ist Antonius Primus. Unter Nero war er wegen der Beteiligung an einer Testamentsfälschung verurteilt worden und hatte deswegen seinen Senatorenstatus verloren. Galba gab ihm diese

Würde zurück und machte den knapp 50-jährigen ehemaligen Prätor zum Kommandeur der von ihm neu aufgestellten 7. Legion.[36] Selbst angesichts dieser Vorgeschichte scheint Tacitus' Beschreibung des Antonius arg überzeichnet. Demnach war er „ein Haudegen, gewandter Redner, ein Meister darin, gegen andere Missgunst zu säen, bei Auseinandersetzungen und Meutereien einflussreich, jemand, der raubte, Geschenke machte, im Frieden abgrundtief schlecht, im Krieg nicht zu verachten". Ihm Letzteres zuzugestehen, zwangen Tacitus die Fakten. Ebenso tendenziös klingt seine Behauptung, Otho habe auf seine Dienste verzichtet, obwohl sich Antonius ihm wiederholt als Truppenführer angeboten habe. Denn selbst Tacitus deutet mit keinem Wort an, dass es andere Gründe als die zu große Entfernung für das verspätete Eintreffen der von ihm geführten *legio VII Galbiana* in Norditalien gab. Die nächsten Wochen werden zeigen, dass Antonius nicht noch einmal eine solche Statistenrolle spielen wollte. Er wird in eine, wenn nicht gar die Hauptrolle wechseln. Zunächst sorgte er dafür, dass seine Legion rasch in Vespasians Lager übertrat.

Der andere Mann ist Cornelius Fuscus, ein Ritter in den besten Jahren. „Nach dem Anschluss an Vespasians Partei schwenkte er am heftigsten die Kriegsfackel; weil er sich nicht so sehr über die Belohnung für Gefahren als über die Gefahren selbst freute, wollte er anstelle von sicheren und längst erreichten Herausforderungen lieber neue, zweischneidige, unsichere." Obwohl aus einer angesehenen Familie stammend, hatte er als junger Mann seinen Senatorenrang abgelegt. Nach Tacitus tat er dies, „weil er seine Ruhe haben wollte". Dies ist angesichts der Gefahren, denen ein Senator unter Nero ausgesetzt war, durchaus denkbar. Doch die von Tacitus gegebene Beschreibung seines Charakters spricht eher dafür, dass er sich bei seinen Geschäften nicht durch senatorische Standesregeln einschränken lassen wollte. Da er im Krieg zwischen Nero und Galba seine Heimatstadt[37] dazu gebracht hatte, auf die Seite Galbas zu treten, machte ihn dieser zum Prokurator in Illyrien. Damit war aber sein Ehrgeiz offenkundig nicht gestillt. Fuscus nutzte diese Position, um die ihm vorgesetzten Statthalter von Pannonien und Dalmatien – nach Tacitus vermögende alte Männer, die sich eigentlich heraushalten wollten – zu überspielen und die dort stehenden Truppen auf die Seite Vespasians zu ziehen. In Pannonien gelang dies wie gesehen sehr überzeugend; die dalmatinische *legio XI Claudiana* verhielt sich allerdings ähnlich abwartend wie nach der Mobilisierung durch Otho.[38]

Während die Donaulegionen zum Krieg rüsteten, ließen es die in Rom versammelten Soldaten gemütlich angehen.[39] „Die Soldaten, die sich wegen der überfüllten Kaserne und ihrer viel zu großen Zahl in Säulenhallen oder Heiligtümern und überhaupt in der ganzen Hauptstadt herumtrieben, bekamen keinen Appellplatz zu Gesicht, mussten nicht Wache stehen und sich durch Schanzarbeit abhärten. Durch die Verlockungen der Hauptstadt und durch abscheuliche Verhaltensweisen, die man besser nicht beschreibt, schwächten sie ihren Körper beim Faulenzen, ihren Geist bei Ausschweifungen." Dazu kamen Krankheiten, da eine „eine große Zahl in der verrufenen Gegend des Vatikans kampierte" und daher an Malaria erkrankte. Auch die Aufstellung von vier städtischen Kohorten und 16 Prätorianerkohorten (letztere als Ersatz für die freigestellte Garde Othos) zu je 1 000 Mann schwächte die Legionen nicht nur zahlenmäßig. Denn da sich dabei jeder Legionär aussuchen konnte, ob er bei seiner Legion bleiben oder zu den neu aufgestellten Kohorten wechseln wollte, wurden den Legionen „die besten Kräfte entzogen, zudem das Renommee der Prätorianerkaserne untergraben, weil man die 20 000 Mann aus dem ganzen Heer mehr zusammenwürfelte als auswählte".

Nicht zuletzt wegen der Etesien („Jährlichen"), der vor allem im Juli und August regelmäßig in der Ägäis und im östlichen Mittelmeer wehenden Nord- bis Nordwestwinde, die Seereisen von West nach Ost begünstigten, von Ost nach West aber erheblich erschwerten,[40] und der von den Flaviern kontrollierten Häfen und Landwege scheinen Vitellius beunruhigende Nachrichten aus dem Osten erst spät erreicht zu haben. Denn noch seinen Geburtstag am 7. September[41] feierten die seit Anfang dieses Monats amtierenden Konsuln Caecina und Valens „in allen Vierteln der Hauptstadt mit Gladiatorenspielen von gewaltigem und vor diesem Tag kaum gesehenem Aufwand".[42] Nach Dio zogen sich die Feierlichkeiten über zwei Tage hin „und viele wilde Tiere und Menschen wurden aus diesem Anlass getötet".[43]

Selbst als um diese Zeit Vitellius der Abfall der 3. Legion gemeldet wurde, „sahen seine Freunde in ihrem Hang zum Schmeicheln darin eine recht harmlose Angelegenheit: Es handle sich nur um die Revolte einer einzigen Legion, die Treue aller anderen Heere stehe fest. ... Verstärkungen forderte er trotzdem aus Germanien, Britannien und Spanien an, ohne Hast und den Eindruck erweckend, es sei nicht dringend. Dementsprechend zögerlich verhielten sich die Legaten und Provinzen."[44] Auch bei größerem Drängen hätten diese Provinzen wohl nicht anders reagiert, zumal Britannien und Germanien durch die Truppenabstellungen für Vitellius (siehe S. 85) so geschwächt waren, dass weitere Abordnungen nicht zu vertreten gewesen wären.

Erst nachdem sich die unerfreulichen Nachrichten häuften, befahl Vitellius den beiden Konsuln, „sich für den Krieg bereitzumachen. Vorausgeschickt wurde Caecina; Valens, der gerade erst nach einer schweren Krankheit wieder auf die Beine kam, hielt seine Schwäche auf. Grundlegend verändert war das Erscheinungsbild des aus der Hauptstadt aufbrechenden germanischen Heeres: keine Energie in den Körpern, kein Feuer in den Seelen; langsam und weit auseinandergezogen die Marschkolonne, herumbaumelnd die Waffen; müde dahintrottend die Pferde, die Soldaten nicht in der Lage, Sonne, Staub und Wetter auszuhalten, und je weniger sie bereit waren, Anstrengungen auf sich zu nehmen, desto mehr waren sie für Streitereien zu haben."[45] Die Kampfmoral stand demnach in eklatantem Kontrast zur imponierenden nominellen Größe des Aufgebots, das neben Elitetruppen der Bundesgenossen und Vexillationen aus Britannien und den germanischen Provinzen vier volle Legionen umfasste, nämlich die *V Alaudae*, die *XXII Primigenia* und als Abschluss der Kolonne die *I Italica* und die *XXI Rapax*[46] (siehe hierzu und zum Folgenden die Abbildungen 23 auf S. 74 und 25 auf S. 80).

Caecina trieb wohl von Anfang an ein doppeltes Spiel. Ob ihn Zusicherungen des Stadtpräfekten Flavius Sabinus, dessen Rat Caecina Gerüchten zufolge eingeholt hatte, dazu veranlassten oder sein Hass auf Fabius Valens den Ausschlag gab, sei dahingestellt. Sein Verhalten lässt jedenfalls kaum einen Zweifel zu. Ohne wie vereinbart unterwegs auf Valens zu warten, schickte er die *legio I Italica* und die *legio XXI Rapax* nach Cremona, die übrigen Truppen nach dem weiter östlich am Nordufer des Po gelegenen Hostilia (heute Ostiglia), einer wichtigen Stellung gegen einen vermutlich über Aquileia eindringenden Feind. „Er selbst bog nach Ravenna ab unter dem Vorwand, er müsse mit der Flotte sprechen. Doch bald war für jeden erkennbar, dass man nur ein Geheimtreffen zur Verabredung des Verrats arrangiert hatte."[47] Auch wenn man Tacitus' Einschätzung nicht folgt, Caecina sei schon vor dem Besuch der Flotte zum Abfall entschlossen gewesen – spätestens danach agitierte er offen gegen Vitellius. Denn als er die Legionen wieder eingeholt hatte, „versuchte er die hartnäckig zu Vitellius haltenden Zenturionen und Soldaten auf mannigfache Art und Weise wankend zu machen".[48]

Währenddessen berieten in Pannonien die Kommandeure der auf Seiten Vespasians stehenden Truppen im Winterlager der 13. Legion das weitere Vorgehen. Wie im Lager Othos vor der Schlacht von Bedriacum (siehe S. 81) ging es um die Frage, ob man sofort den Kampf aufnehmen oder angesichts „der Stärke und des guten Rufs der germanischen Legionen"[49] auf Verstärkungen – insbesondere auf die von Mucianus herangeführten Kräfte – warten sollte.

Antonius Primus setzte sich vehement dafür ein, sofort vorzurücken. Nachdem er den desolaten Zustand der gegnerischen Truppen geschildert und vor der Gefahr gewarnt hatte, dass Vitellius weitere Streitkräfte mobilisieren könne, falls man den Krieg in den nächsten Sommer verschleppte, schloss er seine Rede voller Leidenschaft mit einem Versprechen: „Falls mich niemand zurückhält, werde ich zugleich Ratgeber und Vollstrecker meines Rates sein. Ihr, die ihr über euer Schicksal noch frei entscheiden könnt, haltet nur die Legionen zusammen; mir werden die leicht bewaffneten Kohorten genügen! Schon bald werdet ihr hören, dass Italien offen steht und der Herrschaft des Vitellius der entscheidende Stoß versetzt wurde. Es wird eine Freude sein, zu folgen und in die Fußstapfen des Siegers zu treten."[50]

„Mit leuchtenden Augen und dröhnender Stimme" habe er dies vorgetragen, um auch die Zenturionen und Soldaten zu erreichen, die sich in der Umgebung eingefunden hatten. Bei diesen kam die eindeutige Haltung des Antonius deutlich besser an als die vorsichtigen, später nach Bedarf in die eine oder andere Richtung auslegbaren Äußerungen anderer. „Deshalb galt er bei den Soldaten mehr – in Schuld oder Ruhm ihr Partner. Am nächsten kam ihm an Einfluss der Prokurator Cornelius Fuscus. Auch er zog gewöhnlich unerbittlich über Vitellius her und hatte deshalb im Falle eines Misserfolgs für seine Person keinerlei Hoffnung gelassen."

Antonius ließ seinen Worten rasch Taten folgen. Schnell zog er „Vexillationen aus den Hilfstruppen und einen Teil der Kavallerie" zusammen und rückte über Aquileia in Norditalien ein. Die Kavallerie unterstellte er dem Ritter Arrius Varus, „einem im Krieg bewährten Mann – ein Ruf, den er sowohl seinem Kommandeur Corbulo als auch seinen Erfolgen in Armenien verdankte".[51] Ohne größere Probleme konnte Antonius bis nach Patavium (dem heutigen Padua) vorrücken. Dorthin folgten ihm wenig später die pannonischen Legionen *XIII Gemina* und *VII Galbiana*. Man beschloss, die ihnen freundlich gesinnte und mit Vorräten gut versorgte Stadt Verona als Hauptquartier zu wählen. Strategisch günstig an der *Via Postumia* gelegen, erlaubte sie die Kontrolle der Alpenpässe und schnelle Vorstöße in die Poebene. Auf dem Weg nach Verona übernahm man die – militärisch bedeutungslose, aber als Heimatstadt Caecinas prestigeträchtige – Stadt Vicetia (heute Vicenza). Briefe des Mucianus, in Aquileia auf seine Truppen zu warten, um „einen Sieg ohne Blutvergießen und Trauer"[52] zu erringen, blieben ohne Wirkung. Antonius, der nicht im Geringsten daran dachte, seinen Ruhm mit Mucianus zu teilen, war wohl wie Tacitus der Meinung, dass es diesem trotz seiner pathetischen Worte nicht um das Wohl der Soldaten ging, sondern er „nur nach Ruhm gierte und die gesamte Ehre des Kriegs für sich beanspruchen wollte". Entsprechende Schreiben Vespasians erreichten den Empfänger ohnehin erst nach den Ereignissen.

Antonius überfiel in einem Überraschungsangriff die Vorposten der bei Hostilia stehenden feindlichen Truppen. Es kam aber nur zu leichten Gefechten ohne Sieger und Verlierer. Caecina ließ daraufhin östlich von Hostilia ein Lager errichten. Doch eigentlich hätte er umgehend aktiv werden müssen. „Wenn er sich loyal verhalten hätte, hätten entweder durch die gesamte Armee der Vitellianer die zwei Legionen – das mösische Heer hatte sich ihnen ja noch nicht angeschlossen – überwältigt werden können, oder sie wären zurückgetrieben worden, hätten Italien im Stich lassen und sich für eine ehrlose Flucht entscheiden müssen. Doch Caecina überließ durch sein Zögern in verschiedenen Situationen den Feinden die Initiative in der ersten Phase des Kriegs."[53]

Nachdem in kurzen Abständen aus Mösien zunächst die *legio VII Claudiana* und dann die Legionen *III Gallica* und *VIII Augusta* eingetroffen waren, begannen umgekehrt die flavianischen Truppen „Stärke zu demonstrieren und rings um Verona einen im Krieg üblichen Wall zu ziehen".[54] Dabei zeigte ein harmloser Vorfall – man hatte herannahende eigene Truppen für gegnerische gehalten – die permanente Sorge der Truppe, von ihren Kommandeuren verraten zu werden. Nur mit Mühe rettete Antonius zwei konsularische Legaten davor, von den eigenen Leuten gelyncht zu werden. „Mit gezücktem Schwert stellte er sich ihnen entgegen und beteuerte, er werde entweder durch die Hände der Soldaten oder seine eigenen sterben. Dabei bat er, sooft er jemanden erblickte, den er kannte und der durch irgendeine militärische Auszeichnung auffiel, diesen namentlich um Hilfe. Dann wandte er sich den Standarten und Kriegsgöttern zu und betete, sie sollten diese blinde Wut, diese Aufsässigkeit besser den Heeren der Feinde eingeben, bis dann der Aufruhr einschlief und – es war schon spät am Abend – jeder in seinem Zelt verschwand." Doch in der Truppe brodelte es weiter. Mehr oder weniger überstürzt verließen daher die beiden Legaten das Heer. Antonius dürfte sich nicht übermäßig für den Verbleib der Konsulare eingesetzt haben. Schließlich hatte er nach ihrem Abzug die alleinige Befehlsgewalt.

Beachtung verdient eine kurze Notiz des Tacitus: Einer der Legaten sei nach seinem Abzug erst durch einen Brief Vespasians, der ihn unterwegs erreichte, endgültig aus seiner misslichen Lage befreit worden. Während selbst der bei der Truppe beliebte Antonius alle Register ziehen musste, um die aufkeimende Revolte zu ersticken, genügt ein Brief des am östlichen Rand des Imperiums weilenden Vespasian, um die Gefahr zu bannen. Scheinbar beiläufig erinnert Tacitus mit diesem Satz den Leser an die Autorität, die Vespasian beim Heer besaß – im Gegensatz zu seinem Rivalen Vitellius.

Um diese Zeit wurde in beiden Heeren die Meuterei der in Ravenna stationierten Flotte bekannt. Die zum Großteil aus Dalmatien und Pannonien stammenden Soldaten verlangten Cornelius Fuscus als Kommandanten, der daraufhin eilig nach Ravenna aufbrach. Caecina nutzte diese Nachricht, um noch aktiver für Vespasian zu agitieren: Die eigene Lage werde immer prekärer, Vespasians Stärke wachse täglich. Doch die Truppe folgte ihm nicht. „Sobald sich im gesamten Lager der Verrat herumgesprochen hatte und die auf den Hauptplatz zurücklaufenden Soldaten sahen, dass man Vespasians Namen hingeschrieben und die Statuen des Vitellius umgestürzt hatte, herrschte zunächst eisiges Schweigen, dann aber brach alles zugleich aus ihnen heraus: So tief sei also das Ansehen des germanischen Heeres schon gesunken, dass man sich ohne Gefecht, ohne Verwundung mit gefesselten Händen und abgenommenen Waffen preisgeben müsse? Welche Legionen stünden ihnen denn gegenüber? Doch nur besiegte! Und weit weg seien die einzigen ernst zu nehmenden Einheiten von Othos Heer, die Einser [die in Spanien stehende *I Adiutrix*] und Vierzehner [die in Britannien stehende *XIV Gemina*], die sie dennoch genau auf diesen Feldern in die Flucht geschlagen und niedergemacht hätten."[55] Die Standbilder des Vitellius wurden wieder aufgestellt und Caecina in Fesseln gelegt. Dass dabei die Initiative von der *legio V Alaudae* ausging, also der von Fabius Valens nach Italien geführten Legion, ist sicher kein Zufall. Damit war das vitellianische Heer zwar nicht führerlos (natürlich wurde eine neue Führung bestimmt), aber zutiefst demoralisiert. Es verließ das östlich von Hostilia gelegene Lager und zog sich zunächst nach Hostilia zurück. Von dort beabsichtigte es, nach Cremona zu marschieren, wo ja bereits die Legionen *XXI Rapax* und *I Italica* standen.

Der Plan, die vitellianischen Truppen bei Cremona zusammenzuführen, blieb Antonius nicht verborgen. Wie von ihm zu erwarten, reagierte er umgehend auf diese beunruhigende Nachricht. Er beschloss, „die zerstrittenen, in einzelne Kontingente zersplitterten Truppen der Feinde anzugreifen, bevor deren Kommandeure ihre Autorität, die Soldaten ihren Gehorsam und die vereinten Legionen ihr Selbstvertrauen wiederfänden. Denn er vermutete, Fabius Valens sei aus der Hauptstadt abmarschiert und werde sich auf die Nachricht von Caecinas Verrat hin beeilen."[56] Antonius brach sofort mit seinen fünf Legionen von Verona auf und erreichte in zwei Tagesmärschen Bedriacum.

Am nächsten Tag – es war wohl der 24. Oktober – ließ er die Legionen dort ein Lager aufschlagen, während er mit 4 000 Mann Kavallerie und Hilfstruppen auf der *Via Postumia* acht Meilen (12 km) Richtung Cremona vorrückte. Gegen 11 Uhr vormittags meldete ein Eilreiter das Nahen des feindlichen Heeres mit einer kleinen Vorhut an der Spitze. Ohne auf einen Befehl des Antonius zu warten, griff Arrius Varus an. Zwar konnte er anfangs die feindlichen Truppen zurücktreiben, doch als diese Verstärkung erhielten, wendete sich das Blatt und Arrius musste mit seinen Reitern die Flucht ergreifen. Als die panisch zurück Galoppierenden auf ihre Truppe trafen, führte dies wegen der Enge der Straße zu einem gewaltigen Chaos. „In diesem fürchterlichen Durcheinander versäumte Antonius keine Aufgabe eines gewissenhaften Kommandeurs oder tapferen Soldaten. Er stellte sich Verängstigten in den Weg, hielt Zurückweichende auf, mit Rat, Tat und Zuspruch stets dort zu finden, wo die Not am größten war oder sich ein Hoffnungsschimmer zeigte, deutlich erkennbar für den Feind und ein leuchtendes Vorbild für seine Männer. Derart in Rage geriet er schließlich, dass er einen fliehenden Standartenträger mit seiner Lanze durchbohrte, dann die Standarte an sich riss und sie gegen den Feind richtete."[57] So gelang es Antonius, die Reihen zu schließen und die inzwischen leichtsinnig gewordenen Truppen des Vitellius in Richtung Westen zu drängen, bis – nach einem Kampf über acht Meilen (12 km) – „am vierten Meilenstein vor Cremona die Feldzeichen der Legionen *Rapax* und *Italica* aufblitzten … Doch sie nahmen ihre ohne Ordnung zurückweichenden Kameraden nicht auf, stellten sich dem Feind nicht entgegen und griffen ihn nicht von sich aus an, obwohl dieser vom Lauf über eine so weite Strecke und vom Kampf erschöpft war."[58] Da auch Antonius nicht nachsetzen ließ, schlief der Kampf ein – bis sich mit hereinbrechender Nacht die Lage dramatisch veränderte.

Unmittelbar nach der unüberlegten Attacke des Arrius hatte Antonius den fünf bei Bedriacum mit Schanzarbeiten beschäftigten Legionen den Befehl überbringen lassen, in Richtung Cremona aufzubrechen. Nach einem Marsch von 16 Meilen (24 km) hatten diese gegen Abend zu den Hilfstruppen und der Kavallerie aufgeschlossen. Nur mit Mühe konnte sie Antonius davon abbringen, sofort den Sturm auf Cremona zu beginnen. Die Unruhe war schon dabei, sich zur Meuterei auszuwachsen, als man durch einige Bewohner Cremonas, die sich vor den Stadtmauern herumtrieben, erfuhr, „dass das gesamte Heer, das in Hostilia stationiert gewesen war, genau an diesem Tag 30 Meilen [45 km] zurückgelegt habe, auf die Kunde von der Niederlage ihrer Leute sich nun zum Kampf bereitmache und in jedem Moment eintreffen werde".[59] Da Hostilia etwa ebenso weit von Cremona entfernt ist wie Verona und zudem der in Hostilia gefasste Plan, die vitellianische Armee bei Cremona zusammenzuführen, erst nach Verona gelangen musste, hätte dieses Heer noch vor Antonius in Cremona eintreffen können. Doch nach der Verhaftung Caecinas unzureichend organisiert und schlecht geführt, hatte es wohl unnötig Zeit in Hostilia verbracht, sodass ihm die Truppen des Antonius den über Bedriacum führenden direkten Weg nach Cremona versperrten und es einen längeren, mühevolleren (wahrscheinlich südlich des Po) einschlagen musste.

Den flavianischen Truppen standen nun neben der *legio I Italica* die drei germanischen Legionen *V Alaudae*, *XXI Rapax* und *XXII Primigenia*, große Teile der übrigen vier germanischen sowie Vexillationen der drei in Britannien stationierten Legionen gegenüber. Diese Schreckensmeldung stellte bei den Flaviern schlagartig Disziplin und Ordnung wieder her und Antonius Primus konnte seine fünf Legionen auf und zu beiden Seiten der *Via Postumia* positionieren. Nach dem Gewaltmarsch wäre es für das vitellianische Heer am vernünftigsten gewesen, „sich in Cremona zu erholen und nachdem es durch Essen und Schlaf wieder zu Kräften gekommen war, am nächsten Tag dem dann von Kälte und Hunger arg mitgenommenen Feind den entscheidenden Stoß zu versetzen. Doch ohne Führung, ohne taktisches Konzept stößt es ungefähr um die dritte Nachtstunde [gegen 9 Uhr abends] auf die schon vorbereiteten und in Gefechtsordnung aufmarschierten flavianischen Truppen."[60] Eine der seltenen nachts geführten antiken Schlachten nahm ihren blutigen Lauf.

„Die Schlacht verlief die ganze Nacht hindurch mit wechselndem Erfolg, unentschieden und grässlich, einmal für die einen, dann wieder für die anderen verheerend. … Am meisten in Bedrängnis kam die erst kurz zuvor von Galba ausgehobene 7. Legion." Sechs ihrer ranghöchsten Zenturionen fielen, darunter der *primus pilus*, nachdem er den Legionsadler vor den Angreifern gerettet hatte. „Zum Stehen brachte Antonius die schon wankende Front durch den Einsatz der Prätorianer. Nach Aufnahme des Kampfes schlugen sie den Feind zurück, wurden aber anschließend selbst zurückgeworfen. Denn die Vitellianer hatten Wurfgeschütze auf den Straßendamm gezogen, um die Geschosse von einer freien und offenen Stellung aus verschießen zu können. Diese waren, zunächst weit streuend und ohne den Feinden zu schaden, im Gebüsch eingeschlagen. Doch ein Geschütz der 15. Legion [*Primigenia*] von besonderer Größe streckte mit riesigen Felsbrocken die feindliche Front nieder und es hätte weit und breit Schaden angerichtet, wenn nicht zwei Soldaten eine Heldentat gewagt, gefallenen Gegnern schnell ihre Schilde abgenommen und deshalb unerkannt die Spannseile für die Geschosse durchgeschnitten hätten. Sie wurden sofort niedergemacht, weshalb ihre Namen verloren gingen; über die Tatsache an sich besteht aber kein Zweifel."[61]

Lange war der Ausgang der Schlacht ungewiss. Doch dann ging – wie am Anfang des Abschnitts zu lesen war – der Mond auf und spielte in der Schlacht eine Rolle, die nach einem Wort von Theodor Mommsen „einem historischen Gewissen schwer aufliegt".[62] Antonius erkannte die sich ihm bietende Gelegenheit und feuerte unermüdlich seine Truppen an. Die pannonischen Legionen beschwor er, durch besonderen Einsatz den Schandfleck ihrer früheren Niederlage zu tilgen und ihre Ehre wiederzuerlangen. Die *legio III Gallica* erinnerte er an ihre alten und neuen Erfolge. Den Prätorianern – die ja ursprünglich unter Otho gedient hatten und von Vitellius entlassen worden waren (siehe S. 86 und S. 102) – machte er klar, dass sie nach einer Niederlage vor dem Nichts stünden. Erst bei Sonnenaufgang endet das Gemetzel. Die Front der schlechter organisierten vitellianischen Truppen lichtet sich, Antonius setzt entschlossen nach und zwingt sie, sich nach Cremona zurückzuziehen.

Dass Bürgerkriege noch mehr als andere Kriege unermessliches Leid verursachen und die Sitten verrohen lassen, zeigt eine von Tacitus berichtete Begebenheit, eine der wenigen, bei der er seinen Gewährsmann nennt. Es ist Vipstanus Messalla, ein mit ihm befreundeter berühmter Redner, der als Militärtribun vertretungsweise die *legio VII Claudiana* führte und „als einziger in diesem Krieg ein anständiges Verhalten zeigte".

Ein Spanier „hatte bei seiner Aufnahme in die *legio* [*XXI*] *Rapax* seinen noch unmündigen Sohn zu Hause zurückgelassen. Als dieser dann herangewachsen war, wurde er von Galba bei den Siebenern [*legio VII Galbiana*] angeworben. Zufällig traf er auf seinen Vater und streckte ihn durch eine Verwundung zu Boden. Während er den Halbtoten durchsuchte, erkannte er ihn – und wurde erkannt. Da nahm er den nun schon Leblosen in die Arme und bat mit tränenerstickter Stimme die Totengeister seines Vaters, sie möchten ihm vergeben und sich von ihm nicht wie von einem Vatermörder abwenden. … Zugleich nahm er den Leichnam auf, hob eine Grube aus und leistete seinem Vater den letzten Dienst. Das bemerkten erst die Umstehenden, dann immer mehr Leute. Darauf ging durch das gesamte Heer ein verwundertes Staunen, Klagen und Verfluchen des maßlos grausamen Kriegs. Aber nicht umso weniger eifrig erschlugen sie Verwandte, Verschwägerte und Brüder und raubten sie aus: Begangen worden sei ein Verbrechen, sagten sie – und begingen es."[63]

Die flavianischen Truppen hatten zwar gesiegt, doch die Eroberung Cremonas stand noch bevor. Auf das vor den Toren der Stadt stehende Heer warteten das im Krieg gegen Otho errichtete und später noch weiter befestigte feindliche Legionslager und danach „steil aufragende Stadtmauern, steinerne Türme, eiserne Torriegel und Wurfgeschosse schleudernde Soldaten".[64] Es wurde ein hitziger, erbitterter und natürlich blutiger Kampf.

Zunächst galt es, das Lager zu erstürmen. Den entscheidenden Durchbruch erzielten dabei die Legionen *III Gallica* und *VII Galbiana*, die Antonius zusammen mit Eliteeinheiten der Hilfstruppen unmittelbar an der Straße nach Bedriacum postiert hatte. „Als den in gegenseitiger Rivalität verbissen kämpfenden Männern die Vitellianer nicht mehr standhalten konnten und ihre von oben herab geschleuderten Wurfgeschosse an der Schildkröte abprallten, warfen sie schließlich das Geschütz selbst auf die heranrückenden Feinde. Dieses zersprengte und begrub zwar für den Moment die Leute, auf die es gefallen war, riss aber Zinnen und Wallspitze beim Sturz mit sich; gleichzeitig gab ein angrenzender Turm dem Steinbeschuss nach. Während die Siebener in Keilformation angriffen, sprengten die Dreier mit Beilen und Schwertern das Tor auf. Übereinstimmend berichten alle Gewährsmänner, dass als Erster C. Volusius, ein einfacher Soldat der 3. Legion, eindrang. Er stieg auf den Wall, trieb die Gegner, die Widerstand leisteten, hinunter, machte mit Gesten und Rufen auf sich aufmerksam und schrie, das Lager sei eingenommen. Da gelang, weil sich die Vitellianer schon in Panik vom Wall hinabstürzten, auch den übrigen Angreifern der Durchbruch. Mit Leichen füllte sich der freie Raum zwischen Lager und Mauern."[65]

Nachdem das Lager gefallen war, war die Widerstandskraft der vitellianischen Truppen gebrochen. Vor allem die höheren Offiziere versuchten ihr Schäfchen ins Trockene zu bringen. „Je höher der Dienstgrad war, den einer bekleidete, desto eher ergab er sich in sein Schicksal aus Angst, es gebe, wenn auch Cremona vernichtet sei, keine Gnade mehr und die ganze Erbitterung des Siegers richte sich nicht gegen das mittellose Soldatenvolk, sondern gegen die Tribune und Zenturionen, bei denen sich das Totschlagen lohne. Der einfache Soldat, der sich keine Gedanken über die Zukunft machte und in seiner Anonymität sicherer war, hielt durch: Herumziehend in den Straßen, in den Häusern versteckt, baten sie nicht einmal dann um Frieden, wenn sie den Krieg schon aufgegeben hatten. Im Lager ließen die Offiziere Vitellius' Namen und Bilder entfernen. Caecina nahm man die Ketten ab – er war nämlich auch zu diesem Zeitpunkt noch gefesselt – und bat ihn, er möge ihrer Sache als Fürsprecher beistehen. Als er das ablehnte und sich sogar hochnäsig gab, bestürmten sie ihn unter Tränen – das Schlimmste, was geschehen konnte, dass so viele aufrechte Männer die Hilfe eines Verräters anflehten! Dann zeigte man sich [zum Zeichen der Kapitulation] mit umwundenen Ölzweigen und Kopfbinden oben auf den Mauern. Nachdem Antonius befohlen hatte, das Feuer einzustellen, trugen sie Standarten und Adler hinaus; ein trauriger Zug unbewaffneter Männer folgte mit zu Boden gesenkten Blicken. … Aber sobald Caecina in der *toga praetexta* und von Liktoren begleitet als Konsul anrückte und die Menge auseinandertreiben ließ, packte die Sieger helle Empörung … Antonius schritt ein, gab ihm eine Begleitmannschaft und schickte ihn zu Vespasian."[66] Eine fragwürdige Karriere hätte damit ein glimpfliches Ende nehmen können. Schließlich attestierte die unter den Flaviern entstandene Geschichtsschreibung Caecina, er habe die Fronten nur aus „Sorge um den Frieden und Liebe zum Staat"[67] gewechselt. Doch ein ehrenvoller Ruhestand war Caecinas Sache nicht. Obwohl ihn Vespasian freundlich aufnahm, beteiligte er sich im Jahr 76 an einer Verschwörung gegen ihn. Daher wurde er – nach einem gemeinsamen Mahl mit Vespasian – auf Befehl des Titus getötet.[68]

Antonius hielt eine Rede vor den Soldaten, „voller Pathos zu den Siegern, zu den Besiegten milde, Cremona betreffend unbestimmt".[69] Damit war klar, dass Cremona vergeblich auf Schonung hoffte und die Beutegier die Oberhand behalten würde. Dass die Stadtbewohner nach der ersten Schlacht bei Bedriacum „die zum Bau des Amphitheaters zurückgelassenen Dreizehner – wie es der unverschämten Art des städtischen Pöbels entspricht – mit schadenfrohen Sticheleien verhöhnt hatten",[70] schürte sicher zusätzlich den Hass. „40 000 Bewaffnete drangen ein, dazu eine noch größere Zahl von Trossknechten und Marketendern, die beim Ausleben ihrer Gelüste und Grausamkeit noch verkommener waren. Keine gesellschaftliche Stellung, kein Alter schützte davor, dass sich Vergewaltigungen mit Morden, Morde mit Vergewaltigungen vermischten. … Vier Tage lang war ihnen Cremona ausgeliefert. Nachdem dann alle sakralen und profanen Gebäude in Schutt und Asche lagen, blieb nur der Tempel der Mefitis vor den Stadtmauern stehen, weil er durch seine Lage oder göttliches Walten geschützt wurde."[71] Nach Dio hätten sich nach einer Amnestie – die durchaus zu den milden Worten des Antonius passen würde – auch vitellianische Soldaten an diesen Ausschreitungen beteiligt. Sie hätten sogar den größeren Schaden angerichtet, da sie „genau die Häuser der Reichen kannten".[72]

„Ein solches Ende fand Cremona 285 Jahre nach seinem Beginn, … von auswärtigen Kriegen unberührt, in Bürgerkriegen unglücklich. Aus Scham über das schändliche Verhalten und weil die Erbitterung zunahm, verfügte Antonius, niemand dürfe einen Bürger Cremonas als Gefangenen behalten. Und dass die Beute für die Soldaten wertlos blieb, dafür hatte die einmütige Haltung Italiens gesorgt, das einen Kauf derartiger Sklaven ablehnte. Da begann man sie umzubringen. Als sich das herumsprach, wurden sie von ihren Angehörigen heimlich losgekauft. Bald kehrte die am Leben gebliebene Bevölkerung nach Cremona zurück. Wieder aufgebaut wurden Marktplätze und Tempel dank der Freigebigkeit ihrer Landsleute, und Vespasian ermunterte dazu."[73] Antonius Primus hielt nach der Einnahme Cremonas den Krieg für gewonnen. „Als sei es erobert, durchstreifte er Italien, als seien sie sein Eigentum, hofierte er die Legionen."[74]

Vitellius hatte die beiden Konsuln ausgeschickt, um seine Truppen in den Kampf gegen das flavianische Heer zu führen (siehe S. 107). Die fragwürdige Rolle des Alienus Caecina konnten wir auf den letzten Seiten verfolgen. Was tat inzwischen der wegen einer Erkrankung „wenige Tage später“[75] ins Feld gezogene Fabius Valens? Auch wenn er „mit seinem langen, verweichlichten Zug aus Konkubinen und Eunuchen schwerfälliger vorankam“, als es für einen Krieg notwendig gewesen wäre, hätte er – nachdem er vom Abfall der Flotte in Ravenna erfahren hatte – „dem noch schwankenden Caecina zuvorkommen oder vor der Entscheidungsschlacht die Legionen einholen können“.[76] Statt dessen forderte er aus Rom Verstärkung an. Als die nicht wie gehofft ausfiel – sie war zu klein, um etwas ausrichten zu können, und zu groß, um nicht aufzufallen – schickte er sie nach Ariminum (heute Rimini; siehe Abb. 25 auf S. 80) voraus. „Er selbst bog mit wenigen Begleitern, welche die unglückliche Entwicklung nicht umgestimmt hatte, nach Umbrien und von dort aus nach Etrurien ab, wo ihn die Nachricht vom Ausgang des Kampfes bei Cremona erreichte. Daraufhin fasste er den gar nicht feigen und im Fall des Gelingens mit schrecklichen Folgen verbundenen Plan, schnell Schiffe aufzubringen, in irgendeinem Teil der narbonensischen Provinz an Land zu gehen, dann Gallien sowie die Heere und Völker Germaniens aufzubieten und damit einen neuen Krieg zu entfachen.“[77] Doch der ambitionierte Plan des Valens scheiterte schon in den Anfängen. Widrige Winde verschlugen ihn auf eine zu Massilia (dem heutigen Marseille) gehörende Insel, wo ihn Soldaten flavianischer Schiffe festnahmen. Auch das vitellianische Ariminum konnte Cornelius Fuscus schnell von der Land- und Seeseite her einschließen.

Nach der Gefangennahme des Valens zeichnete es sich ab, dass Vespasian als Sieger aus dieser Auseinandersetzung hervorgehen würde. Viele der in den Provinzen stehenden Legionen schlugen sich nun auf seine Seite.[78] Den Anfang machte die *legio I Adiutrix*, die in der ersten Schlacht von Bedriacum auf Othos Seite gestanden hatte und danach von Vitellius nach Spanien geschickt worden war. Noch zu Beginn des illyrischen Aufstands hatte sie auf eine Aufforderung der dortigen Truppen, sich ihnen anzuschließen, nicht reagiert.[79] Jetzt war sie bemüht, sich nicht als letzte dem siegreichen Lager anzuschließen. Auch die beiden anderen in Spanien stehenden Legionen konnte sie zum Frontwechsel überreden. Ebenso traten die drei Legionen in Britannien, die bei Cremona die Armee des Vitellius durch Truppenkontingente verstärkt hatten, auf Vespasians Seite. Hier half es wohl, dass Vespasian einst Legat der *legio II Augusta* war (siehe S. 31). Auch die dalmatinische *legio XI Claudiana* „hatte sich nach anfänglichem Zögern angeschlossen, war aber nach den Erfolgen ängstlich, weil sie abseits gestanden hatte“.

Dass in den beiden germanischen Militärbezirken, die seit dem Abmarsch des Vitellius von Hordeonius Flaccus geführt wurden (siehe S. 85), die dort verbliebenen und inzwischen aufgefüllten Teile der Rheinarmee noch gefährlich werden konnten, war auch Antonius Primus bewusst. Um sie auf die Seite Vespasians zu ziehen, unterrichtete er sie in einem Brief vom Ausgang der Schlacht und legte diesem einen Erlass des (zu Vespasian übergelaufenen) Caecina bei. „Das führte zu unterschiedlichen Reaktionen: Die Hilfstruppen aus Gallien, die für die Parteien weder Zu- noch Abneigung empfanden, ihren Dienst vielmehr ohne innere Beteiligung ableisteten, fielen auf die ermunternden Worte ihrer Kommandanten hin sofort von Vitellius ab; die altgedienten Soldaten zögerten noch. Aber als Hordeonius Flaccus sie vereidigte, leisteten sie auf Drängen ihrer Tribune den Eid, allerdings mit finsterem Ausdruck und ohne innere Überzeugung, und während sie die übrigen Worte des Schwurs deutlich nachsprachen, gingen sie über Vespasians Namen stockend oder nur mit leisem Gemurmel und häufig sogar mit Schweigen hinweg."[80] Mehr konnten die flavianischen Offiziere in dieser Situation nicht erwarten. Wichtig war, dass sich offensichtlich niemand für Vitellius stark machen oder gar seinen Kopf riskieren wollte.

Die Stimmung in der Rheinarmee schwankte zwischen gedrückt und gereizt. Von Vespasian hatte sie nichts Gutes zu erwarten, ihre für Vitellius in den Kampf gezogenen Kameraden waren bei Cremona geschlagen und anschließend zusammen mit der *legio I Italica* an die Donau geschickt worden. Einzig die *legio XXI Rapax* konnte wohl an ihren alten Standort Vindonissa zurückkehren.[81] „Aber die Soldaten ließen sich durch Erfolge und Misserfolge in gleicher Weise zu Mordplänen gegen ihre Kommandeure aufhetzen und … verlangten ein Geldgeschenk, nachdem sie erfahren hatten, dass Geld von Vitellius geschickt worden war. Ohne lange zu zögern, gab es ihnen Hordeonius im Namen Vespasians, und das war ein vorzüglicher Nährboden für eine Meuterei. Sie ließen sich in Wohlleben, Gelagen und nächtlichen Zusammenrottungen gehen und frischten ihre alte Empörung über Hordeonius wieder auf. Als dann keiner der Legaten oder Tribune einzuschreiten wagte – denn alles Ehrgefühl hatte die Nacht aufgehoben –, zogen sie ihn aus seinem Schlafzimmer und brachten ihn um."[82]

Die oben erwähnte Verteilung der bei Cremona eingesetzten vitellianischen Truppen längs der Donau sollte nicht nur mögliche Unruheherde aus Italien entfernen, sondern mindestens ebenso dringend die Truppenpräsenz an der Donau stärken. Wie nötig dies war, zeigten die kriegerischen Aktivitäten der Daker. „Sobald sie erfahren hatten, dass Italien durch einen Krieg in Flammen stehe und sich alles gegenseitig feind sei, eroberten sie die Winterlager der Hilfstruppen und Reitereinheiten und bemächtigten sich so beider Donau-Ufer."[83] Doch bevor sie auch noch die festen Legionslager zerstören konnten, wurden sie von Mucianus gestoppt. Der hatte inzwischen vom flavianischen Sieg bei Cremona erfahren und konnte es sich daher leisten, mit der *legio VI Ferrata* gegen die Daker vorzugehen.

Die Nachricht vom Frontwechsel des Caecina scheint Vitellius nicht sehr beunruhigt zu haben. Ende Oktober „hielt er vor dem Senat eine hochtrabende Rede und wurde daraufhin von den Senatoren mit ausgesuchten Schmeicheleien gefeiert. Den Anfang machte [sein Bruder] Lucius Vitellius mit einem gegen Caecina gerichteten scharfen Antrag." Natürlich drückten daraufhin auch die übrigen Senatoren ihre Entrüstung darüber aus, „dass dieser als Konsul seinen Staat, als Kommandeur seinen Oberbefehlshaber, trotz der Überhäufung mit so großen Reichtümern und so vielen Ehren seinen Freund verraten habe … In keiner Rede irgendeines Mitglieds kam es aber zu Angriffen auf die flavianischen Kommandeure. Der Verblendung und dem Unverstand der Heere gab man die Schuld. Vespasians Namen umging man verlegen ausweichend."[84] Dass Vitellius für den 31. Oktober, an dem Caecinas Amtszeit geendet hätte, einen neuen Konsul wählen ließ, dieser also an ein und demselben Tag seinen Amtseid leistete und in seinem Schlusseid beschwor, als Konsul nichts Ungesetzliches getan zu haben, sorgte für viel Spott. Als Vitellius wenig später vom Zusammenbruch seiner Macht bei Cremona erfuhr, „unterdrückte er die Nachrichten von seiner Niederlage und hielt sich so in törichter Verdrängung eher die Arznei für seine Leiden als die Leiden fern“.[85]

Viel zu spät – wohl Mitte November – reagierte er auf die sich zuspitzende Lage und gab „14 Prätorianerkohorten und allen Kavallerieeinheiten den Befehl, den Apennin zu besetzen; ihnen folgte eine aus Marinesoldaten gebildete Legion. So viele tausend Bewaffnete – eine Elite von Pferden und Männern – wären unter einem anderen Kommandeur stark genug für einen Angriffskrieg gewesen. Die übrigen Kohorten unterstellte er zum Schutz der Hauptstadt seinem Bruder Lucius Vitellius. Er selbst machte keinerlei Abstriche an seinem vertrauten Schlemmerleben.“[86]

Nur mit Mühe ließ sich Vitellius dazu überreden, Rom zu verlassen und sich dem Heer anzuschließen, das die umbrische Stadt Mevania (das heutige Bevagna; siehe zum Folgenden auch Abb. 3 auf S. 21) besetzt hatte. Doch der Kaiser hatte keine Ahnung von militärischen Belangen und „musste ständig andere fragen, welche Reihenfolge die Marschkolonne einhalten solle, wie die Aufklärung durchzuführen sei, bis zu welchem Umfang man den Krieg vorantreiben oder verzögern könne. Auf alle Nachrichten reagierte er auch in Blick und Gang erst nervös, dann betrunken. Schließlich kehrte er aus Widerwillen gegen das Lagerleben und auf die Nachricht vom Abfall der Flotte von Misenum hin nach Rom zurück.“[87] „Dem durch Kampanien eindringenden Krieg stellte er seinen Bruder Lucius Vitellius mit sechs Kohorten und 500 Kavalleristen entgegen.“[88] Die übrigen in Mevania stehenden Truppen zogen sich nach Narnia (heute Narni) zurück.

Nach dem Abfall der in Misenum (in der Nähe von Neapolis) stationierten Flotte beherrschte Vespasian das Meer (die bei Ravenna stationierte war ja schon vor der Schlacht bei Cremona übergelaufen). Von Misenum aus griff der Krieg auf die gesamte Campania über, wo die Städte „ihre kleinstädtischen Rivalitäten mit den Bürgerkriegen vermischten: Puteolis Sympathien galten einzig Vespasian, Capua stand treu zu Vitellius.“[89] In Latium wurde Tarracina die erste leichte Beute der flavianischen Truppen. Doch die schlecht organisierten Marinesoldaten und Gladiatoren, die als Besatzung in die Stadt gelegt wurden, hatten gegen die gut ausgebildeten Truppen, die Lucius Vitellius auf der schnurgeraden Via Appia von Rom heranführte, keine Chance. Lucius „schickte die Siegesnachricht seinem Bruder und fragte an, ob er sofort umkehren oder weiter alles daransetzen solle, die Campania zu unterwerfen“.[90] Wäre er sogleich nach Rom zurückgekehrt, wäre dort sicher noch mehr Blut geflossen.

Die flavianischen Kommandeure hatten mit einem Teil ihrer Truppen – die übrigen waren in Verona verblieben – Fanum Fortunae (heute Fano; siehe Abb. 3) erreicht, als sie vom Auszug der vitellianischen Truppen aus Rom erfuhren. „Antonius und die Kommandeure seiner Partei beschlossen, Kavallerie vorauszuschicken und ganz Umbrien erkunden zu lassen … Adler, Standarten und alles Militär, das in Verona lag, ließ man nachkommen.“[91] Bei der Frage, wie weiter vorgegangen werden solle, lebte der alte Zwist zwischen Antonius und Mucianus wieder auf. „Denn Mucianus war besorgt über den derart schnell errungenen Sieg. Er war nämlich überzeugt, keinen Anteil mehr am Krieg und damit am Ruhm zu haben, wenn er sich nicht persönlich in den Besitz der Hauptstadt setze. Deshalb schrieb er wiederholt Briefe an [Antonius] Primus und [Arrius] Varus, in denen er bald darlegte, man müsse das begonnene Unternehmen energisch fortsetzen, bald die Vorteile einer Hinhaltetaktik aufzeigte; diese waren so formuliert, dass er je nach dem Ausgang der Angelegenheit die Verantwortung für einen Misserfolg von sich weisen oder für einen Erfolg sich zuschreiben konnte.“[92] Umgekehrt ließ Antonius verlauten, „seine Bemühungen seien umsonst gewesen, falls die Belohnungen für die Gefahren nur die Leute bekämen, die an den Gefahren gar nicht beteiligt gewesen seien. Diese Äußerungen blieben Mucianus nicht verborgen. Daher kam es zu schweren Spannungen, die Antonius ganz offen, Mucianus dagegen raffiniert und deshalb noch unversöhnlicher nährte.“[93]

Auch aufgrund der schwierigen Versorgungslage „in der vom Krieg ausgelaugten Gegend“[94] um Fanum Fortunae begannen die Flavianer auf der Via Flaminia weiter Richtung Rom vorzurücken. Der Abzug des Vitellius und eines Teils seiner Truppen sowie der Rückzug der übrigen nach Narnia sorgten dafür, dass sie dabei nicht auf Widerstand stießen. „Doch das scheußliche Winterwetter setzte dem Heer beim Überqueren des Apennins stark zu und den Männern, die sich selbst bei ihrem ungestörten Marsch kaum durch die Schneemassen kämpfen konnten, wurde klar, in welch große Gefahr sie sich hätten begeben müssen, wenn das Schicksal Vitellius nicht zur Umkehr bewogen hätte.“[95]

Um diese Zeit gelang Petillius Cerialis, dem wir bereits während des Boudicca-Aufstands begegnet sind (siehe S. 78), „in Bauerntracht und dank seiner Ortskenntnis“[96] die Flucht aus dem von den Vitellianern gehaltenen Rom. Er war einer „der vornehmsten Senatoren und mit Vespasian verschwägert“.[97] Daher wurde er – trotz seiner wenig überzeugenden militärischen Aktivitäten in Britannien – unter die flavianischen Kommandeure aufgenommen.

Auch Vespasians Bruder Flavius Sabinus und sein Sohn Domitian hätten wohl fliehen können. Doch Sabinus ließ den von Antonius geschickten Agenten wissen, dass sein angeschlagener Gesundheitszustand solch ein riskantes Unternehmen nicht zulasse; Domitian fürchtete, dass ihm die von Vitellius abkommandierten Wachen eine Falle stellen könnten.

Als die flavianischen Kommandeure in Carsulae angekommen waren, „nahmen sie sich wenige Tage Zeit zur Erholung, bis die Legionen mit ihren Adlern und Standarten nachkamen. Man hielt den Ort auch für geeignet, dort die Feldlager zu errichten, weil er einen weiten Ausblick bot, die Zufuhr von Nachschub gesichert war und die blühendsten Landstädte in ihrem Rücken lagen. Gleichzeitig hoffte man auf Verhandlungen mit den nur zehn Meilen entfernten Vitellianern und auf Verrat. Das nahmen die Soldaten übel und wollten lieber den Sieg als den Frieden; nicht einmal auf die eigenen Legionen wollten sie warten, da sich diese mehr am Beutemachen als an den Gefahren beteiligen würden.“[98] Wieder einmal gelang es Antonius, die Gemüter zu beruhigen.

Das Eintreffen der flavianischen Legionen ließ Mut und Moral der bei Narnia stehenden Truppen des Vitellius sinken. Viele Tribune und Zenturionen liefen zum Feind über.

Endgültig demoralisiert wurde die Truppe durch die Nachricht vom Tod des Fabius Valens, der in der Haft umgebracht worden war. „Seinen Kopf zeigte man den vitellianischen Kohorten, damit sie keinerlei Hoffnung mehr hegten. Sie glaubten nämlich, Valens sei bis nach Germanien durchgedrungen und biete dort alte und neue Heere auf. Als sie jedoch die Bluttat sahen, verfielen sie in Verzweiflung … Jeglicher Hoffnung beraubt, machten sich die vitellianischen Soldaten daran, zur Gegenpartei überzulaufen, aber auch das nicht würdelos. Sie zogen vielmehr hinter ihren Feldzeichen und Standarten in die unterhalb von Narnia gelegene Ebene hinab, wo sich das flavianische Heer, wie zum Kampf bereit und gerüstet, in dichten Reihen längs der Straße postiert hatte. Die Vitellianer wurden in die Mitte genommen und Antonius Primus hielt an die so Umstellten eine freundliche Ansprache.“[99]

Dies geschah am 15. oder 16. Dezember.[100] Antonius ließ einen Teil seiner Truppen zur Bewachung der Überläufer zurück. Die übrigen verlegte er am nächsten Tag von Narnia nach Ocriculum (dem heutigen Otricoli), wo er mit ihnen – nach den Erfolgen der letzten Zeit sicher sehr entspannt – die am 17. Dezember beginnenden Saturnalien feiern wollte, während denen die Hierarchie auf den Kopf gestellt und eifrig gebechert wurde. Gleichzeitig schickte er Petillius Cerialis mit 1 000 Kavalleristen voraus, um über Reate (dem heutigen Rieti) und die Via Salaria Richtung Rom zu ziehen. Auch wenn er sich auf diesem gut 100 km langen Ritt nicht besonders beeilte,[101] wird Petillius im Laufe des 19. Dezember vor Rom eingetroffen sein. Da die Via Salaria in der Nähe der Prätorianerkaserne nach Rom hineinführt (siehe Abb. 21 auf S. 67), sollte er wohl bei der Eroberung Roms die dort konzentrierten vitellianischen Kräfte attackieren. Petillius, der, wie gesehen, schon früher seine eigenen Kräfte überschätzt hatte, dürfte die dort stationierte Truppe für keinen sonderlich ernst zu nehmenden Gegner gehalten haben. Wusste er sie doch demoralisiert wegen der bei Narnia übergelaufenen Einheiten und zahlenmäßig weiter geschwächt durch die mit dem Bruder des Vitellius in den Süden abgezogenen Kohorten.

Dass es Vespasians Truppen nicht eilig hatten, Rom einzunehmen, lag vermutlich an dem noch abwesenden Mucianus, der sicher weiterhin darauf drang, beim siegreichen Einzug in die Hauptstadt dabei zu sein. Aber auch die Hoffnung, durch eine Kapitulation der demoralisierten vitellianischen Resttruppe blutige Kämpfe auf den Straßen Roms vermeiden zu können, dürfte eine Rolle gespielt haben.

Doch dann überstürzten sich die Ereignisse.

9 Roms Kapitol brennt (Dezember 69)

Diese Schandtat war seit Gründung der Stadt das traurigste und verabscheuungswürdigste Ereignis, das dem römischen Gemeinwesen widerfuhr: Zu einer Zeit, als es keinen auswärtigen Feind gab und die Götter – falls das bei unseren moralischen Zuständen überhaupt möglich ist – gnädig waren, wurde der Sitz des Iupiter Optimus Maximus, der von unseren Vorfahren als Unterpfand der Herrschaft errichtet worden war, den weder ein Porsenna nach der Kapitulation der Hauptstadt noch die Gallier nach ihrer Eroberung entweihen konnten, durch das Wüten der principes zerstört. In Brand geraten war das Kapitol auch früher schon im Bürgerkrieg, aber durch die Hinterlist von Privatleuten. Jetzt aber war es ganz offen belagert, ganz offen angezündet worden. Aus welchen militärischen Motiven heraus? Was war der Lohn für diese furchtbare Katastrophe?

Tacitus, Historien 3.72.1

Tacitus führt eindrücklich vor Augen, welche Bedeutung das Kapitol für die Römer hatte. Dieser Hügel besitzt zwei, durch eine Senke getrennte Kuppen (siehe Abb. 32). Auf der einen – die auch Burg (*arx*) hieß – stand der Tempel der Iuno Moneta (siehe S. 91). Die andere beherrschte der wichtigste Tempel Roms. Er war der Kapitolinischen Trias Jupiter, Juno und Minerva geweiht, wurde aber meist Tempel des *Iupiter Optimus Maximus*, des besten und größten Jupiter, genannt. Seine Zerstörung ist der Grund für das Klagelied, das Tacitus anstimmt.[102] Er holt weit aus, um das Ausmaß der Katastrophe zu verdeutlichen, die Rom am 19. Dezember 69 in Schrecken versetzte. Dass sich die traumatische Niederlage gegen die Gallier und ihr Sturm auf das Kapitol tief in das römische Gedächtnis eingebrannt hatten, haben wir bereits gehört (siehe S. 91). Bis in die mythische Frühgeschichte zurück geht es beim etruskischen König Lars Porsenna, der nach der Überlieferung im Jahr 508 v. Chr. – also kurz nach der Gründung der Republik und der Errichtung des kapitolinischen Tempels – ein Heer gegen Rom führte. Tacitus verschweigt auch nicht, dass der von ihm beklagte Brand des Kapitols nicht der erste in einem Bürgerkrieg war. Der geschah anderthalb Jahrhunderte früher im Jahr 83 v. Chr. während der blutigen Machtkämpfe zwischen Sulla und Marius. Doch während damals (nie ermittelte) Privatleute für diese Untat verantwortlich gewesen seien, gehe sie diesmal auf das Konto der Herrscher. Die klagenden, eher rhetorischen Fragen des Tacitus, mit denen dieses Zitat schließt, sind verständlich. Denn militärisch sinnvoll, geschweige denn notwendig war die Erstürmung des Kapitols, die diesen Brand auslöste, nicht.

Jeder halbwegs klar Denkende wusste längst, dass angesichts der vor Rom stehenden Truppen die Herrschaft des Vitellius bald enden würde. Jetzt konnte es nur noch darum gehen, den eigenen Kopf zu retten. Und dafür hatte man den geeigneten Ansprechpartner vor Ort, den Stadtpräfekten Flavius Sabinus, Vespasians älteren Bruder. Viele, die ihre Schmeicheleien während der kurzen Regentschaft des Vitellius am liebsten ungeschehen machen würden, versuchten ihn dazu zu bringen, „nach seinem Anteil an Sieg und Ruhm zu greifen. Er verfüge mit den städtischen Kohorten über eigene Soldaten, auch die Wachkohorten, ihre eigenen Sklavenscharen und die *fortuna*, die glücklichen Umstände ihrer Partei würden nicht abseits stehen, und überhaupt laufe alles im Sinne der Sieger. Er möge doch nicht Antonius und Varus den Ruhm überlassen!“[103] Doch „gezeichnet vom Alter“[104] dachte Sabinus nicht daran, diese Rolle zu übernehmen.

Selbst Vitellius verhandelte mit dem Stadtpräfekten und traf mit ihm wohl auch eine Abmachung.[105] Während Tacitus den Inhalt nicht kennt, lesen wir bei Sueton, er habe sich „sein Leben und hundert Millionen Sesterzen fest versprechen lassen. Und sofort gab er an den Stufen zum Palast vor den versammelten Soldaten bekannt, dass er zurücktrete, habe er doch ohnehin einst die Herrschaft nur widerwillig übernommen.“ Seine Anhänger, die sich – sicher realistischer – nur wenig Hoffnung auf die Milde der Sieger machten, wollten jedoch die Abdankung nicht akzeptieren. „Jetzt verspreche man Geld, Dienerschaft und die prächtigen Buchten Kampaniens. Doch sobald sich Vespasian der Herrschaft bemächtigt habe, werde sich bei ihm persönlich, bei seinen Freunden, schließlich bei den Heeren das Gefühl der Sicherheit erst nach Beseitigung seines Rivalen einstellen. … Sterben müssten sie bei einer Niederlage, sterben nach einer Kapitulation. Es gehe nur darum, ob sie den letzten Atemzug in Spott und Schande aushauchten oder in mannhafter Haltung. Doch Vitellius’ Ohren waren taub für mutige Ratschläge. … Nachdem er vom Abfall der Legion und der Kohorten, die in Narnia kapituliert hatten, gehört hatte, ging er am 18. Dezember in dunkler Kleidung inmitten einer wehmütigen Dienerschaft vom Palatin hinab. Auf einem Tragebett trug man seinen kleinen Sohn [Germanicus] mit wie bei einem Leichenzug. Die Zurufe des Volks waren schmeichlerisch und den Umständen nicht angemessen, die Soldaten verharrten in trotzigem Schweigen.“[106] Vitellius’ Versuch, vor einer eilends einberufenen Volksversammlung die Insignien seiner Herrschaft – etwa den Dolch als Zeichen für sein Recht, über Leben und Tod zu entscheiden – abzulegen und sich als Privatmann in das Haus seines Bruders zurückzuziehen, scheiterte. Die Menge trieb ihn wieder in den Palast zurück.

Auf das Gerücht hin, Vitellius sei zurückgetreten, eilten viele in das Haus des Sabinus. Jeder wollte schließlich zu den ersten, keiner zu den letzten gehören, die dem neuen Regenten huldigten. Als dann jedoch bekannt wurde, dass der Rücktritt von den Soldaten, aber auch vom Volk vehement abgelehnt worden war, fürchteten die dort Versammelten um ihr Leben. Als es zu kleineren bewaffneten Auseinandersetzungen kam, „besetzte Sabinus in diesem kritischen Augenblick – was unter den gegebenen Umständen die sicherste Maßnahme war – das Kapitol mit seinen Soldaten, denen sich einige Senatoren und Ritter anschlossen. Deren Namen zu überliefern ist kaum möglich, weil nach dem Sieg Vespasians viele vorgaben, dieses Verdienst um seine Partei erworben zu haben. … Die vitellianischen Soldaten umgaben die Eingeschlossenen mit einer nachlässigen Wache. Daher konnte Sabinus noch vor Mitternacht seine eigenen Kinder und seinen Neffen Domitian auf das Kapitol holen. Zuvor hatte er an einer unbewachten Stelle einen Boten zu den flavianischen Kommandeuren geschickt, der melden sollte, sie selbst würden belagert und die Lage werde, wenn man nicht zu Hilfe komme, misslich."[107] Der in dieser Nacht plötzlich einsetzende heftige Regen verringerte zwar die Gefahr, dass der Bote entdeckt würde, erschwerte ihm aber auch das Vorankommen.

Am nächsten Tag, dem 19. Dezember, schickte Sabinus in aller Frühe einen Offizier mit bitteren Vorwürfen zu Vitellius. Er habe die getroffene Übereinkunft gebrochen, seine Abdankung sei nur eine Inszenierung gewesen, um hervorragende Männer zu täuschen. „Falls er die Übereinkunft bereue, solle er nicht auf ihn, den er mit seiner Treulosigkeit getäuscht habe, mit der Waffe losgehen, nicht auf den kaum erwachsenen Sohn Vespasians. Welchen Vorteil habe man denn von der Ermordung eines Greises und eines Jünglings? Entgegenziehen solle er den Legionen und dort um die höchste Macht streiten; der Rest werde sich nach dem Ausgang des Kampfes ergeben."[108] Der über diese Botschaft erschrockene Vitellius schob die Schuld auf die Soldaten, womit er eingestand, dass er das Heft des Handelns nicht mehr in der Hand hatte. „Weder zu befehlen noch zu verbieten imstande, war er nicht mehr *Imperator*, sondern nur noch Ursache des Kriegs."[109]

Kaum war der von Sabinus zu Vitellius geschickte Offizier auf das Kapitol zurückgekehrt, nahm das Verhängnis seinen Lauf. Folgen wir der ausführlichen Schilderung des Tacitus (siehe dazu Abb. 32). „Schon waren die tobenden [vitellianischen] Soldaten zur Stelle, ohne einen Kommandeur, jeder sein eigener Herr. Im Eilmarsch zogen sie am Forum und den unmittelbar am Forum gelegenen Tempeln vorbei und stellten sich den gegenüberliegenden Hang hinauf bis hin zum ersten Tor des Kapitols zum Kampf auf. Bergan standen rechts vom *clivus* [Hangweg] seit alten Zeiten Säulenhallen, auf deren Dach die Verteidiger hinaustraten und mit Steinen und Ziegeln die Vitellianer überschütteten. Diese hatten als Waffen nur ihre Schwerter in den Händen, Wurfgeschütze herbeizuholen schien zu umständlich. Da warfen sie Fackeln in eine vorspringende Säulenhalle, wollten dem Feuer nachgehen und wären schon durch das halbverbrannte Tor des Kapitols eingedrungen, wenn Sabinus nicht von allen Seiten umgestürzte Statuen, die Ehrenmale der Vorfahren, unmittelbar am Eingang anstelle einer Mauer aufgetürmt hätte. Danach stürmten sie auf die einander gegenüberliegenden Zugänge zum Kapitol zu, beim Hain des Asyls [den Romulus angelegt haben soll, um den Zuzug neuer Anwohner zu fördern] und dort, wo man über die Hundert Stufen auf den Tarpejischen Felsen gelangen kann. Die Gewalt an diesen beiden Stellen kam unvermutet; näher und heftiger tobte sie durch den Hain des Asyls. Man konnte die Angreifer, die über die angrenzenden Gebäude kletterten, nicht aufhalten. Diese waren im Vertrauen auf eine lange Periode des Friedens so in die Höhe gebaut worden, dass sie das Niveau des Kapitolshügels erreichten. Hier nun ist umstritten, ob die Angreifer Feuer in die Häuser warfen oder – wie es häufiger heißt – die Belagerten damit ihre sich hocharbeitenden und schon weit vorgedrungenen Gegner hinabtrieben. Von dort griff das Feuer auf die an die Tempel anstoßenden Säulenhallen über; dann zogen die das Dach tragenden Adler mit ihrem alten Holz die Flamme an und gaben ihr Nahrung. So brannte das Kapitol bei geschlossenen Toren unverteidigt und ungeplündert nieder."[110]

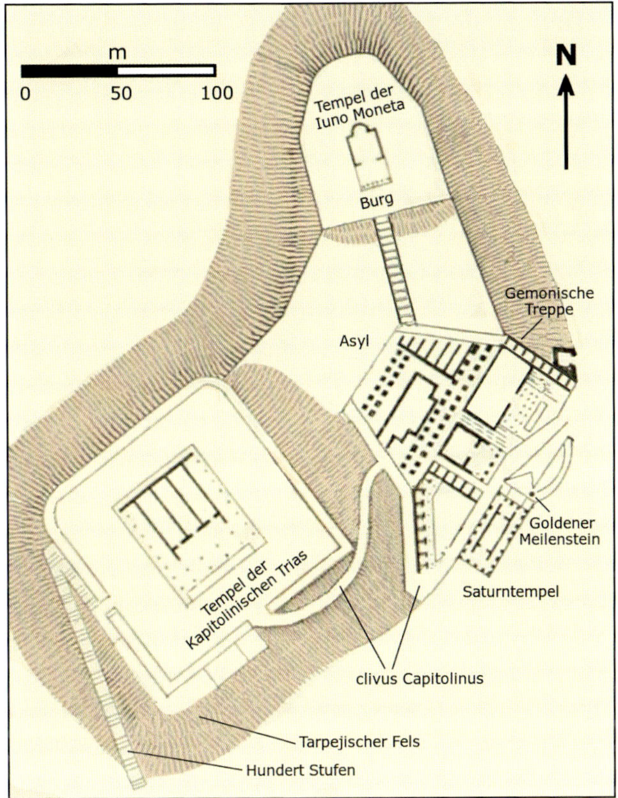

Abb. 32: Das römische Kapitol

Bei den von Sabinus schlecht geführten Verteidigern brach Panik aus, die Angreifer konnten eindringen und „stürzten alles in ein Durcheinander von Blut, Schwert und Flammen".[111] Statt zu versuchen, die Schäden zu begrenzen (schließlich ging es um den wichtigsten Tempel der noch immer von ihnen beherrschten Stadt), vergrößerten die vitellianischen Soldaten das Chaos.

Der unbewaffnete Sabinus wurde in Ketten gelegt und zu Vitellius gebracht, der ihn „keineswegs mit feindseligen Worten und Blicken" empfing. Dagegen „protestierten die Leute, die das Vorrecht seiner Ermordung und die Belohnungen für ihre enthusiastische Unterstützung einforderten. Nachdem seine nächste Umgebung in Geschrei ausgebrochen war, verlangte der Abschaum des Pöbels die Hinrichtung des Sabinus, vermengte Drohungen und Schmeicheleien. Vitellius, der auf den Stufen des Palastes stand und gerade Bitten äußern wollte [Sabinus nichts anzutun], brachten sie dazu, davon abzusehen. Dann stießen sie Sabinus nieder, zerfleischten ihn, schnitten ihm den Kopf ab und zerrten den verstümmelten Leichnam auf die Gemonische Treppe"[112], wo gewöhnlich die Leichen hingerichteter Verbrecher zur Schau gestellt wurden, bevor man sie zum Tiber schleifte und in den Fluss warf. Ob Vitellius bei diesen Bildern der Gedanke an den eigenen Tod erschaudern ließ? Schließlich musste ihm klar gewesen sein, dass der Tod des Sabinus seinen eigenen in greifbare Nähe gerückt hatte.

Domitian blieb das Schicksal seines Onkels erspart. Er hatte sich „gleich zu Beginn des Überfalls bei einem Tempeldiener versteckt, mischte sich dann dank der Erfindungsgabe eines Freigelassenen in einem Leinenumhang unter die Schar der Opferdiener, blieb deshalb unerkannt und konnte sich bei … einem Klienten seines Vaters … verkriechen. Nachdem sich dann sein Vater der Herrschaft bemächtigt hatte, ließ er die Wohnung des Tempeldieners abtragen und errichtete eine bescheidene Kapelle für Jupiter den Erretter und einen Altar, auf dem seine Abenteuer in Marmor dargestellt waren."

Auf den Boten, der in der Nacht vom 18. auf den 19. Dezember – vermutlich gegen 22 Uhr – von Sabinus losgeschickt worden war, wartete keine einfache Aufgabe. Zunächst musste er sich aus der Stadt schleichen und sich ein Pferd besorgen, um sich dann durch die wegen des strömenden Regens stockfinstere Nacht auf den Weg zu Antonius zu machen. Nach einem kräftezehrenden, mühevollen Ritt von knapp 65 Kilometern auf der Via Flaminia erreichte er schließlich in Ocriculum die flavianischen Truppen.

Der Bote des Sabinus hat sich angesichts der Dringlichkeit seines Auftrags sicher völlig verausgabt. Seine Nachricht wird daher trotz der widrigen Umstände Antonius Primus im Laufe des Vormittags erreicht haben. Möglicherweise sind diesem schon früher am Tag vage Gerüchte über die Belagerung des Kapitols durch vitellianische Truppen zu Ohren gekommen.[113] Diese hätten Antonius zwar nicht erlaubt sofort loszumarschieren, aber sicher Vorbereitungen ausgelöst. Nun aber hatte er einen triftigen Grund, gegen Rom vorzugehen und nicht den Ruhm Mucianus überlassen zu müssen. Der für schnelle Entschlüsse bekannte Antonius befahl umgehend Rüstung und Abmarsch. Nach einem Gewaltmarsch von 50 Kilometern auf der Via Flaminia erreichte er mit seinem Heer tief in der Nacht die etwa 15 Kilometer vor Rom gelegenen Roten Felsen (*saxa rubra*).[114]

Im Laufe des Tages war für Petillius Cerialis, der aus seinen Erfahrungen in Britannien anscheinend wenig gelernt hatte, „ein Kavalleriegefecht unglücklich ausgegangen. Denn als er sich unvorsichtig und als ob sie schon besiegt wären, auf sie stürzte, nahmen ihn die Vitellianer, und zwar unter die Kavallerie verteilte Infanterie, in Empfang. Man kämpfte nicht weit entfernt von der Hauptstadt zwischen Gebäuden, Gärten und auf verwinkelten Wegen, die den Vitellianern bekannt waren, bei ihren damit nicht vertrauten Feinden aber Angst hervorriefen."[115] Cerialis blieb nur die Flucht. Man kann sich gut vorstellen, dass die vitellianischen Truppen berauscht von diesem Sieg umgehend – wie oben geschildert – zum Kapitol stürmten, um an Sabinus ihre Wut auszulassen, in der Meinung, dieser habe Cerialis zum Angriff angestiftet. Zumindest berichtet Tacitus weiter, dass „durch diesen Erfolg die Begeisterung des Volkes zunahm und der hauptstädtische Pöbel zu den Waffen griff. Nur wenige hatten Soldatenschilde, die Mehrzahl packte schnell Geräte, die ihnen gerade in die Hände kamen, und verlangte das Signal zum Kampf. Vitellius sprach dafür seinen Dank aus und befahl, zum Schutze der Hauptstadt loszustürmen. Zunächst wurde allerdings der Senat einberufen und man bestimmte Gesandte für die Heere, die unter dem Vorwand, es gehe um das öffentliche Wohl, zu Eintracht und Frieden raten sollten."

Am Morgen des 20. Dezember wurde je eine Delegation zu Petillius und Antonius geschickt. Doch die Parlamentäre wurden alles andere als freundlich empfangen, die zu Petillius geschickten gerieten sogar in Lebensgefahr. Die Antwort war eindeutig: „Durch die Ermordung des Sabinus und den Brand des Kapitols seien Verhandlungen über den Krieg hinfällig geworden."

Trotzdem versuchte Antonius, den entscheidenden Angriff auf den nächsten Tag zu verschieben, um Ruhe und Ordnung in die eigenen Reihen zu bringen. Doch als das von Vitellius aufgestachelte Volk durch seine „über die Hügel hinweg glänzenden Standarten den Eindruck eines feindlichen Heeres"[116] erweckte, waren die flavianischen Soldaten nicht mehr zu bremsen. In drei Marschkolonnen drang Vespasians Armee in Rom ein, eine auf der Via Flaminia, eine längs des Tiber, eine auf der Via Salaria. Ihnen stellten sich ebenso viele Abteilungen des Vitellius entgegen, die aber auf Dauer dem Druck der flavianischen Truppen nicht standhalten konnten. Die auf der Via Flaminia anrückenden Flavianer konnten die an der Milvischen Brücke postierten Wachen problemlos überwinden, indem einige Reiter den Fluss durchquerten und sie von hinten attackierten.[117] „Nur die Männer gerieten in Schwierigkeiten, die … zu den Gärten des Sallust auf engen, glatten Wegen abgebogen waren. Die oben auf der Parkmauer stehenden Vitellianer konnten bis spät in den Abend hinein mit Steinen und Wurfspeeren den Ansturm abwehren … Auch auf dem Marsfeld stießen die feindlichen Reihen aufeinander."[118]

Für viele Römer, die ja gerade die Saturnalien feierten, scheint es ein großartiges zusätzliches Spektakel gewesen zu sein. „Neben den Kämpfern stand als Zuschauer das Volk und unterstützte wie bei einer Veranstaltung im Zirkus erst die eine, dann wieder die andere Seite mit Geschrei und Beifall. Jedes Mal wenn eine Partei unterlag, verlangten die Leute, die in den Läden Versteckten oder in irgendein Haus Geflüchteten herauszuzerren und umzubringen, und bemächtigten sich dann des Großteils der Beute. Denn weil die Soldaten mit Mord und Totschlag beschäftigt waren, fielen die Beutestücke an den Pöbel."[119] Wäre es heute anders?

Den blutigen Schlusspunkt setzte der Kampf um die eisern verteidigte Kaserne der Prätorianer. Im Stich gelassen von ihrer Führung und vom Gegner das Schlimmste befürchtend, ging es der Garde dabei längst nicht mehr um Vitellius, sondern einzig um ihre soldatische Ehre. „Viele Soldaten hauchten ihr Leben schon halbtot oben auf den Türmen und Brustwehren der Kasernenmauern aus. Nach dem Aufsprengen der Tore warf sich der übrig gebliebene Haufen den Siegern entgegen und alle fielen mit Wunden auf der Brust, dem Feind zugekehrt. Auf diese Weise waren sie sogar sterbend um ein ehrenvolles Ende bemüht."[120]

Von allen verlassen hatte sich Vitellius im menschenleeren Palast verkrochen. Als ihn die feindliche Vorhut entdeckt hatte, „band man ihm die Hände auf den Rücken, legte ihm eine Schlinge um den Hals, zerriss sein Gewand und schleppte ihn halbnackt auf das Forum. Auf der ganzen Strecke über die Via Sacra trieb man in Wort und Tat jedweden Spott mit ihm. Wie das bei Verbrechern üblich ist, riss man seinen Kopf an den Haaren nach hinten und hielt ihm die Spitze eines Schwertes unter das Kinn, damit er sein Gesicht sehen lassen musste und nicht zur Erde senken konnte. Einige bewarfen ihn mit Mist und Kot, andere schimpften ihn einen Brandstifter und Fresser … Zuletzt wurde er bei den Gemonien durch lauter kleine Stiche zu Tode gefoltert und seine Leiche mit einem Haken in den Tiber geschleift."[121]

Tacitus stellt in seinen Texten Othos ehrenvollen Tod dem würdelosen Taktieren des Vitellius oder dessen feiges Verkriechen im Palast der mutigen Gegenwehr seiner Garde gegenüber und zeigt so dem Leser, dass er Vitellius als Kaiser für eine krasse Fehlbesetzung hält. Tacitus hält aber auch nicht viel von denen, die zu seinem Sturz beigetragen haben: „Zweifellos lag es im Interesse des Staates, dass Vitellius besiegt wurde, aber ihre Treulosigkeit können sich die Männer nicht als Verdienst anrechnen lassen, die Vitellius an Vespasian verrieten, nachdem sie schon von Galba abgefallen waren."[122] In erster Linie denkt er hier wohl an Caecina.

Als der Tag zu Ende ging, kam Domitian aus seinem Unterschlupf. Er wurde als *Caesar* begrüßt und triumphal zum Haus seines Vaters geleitet.

Nun hätte eigentlich – zumindest für die nicht unmittelbar Beteiligten – eine friedlichere Zeit beginnen müssen. Doch leider hatte „mit der Ermordung des Vitellius eher der Krieg aufgehört als der Frieden begonnen. Mit den Waffen in der Hand verfolgten in der ganzen Hauptstadt die Sieger in unversöhnlichem Hass die Besiegten. Voll von Erschlagenen waren die Straßen, blutbespritzt Marktplätze und Tempel, da man auf Schritt und Tritt abschlachtete, wen einem der Zufall in den Weg geführt hatte. Zudem suchte man mit zunehmender Hemmungslosigkeit nach Personen, die sich versteckt hatten, und zog sie hervor. Wenn sie einen hochgewachsenen jungen Mann erblickten, brachten sie ihn um, ohne zwischen Soldaten oder Zivilisten zu unterscheiden. … Überall Jammern, Klagen, kurz, das Schicksal einer eroberten Stadt, und zwar derart, dass man den vorher verhassten Mutwillen der othonianischen und vitellianischen Soldaten herbeisehnte."[123] Antonius Primus, der nun in Rom die eigentliche Macht in Händen hielt, konnte oder wollte die Soldaten nicht bändigen. Er sah wohl eher darauf, selbst nicht zu kurz zu kommen, und „raffte Geld und Dienerschaft aus dem Haus des *princeps* an sich, als handle es sich um die Beute von Cremona".[124]

Letztendlich traf es auch Vitellius' Bruder Lucius, der von Tarracina kommend mit seinen Truppen auf der Via Appia unterwegs nach Rom war. Da er um die Ausweglosigkeit seiner Situation wusste, „zögerte er nicht, sich und seine Kohorten der Gnade des Siegers auszuliefern … Ein paar Mann, die auszubrechen wagten, wurden umstellt und niedergestoßen. Alle anderen nahm man in Haft; dabei sagte keiner ein würdeloses Wort, und so blieb trotz ihres Unglücks der Ruf ihrer Tapferkeit gewahrt. Dann brachte man Lucius Vitellius um. Er war an Fehlern seinem Bruder ebenbürtig, während dessen Herrschaft aktiver und weniger Gefährte im Glück als mit ins Unglück gerissen."

Um die Ordnung in der Campania wiederherzustellen, wurde eine berittene Einheit in den Süden geschickt. Schon ihr Anblick genügte, um Ruhe einkehren zu lassen. Von Bestrafungen sah man ab. Nur das treu zu Vitellius stehende Capua hatte unter der Einquartierung der *legio III Gallica* zu leiden, die dort ihr Winterquartier bezog.

10 Feierliche Tempelweihe (Juni 70)

Am 21. Juni – einem strahlenden Tag – war die gesamte Fläche [des Kapitolshügels], *die für den Tempel geweiht werden sollte, mit Binden und Girlanden umwunden. Zunächst betraten sie Soldaten, die glückverheißende Namen hatten und heilkräftige Zweige trugen. Darauf besprengten die vestalischen Jungfrauen zusammen mit Knaben und Mädchen, deren Väter und Mütter noch am Leben waren, die Fläche mit Wasser, das aus Quellen und Flüssen geschöpft war. Dann entsühnte der Prätor Helvidius Priscus … die Fläche mit dem Eber-Widder-Stier-Opfer und brachte Eingeweide auf einem Rasenaltar dar. Er betete danach zu Jupiter, Juno und Minerva und den Schutzgöttern des Reichs, sie sollten das Unternehmen segnen und ihre Wohnstätte, die durch die Frömmigkeit der Menschen begonnen worden sei, mit göttlicher Hilfe in die Höhe führen … Von allen Seiten warf man auf die Grundmauern Gaben aus Silber und Gold, dazu die Erstausbeute aus Bergwerken, in keinem Ofen bearbeitet, sondern so wie gewachsen; denn die Opferschauer hatten erklärt, man dürfe das Bauwerk nicht entweihen durch Gestein oder Gold, das zu einem anderen Zweck bestimmt gewesen sei. An Höhe wurde dem Gotteshaus zugegeben; das war das Einzige, was, wie man glaubte, die religiösen Bedenken gestatteten und was dem früheren Tempel an Großartigkeit gefehlt hatte.*

Tacitus, Historien 4.53

Nach Tacitus[125] gelten die ersten Maßnahmen Vespasians, als er im Januar 70 in Alexandria vom Tod des Vitellius erfährt, dem Wiederaufbau des Kapitols und der Getreideversorgung Roms. Obwohl im Winter die Schifffahrt in der Regel eingestellt war, „vertraute er die schnellsten, mit Getreide beladenen Schiffe dem immer noch aufgewühlten Meer an. Denn die Lage in der Hauptstadt war derart kritisch, dass für nicht mehr als zehn Tage Getreide in den Speichern lagerte, als der Nachschub von Vespasian Abhilfe brachte."[126] Seine in Ägypten getroffenen Maßnahmen hatten offenkundig gewirkt.

In Rom stellte sich – wie bei jedem Machtwechsel – der Senat am schnellsten auf die neue Lage ein. Konnte man ihn noch am 20. Dezember „wegen der Angst der Amtsträger und Senatoren, die sich aus der Stadt davongemacht hatten oder sich in den Häusern von Klienten versteckt hielten",[127] nicht einberufen, ging er bereits am nächsten Tag zur Tagesordnung über. Vespasian und Titus wurden zu ordentlichen Konsuln für das Jahr 70 gewählt. Domitian wurde Prätor mit konsularischer Gewalt. Auch die Kommandeure der flavianischen Armee wurden ausgezeichnet. „Mit vielen ehrenden Worten verlieh man Mucianus die Triumphalabzeichen für den Bürgerkrieg, aber man nahm sein Unternehmen gegen die Sarmaten zum Vorwand. Antonius Primus wurden die Abzeichen eines Konsuls,

Cornelius Fuscus und Arrius Varus die eines Prätors zuerkannt.“[128] Arrius Varus erhielt ferner das wichtige Amt des Prätorianerpräfekten.

Von Cornelius Fuscus erfahren wir während Vespasians Regentschaft nichts mehr. Den Höhepunkt seiner Karriere erlebte er unter Kaiser Domitian, der ihn zum Prätorianerpräfekten machte.[129] In dieser Eigenschaft kommandierte er in den Jahren 86/87 beim zweiten Feldzug Domitians gegen die Daker die kaiserliche Armee. Er fiel bei einer vernichtenden Niederlage. Erst Kaiser Trajan gelang es, die dabei von den Dakern erbeuteten Feldzeichen zurückzuholen.[130]

Leer ging bei dieser Ehrung Petillius Cerialis aus. Doch seine Karriere ging weiter. Er wurde (wohl im Jahr 70) *consul suffectus*, danach kurzzeitig Statthalter von Niedergermanien und drei Jahre Statthalter der weiterhin unruhigen Provinz *Britannia*; schließlich ehrte ihn Vespasian im Jahr 74 mit einem zweiten Konsulat.[131]

Über die Vollmachten, die Vespasian vom Senat erhielt oder besser sich von ihm geben ließ, gibt es ein einzigartiges Dokument,[132] eine leider nicht vollständig erhaltene Bronzetafel, die im 14. Jahrhundert in der römischen Lateranbasilika gefunden wurde und heute in den Kapitolinischen Museen ausgestellt ist. Ihr verdanken wir die Kenntnis, dass zu den für *principes* üblichen Ehrungen, die der Senat „in froher und zuversichtlicher Stimmung“[133] für Vespasian beschloss, eine Reihe von Erlaubnissen gehörte. Wir lesen,

(1) dass es ihm erlaubt sein solle, Verträge zu schließen, mit wem er wolle, so wie es dem vergöttlichten Augustus, dem Tiberius Iulius Caesar Augustus und Tiberius Claudius Caesar Augustus Germanicus erlaubt war;

(2) dass es ihm erlaubt sein solle, eine Senatssitzung abzuhalten, einen Antrag zu stellen und Anträge zurückzuweisen, Senatsbeschlüsse durch Antrag und Abstimmung zu erhalten, so wie es dem vergöttlichten Augustus, dem Tiberius Iulius Caesar Augustus und Tiberius Claudius Caesar Augustus Germanicus erlaubt war;

(3) dass, wenn auf seinen Willen oder seine Ermächtigung oder seinen Befehl hin oder in seinem Auftrag oder in seiner Gegenwart eine Senatssitzung abgehalten wird, deren Beschluss in allen Dingen ebenso als Recht angesehen und eingehalten wird, wie wenn die Senatssitzung gemäß dem Gesetz einberufen und gehalten würde;

(4) dass die Personen, die sich um ein Amt oder eine zivile oder militärische Amtsgewalt oder die Verwaltung eines Bereiches bewerben und die er dem Senat und dem römischen Volk offiziell empfiehlt und denen er eine mündliche Empfehlung gibt oder verspricht, bei allen Wahlversammlungen außer der Reihe berücksichtigt werden;

(5) dass es ihm erlaubt sein solle, die Grenzen des *pomerium* auszudehnen und vorzuschieben, wenn es seiner Ansicht im Interesse des Staates liegt, so wie es dem Tiberius Claudius Caesar Augustus Germanicus erlaubt war;

(6) dass er das Recht und die Vollmacht haben solle, alle Maßnahmen, die nach seiner Ansicht im Interesse des Staates liegen und der Erhabenheit der göttlichen, menschlichen, staatlichen und privaten Dinge angemessen sind, einzuleiten und zu treffen, so wie es der vergöttlichte Augustus, Tiberius Iulius Caesar Augustus und Tiberius Claudius Caesar Augustus Germanicus hatten;

(7) dass von den Gesetzen und Plebisziten, an die, wie schriftlich festgelegt, der vergöttlichte Aug(ustus) oder Tiberius Iulius Caesar Aug(ustus) und Tiberius Claudius Caesar Aug(ustus) Germanicus nicht gebunden waren, der Imp(erator) Caesar Vespasianus entbunden sein solle und dass alles, was kraft eines Gesetzes oder Gesetzesantrages der vergöttliche Augustus oder Tiberius Iulius Caesar Augustus und Tiberius Claudius Caesar Augustus Germanicus tun durften, dem Imperator Caesar Vespasianus Augustus zu tun erlaubt sein solle;

(8) dass alle Entscheidungen, die vor diesem Gesetzesantrag erfolgten, ausgeführt, beschlossen oder anbefohlen wurden vom Imperator Caesar Vespasianus Augustus oder auf seinen Befehl oder in seinem Auftrag von irgend jemandem, rechtens und gültig sein sollen, wie wenn sie auf Befehl des Volkes und der Plebs erfolgt seien.

Die zahlreichen Verweise auf Vorgänger zeigen, welche davon als „gute" Kaiser betrachtet wurden: neben Augustus nur die Kaiser Tiberius und Claudius. In ihre Tradition stellt sich Vespasian mit diesem Gesetz. Nicht erwähnt wird darin der von den Flaviern ebenfalls geschätzte Galba, da es verabschiedet wurde, bevor Galbas Ehrungen, die ihm der Senat nach seinem Tod aberkannt hatte, wieder in Kraft gesetzt worden waren. Dies geschah wenig später am 1. Januar 70 auf Antrag des Domitian.[134]

Die Klausel (3) zeigt deutlich das Bestreben, alle Eventualitäten zu erfassen, das Gesetz also juristisch wasserdicht zu machen. Inschriften aus dem Jahr 75[135] belegen, dass Vespasian die in Klausel (5) gewährte Erlaubnis für eine (symbolische) Verschiebung des *pomerium* genutzt hat. Bemerkenswert ist die Klausel (8): Sie legalisiert nachträglich alle Verfügungen Vespasians, die er seit seiner Proklamation zum Kaiser getroffen hatte. Danach war er also seit dem 1. Juli 69 rechtmäßiger Herrscher. Es ist daher nur folgerichtig, dass er diesen Tag als *dies imperii*, als Antrittsdatum seiner Herrschaft feierte.

Die Fülle von Rechten, die der Senat mit diesen Regelungen Vespasian übertrug, machte klar, dass auch unter einem Kaiser, der einer ritterlichen Familie entstammte, der Senat nicht an Bedeutung gewinnen würde. Dies musste auch der unerschütterlich für die Rechte des Senats eintretende Helvidius Priscus erfahren, als er in einer zwar nicht einfachen, aber keinesfalls zentralen Angelegenheit den Senat aufforderte, eine Entscheidung zu treffen. Man wartete damit lieber bis zur Ankunft des Kaisers.[136]

Mucianus war bei dieser Sitzung noch nicht in Rom – er war mit seinen Bemühungen den Sturm auf die Stadt bis zu seiner Ankunft aufzuschieben, gescheitert. Doch als er einige Tage später eintraf, „zog er alles auf einmal an sich. Gebrochen wurde die Macht des Primus Antonius und Arrius Varus, wobei Mucianus seine Empörung über sie nur schlecht verhehlen konnte, obwohl er sie durch seine Miene zu überspielen suchte. Aber die Bürgerschaft, die ein feines Gespür dafür hatte, Verstimmungen auszumachen, hatte einen Schwenk vollzogen und sich auf die andere Seite geschlagen: Er war nun der Einzige, den man umwarb und hofierte."[137] Antonius Primus und Arrius Varus blieben allerdings für Mucianus und seine Position als zweiter Mann im Staat latent gefährlich. Daher ging er gezielt daran, deren Einfluss weiter zurückzudrängen. Dabei musste er vorsichtig agieren, da diese beiden „wegen ihrer Taten und Beliebtheit bei den Soldaten in frischem Ruhm schwelgten und auch die Sympathien des Volks genossen, weil sie über das Schlachtfeld hinaus gegen niemanden brutal vorgegangen waren".[138]

Arrius Varus, der als Prätorianerpräfekt über beträchtliche Machtmittel verfügte, schob Mucianus in das wichtige und prestigeträchtige, aber militärisch bedeutungslose Amt des *praefectus annonae* ab, in dem er sich um die Getreideversorgung Roms zu kümmern hatte.[139] Antonius „lobte er im Senat oft überschwänglich und überschüttete ihn mit geheimen Versprechungen, indem er ihm die Provinz *Hispania citerior* in Aussicht stellte … Zugleich beschenkte er dessen Freunde mit Tribunaten und Präfekturen. Nachdem er so den eitlen Mann mit Hoffnung und Gier erfüllt hatte, entzog er ihm seine Machtbasis, indem er die 7. Legion [*Galbiana*], die den Antonius am glühendsten liebte, ins Winterlager [nach Pannonien] entließ. Zudem wurde die 3. Legion, mit Arrius eng verbundene Soldaten, [von Capua] nach Syrien zurückgeschickt; ein Teil des Heeres wurde nach Germanien geführt."[140]

Mucianus ließ auch nicht zu, „dass Antonius Primus von Domitian unter dessen Gefolge aufgenommen wurde, weil er vor ihm Angst hatte wegen seines Ansehens bei den Soldaten und wegen der Arroganz, die der nicht leicht zu ertragende Mann regelmäßig gegenüber Gleichrangigen, ja sogar gegenüber Höhergestellten an den Tag legte. Als sich Antonius daraufhin zu Vespasian begab, wurde er zwar nicht seiner Erwartung entsprechend empfangen, aber der *Imperator* zeigte sich auch nicht abweisend. Dieser befand sich in einem Zwiespalt, einerseits wegen der Verdienste des Antonius, unter dessen Führung zweifellos der Krieg beendet worden war, andererseits wegen Briefen des Mucianus. Zudem zogen alle anderen über ihn als einen gehässigen, aufgeblasenen Kerl her und zählten Vergehen aus seinem früheren Leben auf. Aber auch er selbst tat alles dazu, mit seinem Dünkel eine feindselige Stimmung aufkommen zu lassen … Daher schwanden allmählich sein Ansehen und seine Bedeutung, obwohl zum Schein die Freundschaft bestehen blieb."[141] Vespasian teilte wohl die Einschätzung des Tacitus, dass im Krieg die guten, im Frieden aber die schlechten Eigenschaften des Antonius die Oberhand gewannen (siehe S. 106).

„In denselben Tagen ließ Mucianus den Sohn des Vitellius umbringen unter dem Vorwand, die Uneinigkeit werde bestehen bleiben, falls er die Samen für einen Krieg nicht vernichte."[142] Besser traf es dessen Schwester Vitellia. Vespasian stattete sie mit einer großzügigen Mitgift aus und verheiratete sie prächtig.[143]

Mucianus war nun in Rom der unangefochtene Statthalter Vespasians. Nach Dio trug er sogar „einen Ring, der ihm übersandt worden war, um das kaiserliche Siegel auf Schriftstücke zu setzen, die eine Bestätigung brauchten".[144] Dass Mucianus seine wichtige Rolle überzeugend spielte, belegt ein von Tacitus ausführlich geschilderter Vorfall, der das Potential zur Meuterei hatte.

„In den Dienst bei den Prätorianern versuchten die Leute wieder aufgenommen zu werden, die von Vitellius entlassen und dann für Vespasian erneut eingezogen worden waren. Dazu verlangten die mit derselben Erwartung aus den Legionen ausgewählten Soldaten den versprochenen Lohn. Nicht einmal die Vitellianer hätte man ohne starkes Blutvergießen zurückweisen können; aber nur mit einer riesigen Geldsumme war eine solch große Masse von Menschen zu behalten. Mucianus ging in die Kaserne, um die Dienstverhältnisse der einzelnen Personen genauer prüfen zu können, und ließ dann die Sieger mit ihren jeweiligen Abzeichen und Waffen in geringen Abständen voneinander antreten. Anschließend führte man die Vitellianer ... und die übrigen in der Hauptstadt und in deren Umgebung aufgelesenen Leute zu ihnen; ihre Leiber waren kaum mit Rüstungen bedeckt. Mucianus ließ sie abgesondert aufmarschieren und befahl den Soldaten aus den germanischen, britannischen und anderen Heeren sich getrennt voneinander aufzustellen. Diese Männer hatte gleich der erste Anblick äußerst bestürzt gemacht, weil sie gegenüber gleichsam eine von Angriffs- und Verteidigungswaffen starrende Front sahen, sich selbst aber eingesperrt, beinahe nackt und hässlich vor Schmutz. Als man sie dann noch hierhin und dorthin zu verteilen begann, kam bei allen Furcht, besondere Angst aber bei den germanischen Soldaten auf, man habe sie mit dieser Absonderung für den Tod bestimmt. ... Bald beschworen sie Mucianus, bald den abwesenden *princeps*, schließlich Himmel und Götter, bis Mucianus sie alle Soldaten desselben Eids, desselben Befehlshabers nannte und damit ihrer unbegründeten Furcht entgegentrat. ... So ging dieser Tag zu Ende. Wenige Tage später hörten sie Domitian bei seiner Ansprache schon ruhig zu. Sie nahmen das angebotene Ackerland nicht an, baten um Dienst und Sold. Es waren zwar nur Bitten, doch konnte man ihnen nicht widersprechen; so wurden sie unter die Prätorianer aufgenommen. Dann wurde, wer alt genug war und die erforderliche Anzahl von Dienstjahren hatte, in Ehren entlassen, andere zur Strafe, aber nur nach und nach und einzeln, das sicherste Mittel, den Zusammenhalt in einer Masse von Menschen zu untergraben."[145]

Etwa um diese Zeit wurden „auf einen Gesetzesantrag Domitians hin die Konsulate, die noch Vitellius verliehen hatte, aberkannt und Flavius Sabinus erhielt ein Staatsbegräbnis – eindrucksvolle Belege für die Unbeständigkeit des Glücks, das höchsten Aufstieg und tiefsten Fall miteinander vermengt".[146]

Während also die entscheidenden Weichenstellungen für Vespasians Machtübernahme zügig über die Bühne gingen, dauerte es bis zur feierlichen Weihung des neuen kapitolinischen Tempels etwas länger. Zahlreich waren die Vorschriften, die peinlichst genau beachtet werden mussten. Zunächst waren die Trümmer der Ruine in einem Sumpf zu versenken, um eine profane Nutzung, also eine weitere Entehrung zu verhindern. Dann mussten die Opferschauer befragt werden, um von den Göttern zu erfahren, welche Wünsche sie an den Neubau hatten. Als klar war, dass der alte Grundriss nicht verändert werden durfte, bei der Höhe aber etwas zugegeben werden konnte, ging man an die Planung des neuen Heiligtums für die Kapitolinische Trias Jupiter, Juno und Minerva. Tacitus' eindrucksvolle Schilderung der feierlichen Neuweihe am 21. Juni 70 war am Beginn dieses Abschnitts zu lesen. Soldaten mit den Vornamen Faustus (der Glück bringende), Felix (der Glückliche) oder Victor (der Siegreiche) konnten also darauf hoffen, bei dieser Zeremonie mitwirken zu dürfen. Nicht daran teilnehmen konnten die beiden Konsuln. Dies waren nämlich in der ersten Jahreshälfte Vespasian und Titus, die beide noch im Osten weilten. Daher bekam Helvidius Priscus nochmals einen großen Auftritt.

Ursprünglich wollte Vespasian in Alexandria den Fall Jerusalems abwarten und dann mit seinem siegreichen Sohn nach Rom zurückkehren. „Da sich aber die Belagerung in die Länge zog, ließ er Titus in Palästina zurück und bestieg selbst ein Handelsschiff, auf dem er bis Lykien fuhr.“[147] Da Jerusalem Ende September fiel und Vespasian nach Tacitus „die Periode der Sommerwinde und damit sichere Bedingungen auf dem Meer“[148] abwartete, kann man von einer Abfahrt im September ausgehen.[149] Über Rhodos und mehrere kleinasiatische Städte, die ihn durchweg mit allen Ehren empfingen, ging es nach Griechenland und über Corcyra (Korfu) schließlich nach Brundisium (Brindisi), wo er mit Mucianus zusammentraf. Von dort reiste er über Beneventum (Benevento), wo ihn sein jüngerer Sohn Domitian empfing, weiter nach Rom.[150]

In der ersten Oktoberhälfte 70 – gut 15 Monate nach seiner Erhebung zum Kaiser und knapp zehn Monate nach der Ermordung des Vitellius – zieht Vespasian schließlich in der Hauptstadt ein. Alles jubelt. Eine Ausnahme macht lediglich „Helvidius Priscus, der ihn nach seiner Rückkehr aus Syrien als einziger nur mit seinem Namen Vespasian begrüßt und ihn während seiner Prätur in allen Edikten ohne jede ehrenvolle Erwähnung übergangen hatte“.[151] Für einen Senator, der konkrete politische Ziele verfolgte, war dies ein zumindest unkluges Verhalten. Im Senat soll sich Priscus mit Vespasian regelrechte Wortgefechte geliefert haben. Diese Kontroversen führten zu seiner *relegatio*, der mildesten Form der Verbannung,[152] wohl um ihn von den Senatssitzungen fernzuhalten. Dass nach Sueton Vespasian zu einem (nicht näher datierbaren) späteren Zeitpunkt seine Ermordung befohlen, dies aber kurz darauf bereut und Leute ausgesandt hätte, die die Henker zurückrufen sollten, und er auch gerettet worden wäre, wenn nicht fälschlicherweise sein Tod gemeldet worden wäre, klingt arg konstruiert. Da sich Vespasian nie nachtragend gezeigt hatte (siehe S. 30), dürfte die Ermordung des Priscus andere Gründe und wohl auch einen anderen Auftraggeber gehabt haben. Dafür spricht auch Suetons abschließender Satz: „Er [Vespasian] hat sich übrigens nie über die Hinrichtung eines Menschen gefreut; selbst wenn die Hinrichtung zu Recht erfolgt war, vergoss er noch Tränen und ließ einen Seufzer hören.“ Motiv und Möglichkeit für einen Mordauftrag hätte Titus gehabt, der erst als Kaiser zum „Liebling des Menschengeschlechts“ wurde, sich aber als Prätorianerpräfekt „unter der Herrschaft seines Vaters sogar Hass zugezogen“[153] hatte und daher nicht allen als Nachfolger willkommen war. Insbesondere Helvidius Priscus könnte dagegen agitiert haben.

Nach Dio[154] fand sich noch eine Gelegenheit für einen Auftritt Vespasians beim Wiederaufbau des Kapitols. Wohl beim eigentlichen Baubeginn schaffte der Kaiser als erster eine Ladung Erde heraus, um so auch Senatoren und Ritter zu veranlassen, mit anzupacken, „damit die übrige Bevölkerung keine Ausrede habe, sich um ihren Dienst zu drücken“. Sueton ergänzt, dass er ferner „3 000 bronzene Tafeln, die zur selben Zeit ein Raub der Flammen geworden waren, wiederherstellen ließ, nachdem Kopien überall ausfindig gemacht worden waren: ein sehr schönes und altes Dokument für die Ausübung von Macht, welches die Senatsbeschlüsse fast seit der Gründung der Stadt enthielt, ferner die Volksbeschlüsse über Bündnisverträge und Verträge anderer Art sowie über Privilegien, die irgendeinem eingeräumt worden waren“.[155]

11 Jerusalems Tempel steht in Flammen (August 70)

[Am 29. August] *geschah es nun, dass ein Soldat, ohne einen höheren Befehl abzuwarten oder im geringsten vor seiner verhängnisvollen Tat zurückzuschrecken, wie von einer unsichtbaren Hand ergriffen aus den glühenden Holzstücken ein brennendes Scheit fasste, sich dann von einem Kameraden emporheben ließ und das Feuer zum goldenen Fenster hineinwarf … Das Auflodern der Flammen begleiteten die Juden mit einem Schrei, der diesem schrecklichen Unglück entsprach. Von allen Seiten liefen sie zusammen, um den Brand zu bekämpfen. Sie kannten keine Schonung mehr für ihr Leben und keine Kraft wurde gespart beim Gedanken, dass gerade das, wofür sie vorher all ihre Wachsamkeit aufgeboten hatten, in Flammen aufzugehen drohte.*

In größter Eile stürzt ein Römer mit dieser Nachricht ins Feldherrnzelt, wo sich Titus, vom Kampf ermüdet, ausruhen wollte. Der Caesar sprang auf und lief, wie er war, zum Tempel, um das Ausgreifen des Feuers zu verhindern, ihm nach die Generäle, gefolgt von den alarmierten Legionen. Es war ein Schreien und Tosen, wie es nur das wilde Gewoge einer so ungeheuren Truppenmenge hervorrufen konnte. Mit lauter Kommandostimme und hocherhobener Hand suchte sich der Caesar den kämpfenden Soldaten verständlich zu machen und sie zum Löschen anzuhalten. Aber sein Wort verhallte in dem ohrenbetäubenden Getümmel und seine Gesten blieben im Gewirr des Kampfes und in der Hitze der Leidenschaft völlig unbeachtet …

So wurde der Tempel gegen den Willen des Titus eine Beute der Flammen.

Josephus, Der Jüdische Krieg 6.4.5–7

Wir wechseln den Schauplatz und kehren nach Judäa zurück. Auch hier brennt ein Tempel. Doch im Gegensatz zu jenem auf dem römischen Kapitol wurde der Tempel in Jerusalem nie wieder aufgebaut. Nur Teile der westlichen Mauer, heute allgemein als Klagemauer bekannt, erinnern an ihn.

Einige Monate vorher – Anfang des Jahres 70 – sehen wir Titus, der inzwischen den Titel *Caesar* trägt, mit einer riesigen Armee gegen Jerusalem ziehen. Er war wohl gerade aus Ägypten zurückgekehrt, wohin er seinen Vater begleitet hatte.[156] „Dabei ließ er sich selbst, um den Eindruck zu erwecken, er habe schon mehr erreicht als seine augenblickliche hohe Stellung, als stattlicher und entschlossener Mann der Waffen sehen, wobei er durch Freundlichkeit und persönliche Ansprache den Diensteifer weckte und sich sehr oft bei der Schanzarbeit und auf dem Marsch unter die einfachen Soldaten mischte, ohne damit seine Würde als Kommandeur zu beeinträchtigen."[157] Er führte also das Heer nach dem Vorbild seines Vaters. Insbesondere bei den Soldaten der Legionen *V Macedonica*, *X Fretensis* und *XV Apollinaris*, die – wie schon bei Vespasian – den Grundstock des Heeres bildeten (siehe

S. 40), kam dies gut an. Ihnen gliederte Titus aus Syrien die *legio XII Fulminata* an, die so die Chance erhielt, ihre frühere Niederlage gegen die Juden (siehe S. 37) auszubügeln. Dazu kamen zahlreiche Hilfstruppen, Kontingente der Vasallenkönige – unter anderem von König Agrippa – und schließlich aus Ägypten Vexillationen der beiden dort stationierten Legionen. Auch Tiberius Alexander stieß hinzu in der Rolle „eines Beraters in allen Angelegenheiten des Kriegs für Titus, dem er an Alter und Erfahrung voraus war".[158]

Ulpius Traianus, der unter Vespasian die 10. Legion kommandiert hatte, war bei diesem Feldzug nicht mehr dabei.[159] Doch sein frühzeitiges Eintreten für Vespasian sollte sich auszahlen. Er wurde bald (Suffekt-)Konsul, danach Statthalter in Syrien, wo er Marius Celsus nachfolgte, und schließlich Prokonsul in der Provinz *Asia*.[160] Insbesondere die Aufnahme unter die Patrizier durch Vespasian und die Verleihung der Triumphalabzeichen beflügelten die Karriere seines Sohnes, die bis auf den Kaiserthron führte.

Hingerissen schildert Josephus den Heerzug, der sich auf Jerusalem zubewegt. „Als Titus in das feindliche Gebiet einzog, marschierten die königlichen Truppen und das ganze Heer der Verbündeten an der Spitze. Ihnen folgten die Pioniere für den Straßenbau und die Soldaten, die das Lager auszumessen hatten, dann die Träger des Gepäcks der Stabsoffiziere. Hinter den zu ihrem Schutz bestellten Schwerbewaffneten ritt der Feldherr selbst, den neben anderen ausgewählten Soldaten die Lanzenträger begleiteten; als Rückendeckung folgte ihm die Reiterei der Legionen. Diese zog den Kriegsmaschinen voran, denen die Tribune und Führer der Kohorten mit ausgewählten Kontingenten folgten; nach diesen wurden, um ihren Adler geschart, die Feldzeichen getragen, vor denen die dazugehörigen Trompeter gingen. Hinter ihnen marschierte in Sechserreihen die eigentliche Kampftruppe. Schließlich kamen die zu jeder Legion gehörenden Trossknechte, die die Lasttiere vor sich her trieben, und als Abschluss des ganzen Zugs die Söldner mit der Nachhut."[161]

Im März hatte das Heer Jerusalem erreicht.[162] „Die auf einer steilen Anhöhe gelegene Stadt hatten massive Befestigungen zusätzlich gesichert, durch die sogar ein Platz in flachem Gelände genügend geschützt worden wäre. Denn zwei sehr hohe Hügel umschlossen kunstvoll schräg vorspringende oder nach innen gebogene Mauern, sodass die Flanken der Angreifer den Schüssen [der Verteidiger] ausgesetzt waren. Der Fels fiel am äußersten Rand steil ab und Türme, wo der Berg mitgeholfen hatte von je 60 Fuß [18 m], in den Senken von je 120 Fuß [36 m] ragten in die Höhe, wunderbar anzusehen und für Betrachter aus der Ferne gleich hoch. … Der Tempel war eine Art Burg und hatte eigene Mauern, für die mehr Mühe und kunstvolle Arbeit aufgewendet worden waren als für die anderen; selbst die den Tempel umgebenden Säulenhallen bildeten ein vorzügliches Bollwerk."[163] Die Schilderung des Tacitus lässt vermuten, dass die Soldaten von dieser Stadt beeindruckt waren und sich auf einen langen Kampf unter schwierigen Bedingungen einstellten.

Um dem Kampfgeschehen besser folgen zu können, sehen wir uns die Topographie Jerusalems etwas näher an. Dabei stützen wir uns auf die äußerst detailreichen, von spürbarem Stolz geprägten Ausführungen des Josephus, der in seinem *Jüdischen Krieg* der Stadt und dem Tempelberg je ein umfangreiches Kapitel widmet.[164] Zunächst beschreibt Josephus die massiven Befestigungen (Abb. 33 zeigt den vermutlichen Verlauf). „Die Stadt war

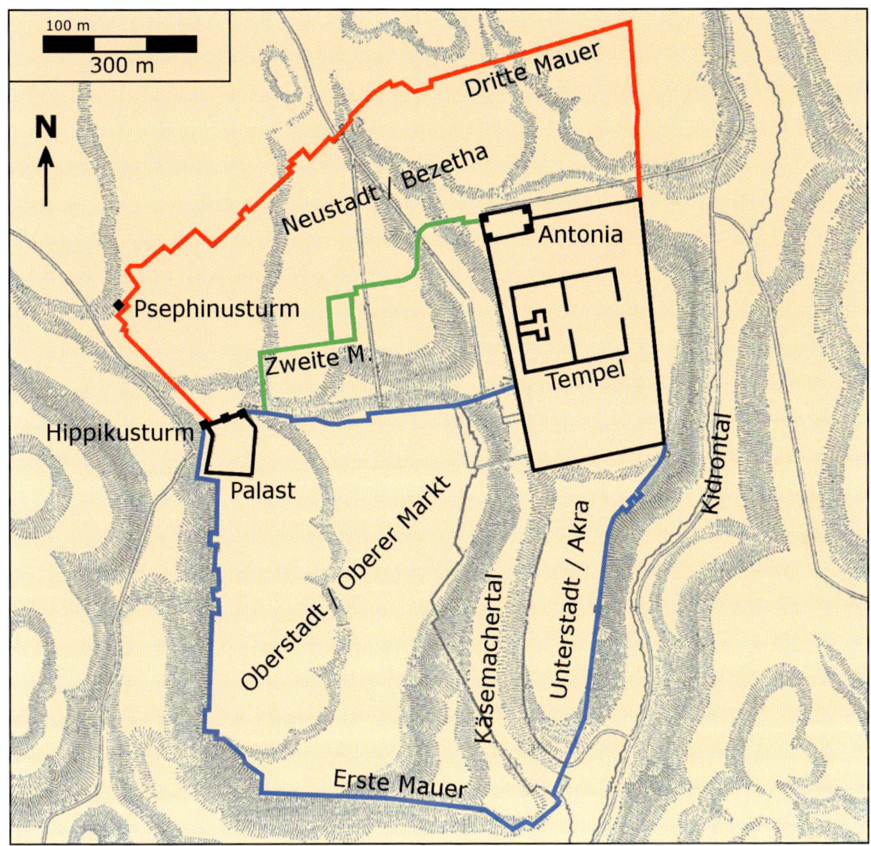

Abb. 33: Jerusalem

durch drei Mauern befestigt, abgesehen von den Stellen, wo unüberschreitbare Schluchten sie umgaben und ein einziger Mauerring genügte. Sie war mit einander gegenüberliegenden Teilen auf zwei Hügeln erbaut; diese trennte eine dazwischen verlaufende Schlucht, an der die dicht gedrängt stehenden Häuser aufhörten." Die beiden Hügel trugen die Oberstadt sowie die von ihr durch das Käsemachertal (heute nur noch eine flache Mulde) getrennte Unterstadt. Zusammen wurden sie von der ersten und ältesten Mauer (in Abb. 33 blau markiert) umschlossen. „Von den drei Mauern war die älteste wegen der Schluchten und des darüber aufragenden Hügels, auf dem sie errichtet war, besonders schwer zu überwinden. Denn abgesehen von ihrer vorteilhaften Lage war sie auch stark ausgebaut, da David und Salomon sowie deren Nachfolger auf dem Königsthron ihren ganzen Ehrgeiz in die Förderung dieses Werks gesetzt hatten. … Die zweite Mauer nahm ihren Anfang bei einem Tor in der ersten Mauer … Indem sie lediglich den Nordteil der Stadt umschloss, führte sie bis zur [Burg] Antonia." Die vom Vater Agrippas unter Kaiser Claudius errichtete (in der Abbildung rot eingezeichnete) dritte Mauer, die beim Hippikusturm an die erste anschloss und die Neustadt schützte, scheint bis Anfang der 60er-Jahre nicht sehr weit gediehen zu sein, da sie Cestius Gallus bei seinem (erfolglosen) Sturm auf Jerusalem (siehe S. 37) nach Josephus noch problemlos überwinden konnte.[165] Danach wurde sie allerdings von den Aufständischen erheblich ausgebaut.

Von den zahlreichen Türmen, die längs der dritten Mauer aufragten, „verdiente der an der Nordwestecke aufragende Psephinusturm, in dessen Nähe Titus sein Lager aufgeschlagen hatte, die meiste Bewunderung. … Ihm gegenüber hatte König Herodes [der Große] den Hippikusturm und nahe bei diesem zwei weitere Türme in der alten Mauer erbaut; an Größe, Schönheit und Festigkeit hatten sie unter den Türmen der Welt nicht ihresgleichen." Diese drei mächtigen Türme deckten zum einen die nicht durch das Relief geschützte Nordseite Jerusalems, zum anderen ermöglichten sie es, Oberstadt, Neustadt und Tempelgebäude zu kontrollieren.

Schließlich sicherten sie den sich südlich anschließenden königlichen Palast, „der jede Beschreibung übertraf. Denn sowohl hinsichtlich des verwendeten Materials als auch dessen Bearbeitung war er unübertrefflich. Er war überall durch eine 15 Meter hohe Ringmauer geschützt und in gleichen Abständen von Ziertürmen gegliedert. Ferner enthielt er riesige Säle und Gastzimmer mit insgesamt 100 Ruhebetten, ausgestattet mit unsagbar mannigfaltigen, seltenen Steinen aus aller Herren Länder und wunderbaren Decken mit langen Balken und herrlichen Ornamenten. Groß war die Zahl der Gemächer und ihre Ausstattung wechselte in unendlich vielen Formen; alle waren mit Geräten reichlich versehen, die zum größten Teil aus Silber und Gold gearbeitet waren. Ringsherum führten viele Säulenhallen, die ineinander übergingen; in jeder waren die Säulen verschieden. Die unter freiem Himmel liegenden Innenhöfe prangten alle in frischem Grün. Hier waren verschiedenartige Haine angelegt, durch die lange Spazierwege führten, umgeben von stark fließenden tiefen Kanälen und Teichen mit bronzenen Wasserspeiern. Schließlich standen zwischen den künstlichen Gewässern viele Türme für die zahmen Tauben. Doch es ist gar nicht möglich, den Königspalast in gebührender Weise zu würdigen; außerdem schmerzt die Erinnerung an die Verheerungen, die das von den Räuberbanden gelegte Feuer angerichtet hat."

Josephus hält ausdrücklich fest, dass nicht die Römer, sondern die von ihm als Räuberbanden bezeichneten Aufständischen für die Zerstörung des Palastes verantwortlich waren. Gut einen Monat bevor Cestius Gallus vor Jerusalem eintraf, hatten sie den von Herodes erbauten Palast zerstört,[166] wohl auch weil dessen prächtige Ausstattung gegen das von ihnen streng befolgte Bilderverbot verstieß. Außerdem galt er ihnen nach dem Aufenthalt der heidnischen Besatzungstruppen als „unrein". Nach der Eroberung der Stadt ließ Titus die Türme der Herodesburg zusammen mit einem Teil der Nordwestmauer stehen. Dies geschah sicher nicht (nur), um damit ein Denkmal seines Sieges übrig zu lassen,[167] sondern vor allem, weil er an diesem strategisch wichtigen Punkt seine Besatzungstruppe unterbringen wollte.

Es bleibt noch der Tempelberg zu beschreiben (siehe dazu Abb. 34, in der wir vom Kidrontal auf ihn blicken). Wohl schon unter Salomon wurde die Kuppe des Hügels, der den Tempel tragen sollte, abgeflacht und im Westen, Süden und Osten durch mächtige Stützmauern so erweitert, dass ein ebenes trapezförmiges Plateau entstand. „Würdig dieses

Abb. 34: Modell des Tempelbergs

gewaltigen Fundaments waren auch die darauf errichteten Bauten. Denn alle Säulenhallen waren doppelreihig und ihr Dach ruhte auf 12.5 Meter hohen Säulen, von denen jede aus einem einzigen Stück blendend weißen Marmors bestand; Decken aus Zedernholz schlossen sie oben ab. Das kostbare Material, die feine Bearbeitung und das harmonische Gefüge boten einen bemerkenswerten Anblick, obwohl die Säulenhallen außen kein Werk der Malerei oder der Bildhauerkunst schmückte. … Zum Tempelgebäude selbst, dem heiligsten und zentralen Teil der Gesamtanlage, stieg man 12 Stufen hinauf. Die Vorderfront hatte gleiche Höhe und Breite, nämlich je 50 Meter. Dahinter war das Gebäude um 20 Meter schmaler, denn vorn ragten gleichsam zwei Schultern von je 10 Metern nach beiden Seiten hinaus. … Das Tor, durch das man den eigentlichen Tempelraum betrat, war ganz mit Gold belegt, ebenso die umgebende Wandfläche. Darüber trug es goldene Weinstöcke, von denen mannshohe Trauben herabhingen. … Betrat man das Innere, so wurde man vom Erdgeschoss des Tempelgebäudes aufgenommen. … Im ersten Raum, der 20 Meter maß, befanden sich drei besonders wunderbare und bei allen Menschen weit berühmte Werke: Leuchter, Tisch und Räucheraltar."

„Die Burg Antonia lag an der Ecke, die von der westlichen und nördlichen Säulenhalle des ersten Vorhofes gebildet wurde; sie war auf einem 25 Meter hohen Felsen erbaut, der überall sehr steil abfiel. Sie stellte ein Werk des Königs Herodes dar, der damit dem ihm angeborenen Stolz besonders deutlich Ausdruck verlieh. Der gewachsene Fels war von unten an mit geglätteten Steinplatten bedeckt, aus Gründen der Schönheit, aber auch um jeden, der daran hinauf- oder hinabzusteigen versuchte, heruntergleiten zu lassen. … Das Innere hatte das Aussehen und die Einrichtung eines Palastes. Denn es war in Gemächer von jeder Art und für jeden Zweck aufgeteilt, hatte einen überdeckten Gang, Bäder und geräumige Höfe, in denen sich die Soldaten lagern konnten. Was die Ausstattung mit allen lebensnotwendigen Einrichtungen betraf, schien die Antonia eine Stadt, hinsichtlich ihrer prächtigen Ausstattung ein Palast zu sein. Das Gesamtbild der Anlage war das eines Turmes, auf dessen Ecken man vier andere Türme verteilt hatte … In der Festung lag [vor dem Aufstand] stets eine römische Kohorte, deren Soldaten an den Festtagen in voller Bewaffnung auf die Säulenhallen verteilt wurden und das Volk im Auge behielten, damit ja kein Aufstand ausbräche. Wenn der Tempel als eine Festung über der Stadt lag, so bildete die Antonia die Zwingburg des Tempels." Insbesondere beim Pessach-Fest, bei dem die Befreiung aus Ägypten gefeiert wurde, war die Lage explosiv. Schließlich lag ein Vergleich der frühzeitlichen Unterdrückung durch die Großmacht Ägypten mit der Situation unter den Römern nahe.

Die in der Stadt versammelten Aufständischen zerfielen in mehrere Gruppen. Simon bar Giora, „den das Volk bei seinen unüberwindlichen Schwierigkeiten in der Hoffnung auf Hilfe zusätzlich hereingelassen, sich aber mit ihm einen Tyrannen auf den Hals geladen hatte",[168] kontrollierte die Oberstadt und große Teile der Unterstadt. Er befehligte 10 000 Mann, dazu kamen 5 000 mit ihm verbundene Idumäer. „Er war noch jung und an Schläue dem Johannes, der vor ihm die Hauptstadt in seine Gewalt bekommen hatte, unterlegen, doch übertraf er ihn an Körperkraft und Wagemut."[169] Johannes, dem wir bereits begegnet sind (siehe S. 44), verfügte über 6 000 Schwerbewaffnete und hatte vom Tempel Besitz ergriffen. Außerdem hatten sich ihm die Zeloten angeschlossen, die 2 400 Mann stark waren.[170] Die Leiden der Jerusalemer unter diesen Truppen fasst Josephus kurz so zusammen: „Wen Simon ausgeplündert hatte, den ließ er zu Johannes schicken; wer von Johannes ausgeraubt worden war, den nahm Simon in Empfang."[171]

Titus griff zunächst die dritte Mauer an. Die Juden hatten den Belagerungs- und Wurfmaschinen der Römer wenig entgegenzusetzen: „Die geschleuderten Steine wogen einen halben Zentner und flogen zwei oder mehr Stadien weit … Die Juden wussten sich anfangs vor dem abgeschossenen Felsstück in Sicherheit zu bringen. Es war nämlich weiß und verriet sich so nicht nur durch das schwirrende Geräusch, sondern war auch infolge des weißen Glanzes vorher zu sehen. Darum kündigten es ihnen die Späher, die auf den Türmen postiert waren, vorher an … Um dies zu verhindern, kamen die Römer auf den Gedanken, die Felsstücke zu schwärzen. Da sie dann nicht mehr in derselben Weise vorher gesehen werden konnten, trafen die Schützen ihre Ziele und brachten mit einem einzigen Schuss viele ums Leben."[172]

Es war nur eine Frage der Zeit, bis die erste Lücke gerissen war. „Als die Römer durch die vom ‚Nikon'[173] geschlagene Bresche hinaufstürmten, verließen alle ihren Posten und zogen sich zur zweiten Mauer zurück. Die über die Mauer Eingedrungenen öffneten die Tore und ließen das ganze Heer herein. Auf diese Weise gewannen die Römer die erste Mauer am 25. Mai, dem 15. Tag der Belagerung, rissen ein großes Stück davon ein und dazu das nördliche Stadtgebiet, das schon vorher Cestius Gallus niedergelegt hatte."[174]

Bereits fünf Tage später klaffte eine Bresche in der zweiten Mauer. Allerdings gelang es den Verteidigern, die Römer wieder zurückzudrängen. „Mit ihren Leibern deckten sie die Bresche und widerstanden so drei Tage lang in verbissener Gegenwehr. Doch am vierten Tage konnten sie den heldenmütigen Sturmangriff des Titus nicht mehr aufhalten; sie wurden an der gleichen Stelle wie zuvor überwältigt und wichen zurück. Nachdem Titus zum zweiten Mal die Mauer eingenommen hatte, ließ er sofort den gesamten nördlichen Teil einreißen."[175]

Titus nutzte die Zeit vor dem Sturm auf die erste Mauer für eine Demonstration römischer Stärke. „Als der Termin für die Soldzahlung gekommen war, befahl er den Offizieren, vor den Augen der Feinde das Heer aufmarschieren zu lassen und jedem Soldaten sein Geld abzuzählen. So rückten also die Truppen wie üblich in voller Rüstung aus, wobei sie die aus der Scheide gezogenen Schwerter sehen ließen, während die Reiter die prächtig aufgezäumten Pferde am Zügel führten. Weit und breit funkelte das ganze Gelände vor der Stadt nur so von Gold und Silber und es gab kein Schauspiel, das für die eigenen Kameraden erhebender und für die Feinde entsetzlicher gewesen wäre. Denn auf der gesamte Länge der alten Mauer und auf der Nordseite des Tempels drängten sich die Zuschauer. Man konnte auch deutlich erkennen, wie sie von den dicht besetzten Hausdächern die Köpfe hervorstreckten."[176]

Als dieses vier Tage dauernde Schauspiel zu keinen Friedensbemühungen auf Seiten der Juden führte, ging Titus mit der geballten Macht seiner vier Legionen gegen die noch nicht eroberten Teile der Stadt vor. Jede Legion sollte einen Wall aufwerfen, die 5. und die 12. zwei Wälle gegen die Antonia, um den Tempelberg zu erobern, die 10. und die 15. zwei Wälle an der Nordflanke der ersten Mauer in der Nähe des Palastes. Den letzteren „versuchten die Idumäer und die gut bewaffnete Heerschar Simons durch plötzliche Ausfälle zuzusetzen, während den Soldaten vor der Antonia die Leute des Johannes und die Zeloten in gleicher Weise zu schaffen machten".[177] Schließlich „brachten die Römer die am 30. Mai begonnenen Wallarbeiten nach 17 Tagen ununterbrochener mühseliger Arbeit am 16. Juni zum Abschluss; alle vier Wälle waren nämlich von ungewöhnlicher Höhe. ... Schon führten sie die Maschinen in die vorgesehene Stellung, doch Johannes hatte inzwischen von innen her das Gebiet vor der Antonia bis zu den Wällen unterhöhlt, die Gänge abgestützt und auf diese Weise das ganze Werk auf Pfähle gestellt. Jetzt brachte er mit Pech und Asphalt bestrichenes Holz hinein und legte Feuer daran. Als die Pfähle von unten anbrannten, gab das Erdreich auf einmal nach und sogleich stürzten die Wälle mit Donnergetöse in den Graben hinab."[178] Zwei Tage später erlitten die beim Palast angelegten Wälle nach einem Ausfall von Simons Truppen dasselbe Schicksal.

Im anschließenden Kriegsrat ging es im Wesentlichen um die Frage, ob man einen massiven Angriff starten oder die Einfuhr von Lebensmitteln nach Jerusalem unterbinden und so die Bewohner aushungern sollte. Dabei habe Titus ausgeführt, „dass ein Neubau der Wälle wegen des Holzmangels nur sehr schwer durchzuführen sei, noch schwieriger sei es jedoch, alle geheimen Ausgänge zu bewachen; denn die Stadt mit dem Heere einzuschließen, sei schon wegen ihrer Ausdehnung und der Widrigkeit des Geländes nicht einfach und im Übrigen bei überraschenden Ausfällen auch gefährlich. ... Wenn man so schnell wie sicher vorzugehen wünsche, bleibe nichts anderes übrig, als die ganze Stadt mit einer Ringmauer einzuschließen."[179] Schon nach drei Tagen sei diese Mauer – zusammen mit 13 außen angebauten Kastellen – vollendet gewesen.

Die Wirkung blieb nicht aus. Die Zahl der Hungertoten stieg drastisch an. Schließlich war es nicht mehr möglich, sie ordentlich zu beerdigen; sie wurden einfach über die Mauer geworfen. Besser erging es den Rebellen. „Als die Vorräte, die Johannes dem Volk gewaltsam weggenommen hatte, zu Ende gingen, verlegte er sich auf Tempelraub und ließ viele Weihegeschenke des Tempels, aber auch zahlreiche gottesdienstliche Geräte wie Krüge, Schüsseln und Tische einschmelzen … Dabei erklärte er seinen Gefährten, man könne ohne Bedenken Gottes Eigentum verwenden, wenn es im Kampf für die Gottheit geschehe. Ebenso müssten die Verteidiger des Tempels auch aus dem Tempel verpflegt werden. Aus diesem Grund ließ er sogar den heiligen Wein und das Öl ausleeren, das die Priester verwahrten, um es über die Brandopfer zu gießen … Ich bin sicher: Hätten die Römer gezögert, gegen diese Frevler einzuschreiten, so wäre die Stadt vom Abgrund verschlungen, durch eine Flut hinweggespült oder wie Sodom durch Blitze vernichtet worden. Denn sie hat ein Geschlecht hervorgebracht, das viel gottloser war als die Menschen, die diese furchtbaren Strafen erdulden mussten. Durch dessen Wahnwitz wurde das ganze Volk mit ins Verderben gerissen."[180] Ging Josephus wirklich davon aus, dass die Priester in dieser Notzeit die für Opfer vorgesehenen Vorräte an Olivenöl und Wein nicht anrührten? Eher suchte er wohl ein weiteres Argument dafür, dass die Römer mit der Eroberung Jerusalems nur einem Strafgericht Jahwes zuvorkamen. Später[181] lässt Josephus die Römer sogar im Auftrag Jahwes handeln: „Gott nämlich, Gott selbst führt zusammen mit den Römern ein Feuer als Reinigung für sein Heiligtum herbei und rafft die von so vielen Schandtaten befleckte Stadt hinweg."

In 21 Tagen stellten die Römer neue Dämme gegen die Antonia fertig, „obwohl sie das Holz äußerst mühsam herbeischleppen mussten, wobei sie … das Gelände vor der Stadt im Umkreis von 90 Stadien vollständig abholzten. Zum Erbarmen war der Anblick, den das Land danach bot; denn die einst mit Bäumen und schönen Gärten geschmückten Gegenden lagen nun wüst und kahl geschlagen da."[182] Die mühevolle Arbeit sollte sich für die Belagerer lohnen. Am 24. Juli „taten sich von den Posten, die auf den Wällen Wache hielten, zwanzig zusammen und gewannen noch den Adlerträger der 5. Legion, zwei Mann aus den Reitertruppen und einen Trompeter für ihr Vorhaben. Um die neunte Nachtstunde [zwischen Mitternacht und Sonnenaufgang] rückten sie in aller Stille über die Trümmer gegen die Antonia vor, stachen die vordersten Wachtposten im Schlafe nieder, bemächtigten sich darauf der Mauer und ließen den Trompeter das Signal blasen. Hierauf schnellten auch die anderen Posten plötzlich in die Höhe und ergriffen, noch ehe überhaupt einer die Zahl der Eindringlinge überblickt hatte, die Flucht. Denn der Schrecken und der Trompetenstoß hatten in ihnen die Vorstellung geweckt, eine Menge Feinde sei heraufgestiegen."[183] Die militärisch wichtige Antonia konnte von den Römern erobert, ihr Angriff auf den für die Juden zentralen Tempelbezirk von diesen aber abgewehrt werden.

Beide Seiten rüsteten sich nun zum entscheidenden Kampf. Die Juden bauten den Tempel zur Festung aus und „stellten über den heiligen Toren Armbrustgeschütze, Katapulte und schwere Steinwerfer auf".[184] Titus ließ die Fundamente der Antonia schleifen, um einen besseren Zugang zum Tempelbezirk zu erhalten. Sieben Tage mühte sich ein Großteil seines Heeres damit ab. Ein erster römischer Großangriff auf den Tempel scheiterte, doch trotz des erbitterten Widerstands der Juden „bewegte sich das Kampfgeschehen stetig auf das Tempelgebäude zu“[185] und die römische Armee konnte daran gehen, Dämme gegen den Tempel aufzuwerfen – nicht nur angesichts des Holzmangels ein mühsames Unterfangen. Um die Römer am Vordringen zu hindern, legten die Juden in der Nähe der Antonia Feuer an die Säulenhalle, die den Tempelbezirk umschloss, die Römer taten es an anderer Stelle aus dem gegenteiligen Grund. Denn der Tempel trotzte sämtlichen Belagerungsmaschinen der Römer, Erstürmungsversuche mit Leitern scheiterten blutig. „Als Titus sah, dass die Schonung des fremden Heiligtums für die eigenen Soldaten nur Nachteil und Verderben bringe, ordnete er an, Feuer an die Tore zu legen. … Zunächst schmolz unter den Flammen überall das Silber ab und erlaubte dem Feuer ein rasches Eindringen in das Holzwerk, von wo aus es heftig auflodernd die Halle erfasste.“[186] Das Feuer breitete sich aus, erfasste aber nicht den eigentlichen Tempel.

Am nächsten Tag – dem 28. August – „befahl Titus einem Teil des Heeres, an die Löscharbeiten zu gehen und an den Toren einen Weg zum leichteren Aufmarsch der Legionen zu ebnen“.[187] Am gleichen Tag legte er nach Josephus den führenden Offizieren die Frage vor, was mit dem Tempel nach dessen Eroberung passieren solle. Er selbst habe dafür plädiert, dass man sich, „auch wenn Juden den Tempel bestiegen, um von dort aus zu kämpfen, nicht an den leblosen Dingen anstelle der Menschen rächen und ein so herrliches Bauwerk den Flammen preisgeben solle. Denn der Schaden würde die Römer treffen, ebenso wie der Tempel eine Zierde ihres Reichs wäre, wenn er erhalten bliebe.“ Auch Tiberius Alexander, „der die gesamten Streitkräfte befehligte“, sei dieser Ansicht gewesen. Es gibt keinen Grund zu bezweifeln, dass Titus in dieser Phase des Kampfes einen Kriegsrat einberief, um mit seinem Stab das weitere Vorgehen zu besprechen. Das Schicksal des Tempels dürfte dabei allerdings kaum im Vordergrund gestanden haben.

Tags darauf fiel die Entscheidung. Die Juden machten in der Frühe „durch das östliche Tor einen Ausfall auf die römischen Wachen im äußeren Tempelbezirk. Jene hielten dem Vorstoß … tapfer stand und schlossen ihre Schlachtreihe so fest wie eine Mauer, indem sie sich von vorn mit ihren Schilden deckten. Es zeigte sich jedoch, dass sie nicht über längere Zeit hätten standhalten können, da sie zahlenmäßig den zudem ungestüm Angreifenden unterlegen waren. Doch der *Caesar* kam der Wende des Gefechts zuvor; er hatte nämlich von der Antonia aus zugesehen und eilte jetzt mit seinen auserlesenen Reitern zu Hilfe. Diesem Ansturm hatten die Juden nichts entgegenzusetzen. Nachdem die ersten dahingesunken waren, ergriffen sie alle zusammen die Flucht. Als sich aber die Römer zurückzogen, machten sie noch einmal kehrt und setzten ihnen nach. Wie sich jene aber wieder umwandten, flohen auch sie wieder zurück, bis sie schließlich gegen Mittag mit aller Gewalt in den inneren Tempelbezirk zurückgedrängt und dort eingeschlossen wurden.“[188]

Noch am selben Tag ging nach einem weiteren erfolglosen Ausfall der Juden – wie am Beginn dieses Abschnitts geschildert – der Tempel in Flammen auf. „Als die Aufrührer in die Stadt hinunter geflohen waren und der Tempel sowie alle umliegenden Gebäude in Flammen standen, trugen die Römer ihre Feldzeichen in den heiligen Bezirk und stellten sie dem östlichen Tor gegenüber auf. Dort brachten sie ihnen dann Opfer dar und riefen Titus unter begeisterten Zurufen zum *Imperator* aus.“[189]

Nach dem Fall des Tempelbezirks kam es zu einer Unterredung zwischen den Kriegsparteien. Josephus legt Titus dabei eine große Rede in den Mund. „Nach jedem Sieg habe ich euch, gerade so als wäre ich der Besiegte, Friedensverhandlungen angeboten. Als ich schon nahe am Tempelbezirk stand, bat ich euch – ganz die Gesetze des Kriegs vergessend – nochmals, eure heiligen Stätten zu schonen und im eigenen Interesse den Tempel zu erhalten. Ich bot euch freien Abzug an und versprach euch die Erhaltung eures Lebens … Alle diese Vorschläge habt ihr ignoriert und mit euren eigenen Händen den Tempel in Brand gesteckt. Über und über mit schändlichen Taten besudelt, wollt ihr mich nun um eine Unterredung bitten? … Aber ich will gewiss nicht mit eurer Tollheit in Wettstreit treten: Wer die Waffen streckt und sich ergibt, dem schenke ich das Leben.“[190] Als dieses Angebot nicht angenommen wurde, übergab Titus die Unterstadt seinen Truppen zur Plünderung und Brandschatzung.

Jetzt war die ringsum abschüssige Oberstadt die letzte Bastion der Aufständischen. Trotz der Holzknappheit mussten Dämme errichtet werden. Diese Arbeiten, zu denen Legionen wie Hilfstruppen herangezogen wurden, dauerten vom 8. bis zum 25. September. In dieser Zeit „kamen die Führer der Idumäer heimlich zusammen und berieten über ihre eigene Übergabe; sie schickten fünf Männer zu Titus und flehten ihn an, ihnen Gnade zu gewähren. Dieser hoffte nun, auch die Tyrannen würden sich ergeben, wenn die Idumäer von ihnen abfielen, da diese für die Kriegführung sehr ins Gewicht fielen. Nach einigem Zögern sagte ihnen Titus schließlich die Schonung zu und schickte die Männer zurück. Als sie sich gerade zum Abmarsch rüsteten, erfuhr Simon davon. Er ließ die fünf Männer, die zu Titus gegangen waren, sofort hinrichten.“[191]

Diese Episode zeigt, dass der Verteidigungswille bröckelte. Die meisten hatten eingesehen, dass sie gegen die römische Übermacht inzwischen vollkommen chancenlos waren. Nahezu mühelos konnten daher die Römer die Oberstadt erobern, nachdem die erste Bresche geschlagen war. „Als nun die Plünderer in die Häuser eindrangen um zu rauben, geschah es oft, dass sie dabei auf die Leichen ganzer Familien und auf Räume voll Verhungerter stießen. Entsetzt von diesem Anblick stürzten sie dann mit leeren Händen hinaus. Doch ihr Mitgefühl mit den derart schrecklich Umgekommenen galt nicht in gleicher Weise den Lebenden, sondern sie durchbohrten jeden, der ihnen in die Hände fiel … Gegen Abend stellte man das Morden ein. Dagegen konnte sich in der Nacht der Brand voll entfalten und der 26. September brach über einem brennenden Jerusalem an.“[192]

Die unterirdischen Gänge Jerusalems ermöglichten Simon vor seiner Verhaftung noch einen letzten großen Auftritt, der seinen messianisch-königlichen Anspruch zeigt: „Um den Römern einen gewaltigen Schrecken einzujagen, legte Simon weiße Gewänder an und darüber einen prächtigen purpurnen Mantel und erschien an dem Platz, an dem früher der Tempel stand, aus der Erde.“[193]

Nach der Eroberung wird die *legio X Fretensis* dauerhaft in Jerusalem stationiert. Die 12. Legion wird an den Euphrat verlegt, die 5. und 15. begleiten Titus nach Ägypten.[194]

Abb. 35: Masada

Iudaea bleibt nicht länger ein Anhängsel der großen Militärprovinz Syrien, sondern wird zu einer eigenständigen Provinz, die von einem ehemaligen Prätor geleitet wird.[195]

Der Krieg war damit allerdings noch nicht vorüber. Endgültig endete er erst im Jahr 74 mit dem Fall von Masada, einer Bergfestung, die sich in den Händen der Sikarier („Dolchmänner"), einer radikalen Gruppe der Zeloten, befand. Josephus beschreibt ihre einzigartige Lage (siehe Abb. 35) wie folgt: „Einen Felsen, nicht gering an Umfang und beträchtlich hoch, umgeben von allen Seiten hohe Abgründe, die uneinsehbar steil und für Mensch und Tier unzugänglich sind. Eine Ausnahme machen zwei Stellen, wo der Felsen einen wenn auch mühevollen Aufstieg zulässt. Der eine Weg führt im Osten vom Asphaltsee [Toten Meer] herauf, der andere, auf dem etwas leichter zu marschieren ist, kommt von Westen. Den ersten Weg nennt man die Schlange, da er mit seiner extremen Enge und den fortwährenden Windungen einer solchen gleicht. … Ist man etwa 30 Stadien auf diesem Weg aufgestiegen, gelangt man zum Gipfel, der nicht in eine Spitze zuläuft, sondern eine Hochfläche bildet. Als erster baute hier der Hohepriester Jonathan eine Festung und nannte sie Masada. Später betrieb Herodes mit großem Eifer den Ausbau der Festung. Längs des 7 Stadien messenden Randes der Gipfelfläche errichtete er eine Mauer aus weißem Gestein, die 6 Meter hoch und 4 Meter dick war und von 37 Türmen, die jeweils 25 Meter hoch waren, überragt wurde. Von diesen gelangte man zu den Wohnräumen, die auf der ganzen Länge innen an die Mauer angebaut waren. … Vielleicht noch erstaunlicher ist die ansehnliche Fülle und die Haltbarkeit der in der Festung gespeicherten Vorräte. Denn es war eine Menge Korn eingelagert worden, das über eine sehr lange Zeit hin ausgereicht hätte, dazu viel Wein und Öl. Außerdem waren noch allerlei Hülsenfrüchte und Datteln angehäuft worden."[196] Herodes ließ zudem die Zisternen, in denen das Regenwasser gesammelt wurde, modernisieren und ausbauen.

Die *legio X Fretensis* und zahlreiche Hilfstruppen schlossen die Festung ein. Als die römische Belagerungsrampe (in Abb. 35 rechts gut zu erkennen) die Gipfelfläche erreicht hatte, die Eroberung also unmittelbar bevorstand, begingen die Belagerten kollektiven Selbstmord, wodurch Masada zum Symbol jüdischen Freiheitswillens wurde. „Ohne Ausnahme töteten alle der Reihe nach ihre nächsten Angehörigen. … Durch das Los wählten sie darauf zehn Männer aus ihrer Mitte; sie sollten die Mörder aller anderen sein. Dann legte sich ein jeder neben die schon niedergestreckten Seinen, die Frau und die Kinder, schlang die Arme um sie und bot schließlich den Männern, die den unseligen Dienst auszuführen hatten, bereitwillig die Kehle. Ohne Wanken mordeten jene alle insgesamt; darauf bestimmten sie durch dasselbe Losverfahren den Mann, der die übrigen neun zu töten hatte und danach auch sich selbst den Todesstoß geben sollte. … Die Zahl der Toten aber belief sich auf 960, Frauen und Kinder mit eingerechnet.“[197]

Epilog
Eine neue Dynastie etabliert sich

12 Der flavische Triumph (Juni 71)

Noch herrschte nächtliches Dunkel, als zuerst das ganze Heer, nach Manipeln und Kohorten geordnet und geführt von seinen Offizieren, aus seinen Quartieren rückte und vor der Wohnung der Imperatoren, die diesmal nicht im oberen Palast, sondern in der Nähe des Isistempels übernachtet hatten, Aufstellung nahm. Mit einsetzender Morgenröte erschienen Vespasian und Titus, einen Lorbeerkranz um das Haupt gewunden, sonst aber noch mit den gewöhnlichen Purpurgewändern bekleidet, und begaben sich nach der Säulenhalle der Octavia, wo der Senat, die Magistrate und die römischen Ritter auf ihre Ankunft warteten. Vor der Halle war ein Podium errichtet worden, auf dem zwei elfenbeinerne Sessel standen. Die Triumphatoren traten darauf zu und setzten sich. In diesem Augenblicke erscholl aus dem Heer ein brausender Jubelruf und alle rühmten auf vielerlei Art ihre Tapferkeit.

Josephus, Der Jüdische Krieg 7.5.4

Titus hatte es nach der Eroberung Jerusalems nicht eilig, nach Rom zu kommen. Zunächst kehrte er nach Caesarea zurück und feierte dort um den 24. Oktober den Geburtstag seines Bruders „mit großer Pracht und ließ zu seinen Ehren wieder einen großen Teil der Strafe an den Juden vollstrecken. Denn die Zahl derer, die bei Tierkämpfen umkamen, verbrannt wurden oder in Kämpfen gegeneinander fielen, überstieg 2 500.“[1] Anschließend begab sich Titus nach Berytus, wo er den Geburtstag seines Vaters, der am 17. November 61 Jahre alt wurde, „über einen längerem Zeitraum mit noch größerem Pomp feierte, was die Ausgaben für die Schauspiele und den Einfallsreichtum für die übrigen Aufwendungen anging“.

Danach begann Titus eine Tournee durch Syrien.[2] In jeder Stadt ließ er sich feiern und erfreute die Bewohner mit blutigen Spielen (es mangelte ja nicht an Kriegsgefangenen). Von Antiochia aus zog er nach Zeugma am Euphrat, wo ihn Abgesandte des Partherkönigs erwarteten, die ihm anlässlich seines Sieges über die Juden einen goldenen Kranz als Geschenk überbrachten. „Titus nahm diesen entgegen und veranstaltete ein Festmahl für die königlichen Gesandten.“ Über Jerusalem zog er durch den Sinai weiter nach Alexandria. „Dort wählte er aus den Gefangenen zunächst die Anführer Simon und Johannes sowie 700 weitere Männer aus, die sich durch besonders hohen Wuchs und körperliche Schönheit auszeichneten, und befahl, diese unverzüglich nach Italien zu schaffen, da er sie in seinem Triumphzug vorzuführen gedachte.“

Sueton berichtet, die monatelangen Jubelfeiern für Titus hätten das Gerücht aufkommen lassen, er verfolge eigene Ziele. „Es entstand der Verdacht, er habe von seinem Vater abfallen und die Herrschaft über den Osten übernehmen wollen. Dieser Verdacht erhielt neue Nahrung, als er auf dem Weg nach Alexandria in Memphis bei der Konsekration eines Apisstiers ein Diadem trug. Dies entsprach war zwar ganz der Sitte und dem Ritus jener

Abb. 36: Domitian

alten religiösen Handlung, es gab aber genügend Leute, die dies anders auslegten. Deshalb beeilte er sich, nach Italien zu kommen, fuhr auf einem Frachtschiff nach Rhegium [heute Reggio Calabria] und weiter nach Puteoli [Pozzuoli]. Von dort reiste er in höchster Schnelligkeit nach Rom, wo er den überraschten Vater, gleichsam um die Haltlosigkeit der gegen ihn ausgestreuten Gerüchte zu beweisen, mit den Worten begrüßte: ‚Da bin ich, Vater, da bin ich!'"[3]

Von da an war Titus der zweite Mann im Staat. Mucianus, der vor der Ankunft der Flavier in Rom diese Stelle eingenommen hatte, rückte nach hinten. Er erhielt zwar in den Jahren 70 und 72 ein zweites und drittes Konsulat, jedoch nur als Suffektkonsul. Ordentlicher Konsul neben Vespasian war in beiden Jahren Titus.

Wie für Vespasian wurde auch für Titus ein Triumph für den Sieg über die Juden beschlossen. Dieser bot Vespasian im Juni 71 eine einzigartige Bühne, um dem Senat und dem römischen Volk vor Augen zu führen, dass die Regentschaft einer neuen Familie begonnen, die *gens Flavia* also die julisch-claudische Familie in der Herrschaft abgelöst hatte: Vespasian und Titus triumphierten gemeinsam, der 19-jährige Domitian, damals Suffektkonsul, nahm zu Pferd an der Feier teil.[4] Der in Abb. 36 gezeigte Aureus für den CAES(ar) AVG(usti) F(ilius) DOMIT(ianus) CO(n)S(ul) II ruft dies im Jahr 73, in dem er zum zweiten Mal Konsul ist (nun als *consul ordinarius*), in Erinnerung.

Zahlreiche Münzen stellen die neue Herrscherfamilie im gesamten *Imperium Romanum* vor. Exemplarisch sei der in Abb. 37 gezeigte Denar Vespasians betrachtet. Auf der Rückseite der im Jahr 71 in Ephesus geprägten Münze sehen wir die beiden Söhne des Kaisers – die LIBERI IMP(eratoris) AVG(usti) VESP(asiani) – als tugendhafte Bürger mit verhülltem Haupt und einer Schale in der Rechten beim Opfer. Ihre Namen suchen wir vergebens. Sie scheinen ebenso unwichtig wie die Tatsache, dass beide den Titel *Caesar* tragen. Söhne des *Augustus* zu sein, überstrahlt alles.

Der flavische Triumph war für die Römer ein epochales Ereignis. Der letzte Triumph lag schließlich fast drei Jahrzehnte zurück (wenn man von Neros Spektakel absieht). Ihn feierte im Jahr 43 Kaiser Claudius nach seinem Sieg über die Briten. Auch daran hatte Vespasian

Abb. 37: Die Flavier

Anteil, wie die Triumphalabzeichen zeigen, die er für seine Leistungen in Britannien erhielt. Nach Sueton konnte er sogar im Gefolge des Kaisers an diesem Triumphzug teilnehmen.[5] Josephus beschreibt den flavischen Triumph in aller Ausführlichkeit.[6] Er ist spürbar von diesem für ihn unbekannten Schauspiel überwältigt, wie schon seine eindrucksvolle Schilderung des weihevollen Auftakts zeigt, die am Beginn dieses Kapitels zu lesen war. Da der Zug anderen Historikern nur einen Satz wert ist, wird er sich nicht wesentlich von früheren Triumphen unterschieden haben. Gerade deshalb lohnt es sich, den Ausführungen des Josephus noch etwas zu folgen.

„Das meiste Staunen erregte der Aufbau der vorbeigetragenen Schaugerüste, wegen deren Größe man um die Sicherheit der Ladung fürchten musste. Unter ihnen gab es nämlich viele mit drei und vier Stockwerken … Viele Darstellungen boten ein eindrückliches Bild vom Krieg in seiner immer wieder wechselnden Gestalt. Da konnte man sehen, wie gesegnete Landstriche verwüstet wurden, wie sämtliche Schlachtreihen der Feinde dahinsanken; man sah die einen auf der Flucht, die anderen auf dem Weg in die Gefangenschaft, das Zusammenbrechen gewaltig hoher Mauern unter dem Ansturm der Belagerungsmaschinen, die Zerstörung der Widerstandskraft der Festungen und die Einnahme stark bemannter Stadtmauern von oben her. Weiter konnte man betrachten, wie sich das Heer in die Stadt ergoss, überall Tod verbreitend; dargestellt waren auch Gruppen wehrloser Menschen, die mit erhobenen Händen um Gnade flehten, Heiligtümer, die man gerade in Brand gesteckt hatte, und Häuser, die über ihren Bewohnern zusammenstürzten. … Die künstlerische Ausgestaltung und die Großartigkeit der Gerüste führte die Ereignisse denen, die sie nicht gesehen hatten, so lebendig vor Augen, als wären sie selbst dabei gewesen. … Unter der Beute, die danach haufenweise vorbei getragen wurde, stach heraus, was man im Tempel in Jerusalem genommen hatte: ein viele Talente schwerer goldener Tisch und ein ebenfalls aus Gold gefertigter Leuchter, in seiner Ausführung aber ganz verschieden von der Art, wie sie bei uns üblich ist. Mitten aus dem Sockel ragte nämlich ein Schaft empor, der nach Art des Dreizacks in dünne, nebeneinanderstehende Äste verlief, jeder dieser Äste trug an seiner Spitze eine aus Erz getriebene Lampe. Es waren deren sieben, um die von den Juden der Siebenzahl entgegengebrachte Hochschätzung zu veranschaulichen.“

Abb. 38: Iudaea capta – Judäa ist erobert

„Um den Volksmassen die Sicht zu erleichtern", führte der Zug durch die Theater und den *Circus Maximus*, wo über 100 000 begeisterte Zuschauer in tosenden Jubel ausbrachen. Das Ziel „war der Platz beim Tempel des *Iupiter Capitolinus*. Dort angelangt, hielt man an. Es war nämlich eine alte, von den Vätern ererbte Sitte, an dieser Stelle zu warten, bis ein Bote den Tod des feindlichen Feldherrn meldete. In diesem Fall war es Simon, der Sohn des Giora, der soeben den Triumphzug als Gefangener hatte mitmachen müssen. Jetzt wurde er, einen Strick um den Hals, unter ständigen Misshandlungen von seinen Henkern auf den Platz oberhalb des Forums geschleift, wo nach römischem Recht die zum Tode verurteilten Verbrecher hingerichtet wurden. Als nun sein Tod gemeldet wurde, brachen alle in lauten Jubel aus und die Triumphatoren begannen mit den Opfern." Als einziger wurde danach Simon – insbesondere also nicht der ebenfalls im Zug mitgeführte Johannes – hingerichtet.[7] In ihm sah Titus offenkundig seinen gefährlichsten Gegner.

Der Sieg über die aufständischen Juden bewies die *virtus*, die Tüchtigkeit der neuen *gens*, insbesondere des Vespasian und des Titus (Domitian suchte später eigenen Ruhm), und überstrahlte deren niedere Herkunft. Es verwundert daher nicht, dass er die gesamte Regentschaft der Flavier begleitete. Auf den Münzen konnten sie dem AEGYPTO CAPTA Octavians das eigene IVDAEA CAPTA entgegensetzen. Einen entsprechenden, wunderbar erhaltenen Sesterz aus dem Jahr 71 zeigt die Abb. 38. Auf der Rückseite sehen wir die trauernde Judäa unter einer Palme sitzen. Hinter ihr steht in einem Muskelpanzer der siegreiche Kaiser, das linke Bein entspannt auf einen Helm gestützt. In der Rechten hält er einen Speer, in der Linken ein Kurzschwert. Auf der Vorderseite umrahmt die alle Vollmachten und Titel aufzählende Umschrift IMP(erator) CAES(ar) VESPASIAN(us) AVG(ustus) P(ontifex) M(aximus) TR(ibunicia) P(otestate) P(ater) P(atriae) CO(n)S(ul) III ein würdiges, lorbeerumkränztes Porträt Vespasians.

Vespasian war sicher klar, dass die Parallele zwischen Octavians Parole und der eigenen tiefer reichte: In beiden Fällen wurde ein fremdes Volk als Grund für einen Triumph ge-

Abb. 39: Die Beute aus dem Tempel

nannt, der eigentlich einem Sieg in einem Bürgerkrieg galt. Angesichts der sich anschließenden *Pax Augusta*, der vom Kaiser gebrachten langen Friedenszeit, dürfte diese Bemäntelung den Bürgern des *Imperium Romanum* unter Vespasian ebenso gleichgültig gewesen sein wie unter Octavian. Folgerichtig feierte Vespasian ebenso wie der erste Kaiser den errungenen Frieden durch ein Bauwerk. Bei Augustus war es der noch heute zu bewundernde Friedensaltar, die *Ara Pacis*, bei Vespasian ein *Templum Pacis*. In diesem Friedenstempel konnte das Volk Schätze aus aller Welt bewundern, darunter die im Triumphzug mitgeführten Geräte aus dem Jerusalemer Tempel und Kunstwerke aus Neros Goldenem Haus.[8] Er vermittelte wohl eher den Eindruck eines Museums als eines Tempels.

Noch unter der Regentschaft des Titus und des Domitian wurde der Sieg über die Juden gefeiert, etwa auf einem im Jahr 81 errichteten Bogen am Eingang des *Circus Maximus*, von dem nurmehr marginale Trümmer erhalten sind. Die heute im Original verlorene Inschrift verkündete, dass Titus „das Volk der Juden bezwang und die Stadt Jerusalem zerstörte, die vor ihm alle Feldherrn, Könige und Völker vergebens angegriffen oder dies überhaupt nicht versucht hatten".[9] Wesentlich besser erhalten und daher bekannter ist der Bogen, den Domitian zu Ehren seines Bruders auf dem Forum errichten ließ. Im Durchgang (siehe Abb. 39) sehen wir die wichtigsten Beutestücke aus dem Jerusalemer Tempel, die auch Josephus erwähnt, den siebenarmigen Leuchter und den Schaubrottisch mit den gekreuzten Posaunen. Die Tafeln im Hintergrund erklärten den Römern diese fremdartigen Kultobjekte, die nichts gemein hatten mit den ihnen vertrauten Götterbildern in Menschengestalt. Man kann davon ausgehen, dass dies nicht die einzigen Bögen waren, die zu Ehren des flavischen Siegs über die Juden errichtet wurden.[10]

Die „haufenweise" beim Triumphzug gezeigte Beute wurde zu einem wesentlichen Teil in öffentliche Bauten (und damit zur Ankurbelung der Wirtschaft) investiert. Das bekann-

Abb. 40: Das Kolosseum

teste und heute noch imposante Bauwerk, das damit finanziert wurde, ist das *Amphitheatrum Flavium*, das Vespasian mitten in der Stadt errichten ließ,[11] „als er in Erfahrung gebracht hatte, dass sich das schon Augustus fest vorgenommen hatte".[12] Vespasians (bzw. Suetons) Informationen sind hier zumindest unvollständig. Octavian, der spätere Augustus, hatte nämlich ein steinernes Amphitheater bauen lassen. Eröffnet wurde es wohl im Jahr 30 v. Chr. nach seinem entscheidenden Sieg bei Actium. Als Bauherr fungierte allerdings einer seiner Generäle, vielleicht weil Octavians „Würde als Sieger nicht durch eine allzu offensichtliche Sorge um die schlichten Vergnügungen des Volkes geschmälert werden sollte".[13] Das Bauwerk fiel dem verheerenden Brand des Jahres 64 (siehe S. 23) zum Opfer.[14] Das von Titus eingeweihte Amphitheater bot 50 000 Zuschauern Platz und hatte einen Umfang von über 500 Metern. Im Mittelalter setzte sich dafür die Bezeichnung Kolosseum durch wegen einer dorthin versetzten, über 35 Meter hohen ehemaligen Kolossalstatue Neros, die nach dessen Tod zu einer Statue des Sonnengottes umgearbeitet worden war. Die Abb. 40 zeigt eine Ansicht des Kolosseums vom Beginn des 20. Jahrhunderts.

Für Martial[15] übertrifft das flavische Amphitheater die Pyramiden von Gizeh in Ägypten, die hängenden Gärten der Semiramis zu Babylon und die anderen Weltwunder der damaligen Zeit:

Schweige das fremde Memphis vom Wunder der Pyramiden,
Brüste assyrische Müh' sich mit Babylon nicht;
...
Jegliches Werk verschwindet vor Caesars Amphitheater.
Ein Werk allein feiert künftig statt aller der Ruhm.

Abb. 41: Divus Vespasianus

Die Zeusstatue in Olympia (oder den Koloss von Rhodos, der allerdings zu seiner Zeit schon lange nicht mehr stand) erwähnt Martial nicht; er vergleicht das flavische Amphitheater natürlich nur mit den unter die Weltwunder gerechneten Bauwerken.

Das Amphitheater war nicht nur ein imposantes Bauwerk, es war auch und insbesondere Ausdruck einer neuen Politik. Mit ihm gab Vespasian den Bürgern Roms den Raum zurück, den ihnen Neros Goldenes Haus genommen hatte:[16]

> *Rom wurde sich selbst zurückgegeben und unter deiner Obhut, Cäsar,*
> *sind Vergnügungen des Volkes, was einst Vergnügungen des Herrschers waren.*

Vespasian war ein persönlich bescheidener und leutseliger Kaiser: „Kurz gesagt wurde Vespasian lediglich wegen seiner Fürsorge für das Allgemeinwohl als Kaiser angesehen, in allen anderen Dingen war er volksverbunden und lebte mit seinen Untertanen auf gleichem Fuß. Machte er doch Scherze wie ein einfacher Mann und ließ auch mit sich selbst gern Scherz treiben; und jedes Mal, wenn er gegen ihn gerichtete anonyme Schmähschriften angeschlagen fand – wie es ja bei Kaisern an der Tagesordnung ist – ließ er nur eine entsprechende Gegendarstellung veröffentlichen, ohne sich im mindesten zu erregen."[17] Dazu passt eine Verfügung, die er noch von Ägypten aus traf. „Er hob die Ächtung all jener auf, die unter Nero und seinen Amtsnachfolgern wegen sogenannter Majestätsbeleidigungen verurteilt worden waren. Dies betraf nicht nur die Lebenden, sondern auch die bereits Verstorbenen, und er ließ auch keine Anklagen mehr zu, die sich auf solche Vergehen bezogen."[18]

Vespasian starb am 23. Juni 79 mit 69 Jahren nach zehnjähriger Regentschaft. Der zeitlebens bodenständige Mann aus dem Ritterstand wurde nach seinem Tod – wie Augustus und Claudius – zum *divus*, also unter die Staatsgötter aufgenommen. In Abb. 41 sehen wir einen Denar, den Titus für den DIVVS AVGVSTVS VESPASIANVS, seinen verstorbenen und vergöttlichten Vater, prägen ließ. Er zeigt auf der Rückseite die nach links fahrende leere Triumphalquadriga. Im Hintergrund überragt sie ein Tempel, auf dem eine weitere Quadriga zu erkennen ist, die von zwei Victoria-Statuen flankiert wird, die Kränze tragen. Im Abschnitt lesen wir EX S(enatus) C(onsulto) als Hinweis darauf, dass der Triumph,

Abb. 42: Ochsen im Joch

der am Anfang von Vespasians Herrschaft stand, auf einem Senatsbeschluss beruhte. Dieser Triumph war den Römern noch acht Jahre später so präsent, dass dieses Motiv auch ohne Worte verstanden wurde.

Vespasian, der „meist zu Späßen aufgelegt"[19] war, machte sich auch über seine Erhebung zum Staatsgott lustig, die er nach seinem Tod zu erwarten hatte: „Beim ersten Anzeichen einer Krankheit sagte er: ‚O weh, ich glaube, ich werde ein Gott!'" Wie er selbst seine Rolle sah, beschreiben wohl besser die Reverse zweier Denare (siehe Abb. 42), die am Anfang des Jahres 77 für Vespasian und Titus geprägt wurden, als sie gemeinsam Konsuln waren (der Vater zum achten, der Sohn zum sechsten Mal). Sie sind (bis auf die unterschiedliche Zahl der Konsulate) identisch und zeigen jeweils zwei Ochsen im Joch. Wie auch immer die römische Öffentlichkeit diese Reverse interpretierte,[20] Vespasians Sinn für Humor lässt vermuten, dass er sich und seinen Sohn so an der Deichsel des Gefährts namens *Imperium Romanum* sah.

Anmerkungen

Vorwort/Akteure

1 Tacitus, Historien 3.83.1. Er formuliert dies allerdings im Präteritum.
2 Tacitus, Historien 1.2.1.
3 Josephus, Der Jüdische Krieg 1.Vorwort.1 und 7.11.5.
4 Josephus, Der Jüdische Krieg 5.9.4.
5 Christ [14], S. 252; Bellen [5], Zweiter Teil S. 83; Sommer [81], S. 155.
6 Cassius Dio, Römische Geschichte 65.3 (1). Sueton erwähnt lediglich einen nicht näher beschriebenen Feldzug des Domitian „nach Gallien und Germanien, der nicht nötig war" (Sueton, *De vita Caesarum*, Domitianus 2).
7 Vor allem Historien 4.12–37, 4.54–79 und 5.14–26.
8 Schmitz [76], S. 31.
9 Timpe [90], S. 328.
10 Sueton, *De vita Caesarum*, Divus Iulius 24.
11 Die Heeresbezirke *Germania superior* und *Germania inferior* wurden erst unter Domitian reguläre Provinzen. Allerdings unterschieden sich die Rechte ihrer Kommandanten in der Praxis nicht von denen regulärer Statthalter. Daher werden sie oft auch so angesprochen und ihre Amtsbezirke als Provinzen bezeichnet.

Erster Akt: Ein umjubelter Künstler

1 Nach den Akten der Arvalbrüder ([43], S. LXXXIV) tritt Nero die Reise am 25. September (66) an.
2 CIL VI.331; die Inschrift findet man heute in den Vatikanischen Museen.
3 Cicero, De Officiis 2.76.
4 Dass diese auch auf die dortige Christengemeinde abfärbten, kann man im ersten der beiden Briefe nachlesen, die der Apostel Paulus in den 50er-Jahren des ersten Jahrhunderts an sie schrieb.
5 Zum Folgenden Tacitus, Annalen 12.1–8.
6 Sueton, *De vita Caesarum*, Divus Claudius 26.
7 Nach Sueton (*De vita Caesarum*, Divus Claudius 44) sind sich alle einig, dass Claudius von seiner Gattin Agrippina vergiftet wurde. Auch Dio (Römische Geschichte 61.34) und Tacitus (Annalen 12.66–68) gehen davon aus.
8 Tacitus, Annalen 13.1.3.
9 Cassius Dio, Römische Geschichte 61.5 (2).
10 Fini [30], S. 10.
11 Zum Brand ausführlich Tacitus, Annalen 15.38–44.
12 Tacitus, Annalen 15.48.3.
13 Tacitus, Annalen 15.67.2.
14 Sueton, *De vita Caesarum*, Nero 52.
15 Sueton, *De vita Caesarum*, Nero 20; ähnlich Tacitus, Annalen 14.15.5.
16 Sueton, *De vita Caesarum*, Nero 22.
17 Tacitus, Annalen 15.33.2.
18 Sueton, *De vita Caesarum*, Nero 20 und Tacitus, Annalen 15.34.1.
19 Sueton, *De vita Caesarum*, Nero 22.
20 Pausanias, Beschreibung Griechenlands 5.11.1–10.

21 Pausanias, Beschreibung Griechenlands 10.7.2.
22 Sueton, *De vita Caesarum*, Nero 40.
23 Cassius Dio, Römische Geschichte 63.14 (2).
24 Nach Sueton (*De vita Caesarum*, Galba 15) und Tacitus (Historien 1.20.1) blieb dem Orakel wenigstens ein Zehntel der Spende.
25 Pausanias, Beschreibung Griechenlands 10.7.1.
26 Cassius Dio, Römische Geschichte 63.14 (3).
27 Siehe Sueton, *De vita Caesarum*, Caesar 44, Gaius 21, Nero 37 und 19.
28 Nach Sueton, *De vita Caesarum*, Nero 24 geschah dies, als er aus der Provinz abreiste, was eindeutig für das Jahr 67 spricht.
29 Sueton, *De vita Caesarum*, Divus Vespasianus 8.
30 Zum Folgenden Sueton, *De vita Caesarum*, Divus Vespasianus 1.
31 Cassius Dio, Römische Geschichte 60.20 (3).
32 Tacitus, Historien 3.75.1.
33 Cassius Dio, Römische Geschichte 63.12 (1),(2).
34 Cassius Dio, Römische Geschichte 63.19 (1).
35 Zum Folgenden Sueton, *De vita Caesarum*, Divus Vespasianus 2–5; siehe auch Chastagnol [13].
36 Tacitus, Annalen 16.5.2f.
37 Dass sich dieser Vorfall in Griechenland zugetragen hat, weiß ebenso Dio (Römische Geschichte 65.11 (2)), der auch die im Folgenden geschilderte Anekdote überliefert. Von Tacitus (Annalen 16.5.3) wird kein Ort genannt.
38 Sueton, *De vita Caesarum*, Divus Vespasianus 2.
39 Sueton, *De vita Caesarum*, Divus Vespasianus 4.
40 Sueton, *De vita Caesarum*, Divus Claudius 24.
41 Sueton, *De vita Caesarum*, Divus Titus 1.
42 Sueton, *De vita Caesarum*, Domitianus 1.
43 Zur Frage, ob Vespasians Gattin oder die gleichnamige Tochter abgebildet ist, siehe Kienast [51]. Vor allem die Existenz von Aurei und Denaren, die auf der einen Seite den Divus Augustus Vespasianus und auf der anderen die Diva Domitilla Augusta zeigen, spricht für die Zuordnung der Münze zur Gattin Vespasians. „Eine solche strenge Parallelisierung findet sich nämlich auf den Münzen nur für Herrscherpaare."
44 Sueton, *De vita Caesarum*, Divus Titus 2. Nach Tacitus (Annalen 13.16.1) lagen die Jugendlichen nicht wie die Erwachsenen zu Tisch, sondern *saßen* „an einem eigenen, sparsamer gedeckten Tisch".
45 Sueton, *De vita Caesarum*, Divus Titus 4.
46 Sueton, *De vita Caesarum*, Divus Vespasianus 3.
47 Cassius Dio, Römische Geschichte 65.14 (4).
48 Sueton, *De vita Caesarum*, Divus Vespasianus 4.
49 Sueton, *De vita Caesarum*, Divus Vespasianus 4; siehe auch Tacitus, Historien 3.65.1.
50 Tacitus, Annalen 13.8.3. Zu den Aktionen Corbulos im Osten siehe Tacitus, Annalen 13.8f., 13.34–41, 14.23–26, 15.1–17, 15.24–31.
51 Juvenal, *Satura* 3.251.
52 Cassius Dio, Römische Geschichte 61.30 (6).
53 Tacitus, Annalen 11.20.2.
54 Tacitus, Annalen 13.41.4.
55 Cassius Dio, Römische Geschichte 63.17 (5),(6).
56 Nach Knapp [53], S. 40 und Jeremias [46]. Die Zahlen sind natürlich grobe und kaum gesicherte Schätzungen, wie die extrem differierenden Bevölkerungszahlen zeigen, die für Jerusalem errechnet wurden (siehe Jeremias, S. 24).
57 Ausgehend von Diodor, Bibliothéke historiké 17.52.6.

58 Josephus, Jüdische Altertümer 20.11.1. Auch da Josephus hier Poppaea als gottlos bezeichnet, während er sie kurz vorher (Jüdische Altertümer 20.8.11) eine „gottesfürchtige Frau“ nennt, ist diese Aussage mit Vorbehalt zu betrachten.
59 Josephus, Der Jüdische Krieg 2.14.6.
60 Tacitus, Annalen 15.45.
61 Tacitus, Historien 5.8.1.
62 Sueton, *De vita Caesarum*, Divus Vespasianus 4.
63 Josephus, Jüdische Altertümer 18.1.6.
64 Josephus, Jüdische Altertümer 20.5.2; siehe auch Tacitus, Historien 1.11.1.
65 Josephus, Der Jüdische Krieg 2.11.6.
66 Tacitus, Annalen 15.28.3.
67 Josephus, Der Jüdische Krieg 2.15.1.
68 Diese Sondersituation ging auf Kaiser Augustus zurück, der nach der Annexion Ägyptens verhindern wollte, dass ein senatorischer Statthalter diese reiche und für die Getreideversorgung Roms wichtige Provinz als Basis für einen Putsch missbrauchen könnte.
69 Josephus, Der Jüdische Krieg 2.18.7f.
70 Josephus, Jüdische Altertümer 18.6.3.
71 Später von ihm und seinem Nachfolger Nero gegen andere Gebiete getauscht. Siehe Josephus, Jüdische Altertümer 20.7.1 und 20.8.4.
72 Tacitus, Historien 2.81.2.
73 Tacitus, Historien 5.10.1.
74 Tacitus, Historien 1.10.1f.
75 Die Laufbahn des Mucianus behandelt Caldwell ausführlich in [11]. Seine Verbannung erwähnt Tacitus (Historien 1.10.1). Dass er Legionskommandeur unter Corbulo war, legt Plinius der Ältere, *Naturalis historia* 5.83 nahe, wonach er wie Corbulo an die Quelle des Euphrat gelangte. Die Statthalterschaft der Provinz *Lycia* belegt Plinius der Ältere, *Naturalis historia* 13.88; der Zuschnitt der Provinz unter Nero ist unklar.
76 Siehe Tacitus, Historien 2.76.3. Dort spricht Mucianus davon, dass Corbulo von glänzenderer Abkunft gewesen sei, als es er und Vespasian seien.
77 Tacitus, Historien 2.5.
78 Dazu ausführlich Keppie [50], S. 189f.
79 Tacitus, Annalen 15.6.3 und 15.28.3.
80 Zu seiner Laufbahn Alföldy [4].
81 Josephus, Der Jüdische Krieg 3.7.3. Die Belagerung wird im Abschnitt 3.7 (dem auch die beiden folgenden Zitate entnommen sind) ausführlich geschildert.
82 Josephus, Der Jüdische Krieg 3.9.3.
83 Zum Folgenden Josephus, Der Jüdische Krieg 3.9.7 bis 3.10.10.
84 Zum folgenden Kampf um Gamala Josephus, Der Jüdische Krieg 4.1.
85 Josephus, Der Jüdische Krieg 2.21.1.
86 Josephus, Der Jüdische Krieg 4.2.1.
87 Plinius der Ältere, *Naturalis historia* 5.70.
88 Es gibt mehrere Orte dieses Namens. Die in Abb. 12 eingezeichnete Lage des hier gemeinten folgt [36] Band II, Anm. 113 zu Buch 4.
89 Josephus, Der Jüdische Krieg 4.7.3.
90 Zu Emmaus Josephus, Der Jüdische Krieg 4.8.1; Inschriften (CIL III.6647, 14155^{11}, 14155^{12}) von Soldaten der *legio V Macedonica* bestätigen die Stationierung. Zu Jericho Josephus, Der Jüdische Krieg 4.9.1.
91 Tacitus, Annalen 14.14.1.
92 Sueton, *De vita Caesarum*, Nero 39; Übersetzung nach Marion Giebel.
93 Sueton, *De vita Caesarum*, Nero 25 und Cassius Dio, Römische Geschichte 63.20.1.
94 Plutarch, Moralia, Tischreden, Buch 2, Frage 5.

95 Zum Triumph K.-J. Hölkeskamp [82], S. 258–276.

96 Pausanias, Beschreibung Griechenlands 5.15.3.

97 Cassius Dio, Römische Geschichte 63.20f.

98 Zum Folgenden Sueton *De vita Caesarum*, Nero 40–44 und Cassius Dio, Römische Geschichte 63.22–26. Zum Konsulat: Nach Sueton (*De vita Caesarum*, Nero 43) übte er das Amt sogar ohne Kollegen aus. Dem widersprechen aber – wie Gallivan [39], S. 292f. überzeugend ausführt – die Inschriften CIL VI.9190 und VI.8639.

99 Cassius Dio, Römische Geschichte 63.22 (1^2).

100 Cassius Dio, Römische Geschichte 63.22 (6).

101 Sueton, *De vita Caesarum*, Nero 41.

Zweiter Akt: Drei jähe Abstürze

1 Das angegebene Geburtsjahr Galbas errechnet sich aus seinem bei Tacitus (Historien 1.49.2), Dio (Römische Geschichte 63.6 (5^2)) und Sueton überlieferten Lebensalter. Letzterer gerät damit allerdings in Widerspruch zu dem von ihm angegebenen Geburtsjahr (siehe *De vita Caesarum*, Galba 4 und 23).

2 Sueton, *De vita Caesarum*, Galba 6. Zum Folgenden Galba 5–8.

3 Sueton, *De vita Caesarum*, Galba 9.

4 Tacitus, Agricola 6.

5 Plutarch, Galba 4.

6 Sueton, *De vita Caesarum*, Galba 2.

7 Sueton, *De vita Caesarum*, Galba 8.

8 Zu Neros Problemen Sueton, *De vita Caesarum*, Nero 32.

9 Zum Folgenden Sueton, *De vita Caesarum*, Galba 9f.

10 Dieses Datum liefert die von Dio (Römische Geschichte 63.6 (5^2)) angegebene Regierungsdauer, wenn man den ersten und letzten Tag einrechnet. Hierzu ausführlich Murison [68], S. 52f.

11 Die Inschrift CIL II.2552 nennt den 10. Juni, also den Tag der offiziellen Anerkennung Galbas, als *natalis aquilae*, als Geburtstag ihres Legionsadlers. Da die Legion zu diesem Zeitpunkt noch nichts von der Ermordung Neros wissen konnte, ist dies ein fiktiver Termin. Den Adler führte sie sicher schon früher. Wann die Legion den Beinamen *Gemina* erhielt, ist unklar. Wir verwenden zur einfacheren Unterscheidung von anderen Legionen mit diesem Beinamen durchgängig den von Tacitus gebrauchten, aber inschriftlich nicht nachgewiesenen Beinamen *Galbiana*.

12 Tacitus, Historien 1.6.2.

13 Sueton, *De vita Caesarum*, Otho 1 und 4.

14 Die Geschichtsschreiber schildern die Affäre etwas unterschiedlich. Wir folgen im Wesentlichen Tacitus (Annalen 13.45f.).

15 Tacitus, Annalen 16.6.

16 Tacitus, Historien 1.53.1.

17 Tacitus, Annalen 15.23.1 und Historien 1.52.4.

18 Cassius Dio, Römische Geschichte 63.24 (1)–(3).

19 Cassius Dio, Römische Geschichte 63.25 (1).

20 Zum Folgenden Sueton, *De vita Caesarum*, Nero 42–44.

21 Siehe Sueton, *De vita Caesarum*, Galba 12.

22 Tacitus, Annalen 15.72.2. Den Militärdienst legt CIL III.4269 nahe.

23 Plutarch, Galba 2.

24 Sueton, *De vita Caesarum*, Divus Claudius 10 und Tacitus, Annalen 12.69.2.

25 Sueton, *De vita Caesarum*, Nero 48f.

26 Homer, Ilias 10.535.

27 Cassius Dio, Römische Geschichte 63.3 (4^1).

28 Plutarch, Galba 11.

29 Cassius Dio, Römische Geschichte 63.2 (1).

30 Plutarch, Galba 10.

31 Sueton, *De vita Caesarum*, Galba 12.

32 Tacitus, Historien 1.6.1.

33 Plutarch, Galba 13f.

34 Siehe Murison [68], S. 36.

35 Plutarch, Galba 15.

36 Cassius Dio, Römische Geschichte 63.3 (3); ähnlich die übrigen Quellen.

37 Tacitus, Historien 1.18.3.

38 Sueton, *De vita Caesarum*, Galba 15. Selbst Dio, der Galba sonst positiver sieht als die übrige Geschichtsschreibung, beklagt die ausufernde Korruption in seinem Umfeld (Römische Geschichte 63.2 (1)).

39 Sueton, *De vita Caesarum*, Galba 12.

40 Cassius Dio, Römische Geschichte 63.3 (4^{c}).

41 Tacitus, Historien 1.90.1 und 2.92.2; ähnlich Plutarch, Otho 1.

42 Die Baumaßnahme belegt CIL VI.8680. Getreidespenden der genannten Kaiser bestätigen Münzen mit entsprechender Umschrift (Cohen Nero 14ff., Vitellius 3f., Vespasian 27ff.). Von Galba und Otho kennt man lediglich Münzen mit der Getreidegöttin Ceres und der Umschrift CERES AVG(VSTA) (Cohen Galba 15ff., Otho 1).

43 So heißt bei Sueton und Tacitus kurz die Stadt, die seit der Umbenennung unter Claudius offiziell den Namen Colonia Claudia Ara Agrippinensium trug.

44 Tacitus, Historien 1.8.1 und 1.51.4.

45 Tacitus, Historien 1.7.2; dazu auch 1.9.1 und 4.13.1 (dort spricht Tacitus sogar von einem falschen Vorwurf).

46 Vitellius wurde im Jahr 12 oder im Jahr 15 geboren, wobei mehr für das frühere Datum spricht (siehe Murison [68], S. 43).

47 Sueton, *De vita Caesarum*, Vitellius 17.

48 Sueton, *De vita Caesarum*, Vitellius 4 und Tacitus, Annalen 14.49.1.

49 Tacitus, Historien 2.67.2.

50 Sueton, *De vita Caesarum*, Vitellius 7.

51 Plutarch, Caesar 62.

52 Tacitus, Historien 1.52.1.

53 Tacitus, Historien 1.9.1.

54 Plutarch, Galba 22.

55 Tacitus, Historien 1.52.3.

56 Tacitus, Historien 1.53.1f.

57 Siehe Tacitus, Historien 2.30.2.

58 Tacitus, Historien 3.62.2.

59 Sueton, *De vita Caesarum*, Nero 11.

60 Tacitus, Historien 1.57.1.

61 Tacitus, Historien 3.62.2.

62 Plutarch, Galba 10.

63 Tacitus, Historien 1.52.3.

64 Tacitus, Historien 1.55.1f.

65 Plutarch, Galba 18.

66 Tacitus, Historien 1.56.1.

67 Tacitus, Historien 1.56.3.

68 Tacitus, Historien 1.57.1.

69 Sueton, *De vita Caesarum*, Vitellius 8.

70 Tacitus, Historien 3.58.3.

71 Tacitus, Historien 1.18.1.

72 Tacitus, Historien 1.14.2.
73 Tacitus, Historien 1.48.4.
74 Sueton, *De vita Caesarum*, Galba 17.
75 Tacitus, Historien 1.19.1.
76 Tacitus, Historien 1.23.1.
77 Sueton, *De vita Caesarum*, Galba 5.
78 Properz, Elegien 2.31.9.
79 Tacitus, Historien 1.27.2. Über eine zunächst sehr geringe Anzahl von Unterstützern sind sich die Geschichtsschreiber einig.
80 Tacitus, Historien 1.30.1.
81 Tacitus, Historien 1.37.2f.
82 Tacitus, Historien 1.35.1.
83 Tacitus, Historien 1.41.1f.
84 Zur Bestattung Plutarch, Galba 28; zur Laufbahn des Helvidius Tacitus, Annalen 12.49.2 und 13.28.3 sowie Historien 4.5.2.
85 Tacitus, Annalen 14.12.1; zum Folgenden Annalen 16.21–35.
86 Tacitus, Historien 1.49.
87 Zum Folgenden Tacitus, Historien 1.44f.
88 Dies zeigen die Akten der Arvalbrüder ([43], S. XCII).
89 Tacitus, Historien 1.85.3.
90 Sueton, *De vita Caesarum*, Otho 7.
91 Tacitus, Historien 1.80–85.1.
92 Tacitus, Historien 1.89.1.
93 Sueton, *De vita Caesarum*, Otho 8 und Plutarch, Otho 4.
94 Tacitus, Historien 1.50.3.
95 Tacitus, Historien 1.71.
96 Cassius Dio, Römische Geschichte 63.8 (2^1) und 63.15 (2^2).
97 Tacitus, Annalen 12.52.1.
98 Tacitus, Agricola 6.
99 Tacitus, Historien 1.77.2.
100 Tacitus, Historien 1.46.1 und 1.14.1.
101 Sueton, *De vita Caesarum*, Otho 12.
102 Deutlicher noch als bei Sueton etwa Tacitus, Historien 1.22.1 und Plutarch, Galba 25.
103 Sueton, *De vita Caesarum*, Otho 7 und Cassius Dio, Römische Geschichte 63.7 (1),(2).
104 Siehe Tacitus, Historien 1.50.1. Auch Sueton, *De vita Caesarum*, Otho 10 legt dies nahe.
105 Cassius Dio, Römische Geschichte 63.10 (1).
106 Tacitus, Historien 1.61.
107 Tacitus, Historien 1.70.1.
108 Tacitus, Historien 1.76.1.
109 Tacitus, Historien 3.34.1.
110 Tacitus, Historien 1.63.1.
111 Tacitus, Historien 1.59.2.
112 Sueton, *De vita Caesarum*, Nero 19. Sechs Fuß sind knapp 1.80 m.
113 Tacitus, Historien 2.27.1.
114 Tacitus, Historien 1.76.1.
115 Zu Othos Aufgebot Tacitus, Historien 2.11. Dass auch die mösischen Truppen mobilisiert wurden, zeigen Historien 2.32.2 oder 2.46.3 und insbesondere Sueton, *De vita Caesarum*, Divus Vespasianus 6.
116 Dies lässt Tacitus, Historien 3.2.4 vermuten. Bei seiner Schilderung der Schlacht erwähnt Tacitus allerdings keine mösischen Verbände.
117 Tacitus, Historien 2.67.2.

118 Tacitus, Historien 1.90. Das bei Tacitus überlieferte Datum steht zwar im Widerspruch zu Sueton, *De vita Caesarum*, Otho 8, wird aber durch die Akten der Arvalbrüder bestätigt. Interessant ist dabei, dass an der entsprechenden Stelle Othos Name zunächst durch den des Vitellius überschrieben, dieser aber später wieder teilweise getilgt wurde (Henzen [43], S. XCIII und S. 115).
119 Tacitus, Historien 1.89.3.
120 Siehe Tacitus, Historien 2.18.1.
121 Tacitus, Historien 1.88.1. Auch dies zeigt, dass das zutiefst negative Bild, das Dio von Otho zeichnet, die Realität nicht trifft. Statt Lucius umbringen zu lassen, neutralisiert er ihn, indem er ihn in seine Nähe holt.
122 Tacitus, Historien 1.87.2.
123 Tacitus, Historien 2.23.5.
124 Siehe Tacitus, Historien 1.83.3.
125 Tacitus, Historien 1.46.1 und 1.82.2.
126 Zum Konsulat Gallivan [39], S. 303.
127 Cassius Dio, Römische Geschichte 60.9 (1). Die beiden mauretanischen Provinzen richtete Claudius erst einige Jahre später ein (siehe Dio 60.9 (5)).
128 Plinius der Ältere, *Naturalis historia* 5.14.
129 Zu den folgenden Ereignissen in Britannien Tacitus, Annalen 14.29–39.
130 Tacitus, Historien 2.20–22. Zum Folgenden Historien 2.23–26.
131 Tacitus, Historien 2.27.1.
132 Tacitus, Historien 2.30.3.
133 Tacitus, Historien 2.31.2. Zu den Beratungen Tacitus, Historien 2.32f.
134 Tacitus, Historien 2.37.1.
135 Sueton, *De vita Caesarum*, Otho 10.
136 Tacitus, Historien 2.39.1.
137 So die überzeugende Argumentation von Mommsen [63]. Die Strategie der othonianischen Truppen ist allerdings strittig, nach Morgan sogar „a subject on which more ink has been spilt than blood was shed on the field" (Morgan [65], S. 132).
138 Tacitus, Historien 2.41.2.
139 Tacitus, Historien 2.42.2 und 2.43.1.
140 Tacitus, Historien 2.43.2.
141 Tacitus, Historien 2.44.2.
142 Plutarch, Otho 13.
143 Tacitus, Historien 2.45.3.
144 Sueton, *De vita Caesarum*, Otho 10; ähnlich Cassius Dio, Römische Geschichte 63.11 (1). Bei Dio wird die Botschaft von einem Reiter überbracht, was eher einleuchtet.
145 Tacitus, Historien 2.46.3; die folgenden Zitate 2.47.1 und 2.49.1f.
146 Für sie plädiert Wellesley ([97], S. 44).
147 Plutarch, Otho 17f.
148 Tacitus, Historien 2.51.
149 Tacitus, Historien 2.55.
150 CIL VI.2051.
151 Tacitus, Historien 2.56.
152 Tacitus, Historien 1.62.2.
153 Tacitus, Historien 2.57.1.
154 Nach Tacitus, Historien 2.89.1 und 2.100.1 zog der Adler dieser Legion mit Vitellius in Rom ein. Tacitus verrät allerdings nicht, ob er bereits mit Caecina oder erst mit Vitellius nach Italien kam. In der Schlacht bei Cremona tritt die Legion jedenfalls nicht in Erscheinung. Zudem darf man vermuten, dass der sich gern in Szene setzende Vitellius nicht ohne Legionsadler auszog.

155 Tacitus, Historien 2.59.3; ähnlich Cassius Dio, der auch das Alter des Kindes überliefert (Römische Geschichte 64.1 (2^a)).
156 So zumindest Sueton, *De vita Caesarum*, Vitellius 6. Wäre dies eine massive Beeinträchtigung gewesen, hätte jedoch kaum ein Grund bestanden, ihn später als Bedrohung für Vespasians Herrschaft anzusehen und deshalb umzubringen.
157 Tacitus, Historien 2.60.1.
158 Tacitus, Historien 2.66f.
159 Tacitus, Historien 2.60.2.
160 Tacitus, Historien 4.68.1 und 5.19.1.
161 Tacitus, Historien 1.59.1.
162 Eck [25], S. 137f. und [23], S. 118–120.
163 Tacitus, Historien 2.68.4.
164 Plinius der Jüngere, Briefe 2.1.
165 Tacitus, Historien 2.70.1.
166 Sueton, *De vita Caesarum*, Vitellius 10.
167 Tacitus, Historien 2.71.1 und 2.87.2.
168 Vielleicht auch wenige Tage früher; siehe Murison [67].
169 Tacitus, Historien 2.89.1.
170 Sueton, *De vita Caesarum*, Vitellius 13.
171 Cassius Dio, Römische Geschichte 64.2 (3).
172 Tacitus, Historien 2.64.2 und 2.89.2.
173 Zu ihm Sueton, *De vita Caesarum*, Vitellius 2.
174 Josephus, Jüdische Altertümer 18.4.2.
175 Tacitus, Annalen 6.32.4.
176 Tacitus, Historien 2.91.2f.
177 Cassius Dio, Römische Geschichte 64.7 (2).
178 Cassius Dio, Römische Geschichte 64.6 (2) und Sueton, *De vita Caesarum*, Vitellius 14.
179 Tacitus, Historien 2.92.1.
180 Livius, *Ab urbe condita* 5.47.
181 Tacitus, Historien 2.90.2, 2.91.1 und Sueton, *De vita Caesarum*, Vitellius 11.

Dritter Akt: Ein kometenhafter Aufstieg

1 Lukas 10.30.
2 Josephus, Der Jüdische Krieg 4.4.1.
3 Josephus, Der Jüdische Krieg 4.6.2.
4 Josephus, Der Jüdische Krieg 4.9.2.
5 Tacitus, Historien 2.2.1.
6 Tacitus, Historien 2.1.3.
7 Tacitus, Historien 2.6.2.
8 Tacitus, Historien 2.74.1.
9 Josephus, Der Jüdische Krieg 4.10.3.
10 Tacitus, Historien 2.74.1.
11 Tacitus, Historien 2.78.3.
12 Tacitus, Historien 2.76f.; siehe auch Cassius Dio, Römische Geschichte 64.8.4.
13 Tacitus, Historien 2.84.1.
14 Tacitus, Historien 2.6.2.
15 Tacitus, Historien 2.78.4. Wie Wardle ([95], S. 186) überzeugend darlegt, zeigt das Plusquamperfekt *exceperat* (hier mit *hatte die Runde gemacht* übersetzt), dass der Besuch des Orakels (vielleicht sogar deutlich) vor der Rede des Mucianus stattfand.

16 Josephus, Der Jüdische Krieg 4.10.6.
17 So Dattari [18] 343 und 356.
18 Meist wird hinter dem fehlenden Augustus-Titel ein bewusster Verzicht Vespasians vermutet. Da sich jedoch an der Legitimation Vespasians in den wenigen Wochen, in denen Münzen ohne das Attribut *Augustus* (bzw. griech. Sebastós) geprägt wurden, nichts änderte, scheint dies wenig schlüssig. Auch dass auf diesen Münzen noch der später von Vespasian nicht verwendete Gentilname Flavius erscheint, spricht für erst später eingetroffene Direktiven.
19 Tacitus, Historien 2.79.
20 Tacitus, Historien 2.80.2f.
21 Sueton, *De vita Caesarum*, Divus Vespasianus 6.
22 Zu diesem Treffen und den besprochenen Maßnahmen Tacitus, Historien 2.81.3 und 2.82 sowie Josephus, Der Jüdische Krieg 4.10.6.
23 Cassius Dio, Römische Geschichte 64.9 (2).
24 Tacitus, Historien 3.8.2.
25 Tacitus, Historien 2.83.1.
26 Tacitus, Historien 3.48.3.
27 Tacitus, Historien 4.81.
28 Cassius Dio, Römische Geschichte 65.8 (1) und Sueton, *De vita Caesarum*, Divus Vespasianus 7.
29 Cassius Dio, Römische Geschichte 65.8 (1).
30 Cassius Dio, Römische Geschichte 65.8 (2).
31 Cassius Dio, Römische Geschichte 65.8 (4).
32 Sueton, *De vita Caesarum*, Divus Vespasianus 23.
33 Sueton spricht vom 8. Monat nach der Akklamation des Vitellius zum *Imperator* (*De vita Caesarum*, Vitellius 15). Auch das Heer im Nahen Osten sei zu diesem Zeitpunkt zu Vespasian übergetreten. Letzteres ist ein offensichtlicher Irrtum Suetons (*De vita Caesarum*, Divus Vespasianus 6 nennt den korrekten Zeitpunkt von Vespasians Kaisererhebung in Ägypten und Judäa), den Murison ([68], S. 94f.) überzeugend auflöst.
34 Tacitus, Historien 2.85.1. Die folgenden Zitate aus Tacitus, Historien 2.85f.
35 Tacitus, Historien 1.79.5 mit CIL III.6741.
36 Das Alter erschließt man aus Martials Epigramm X 23. Zur Prätur: Galba, der penibel auf die überkommenen Regeln achtete, hätte Antonius Primus – dem er ja im Unterschied zu Alienus Caecina nicht verpflichtet war – kein Kommando über eine Legion übertragen, wenn er nicht ehemaliger Prätor gewesen wäre. Ein weiteres Argument liefert Tacitus, Historien 4.4.2 (siehe S. 127).
37 Ihre Lage ist unklar. Dazu Syme [85].
38 Tacitus, Historien 3.50.2.
39 Zum Folgenden Tacitus, Historien 2.93f.
40 Tacitus, Historien 2.98.2.
41 Nach Sueton (*De vita Caesarum*, Vitellius 3) wurde Vitellius am 7. oder 24. September geboren. Da Caecina erst nach dem Geburtstag Rom verließ (offenbar ohne Eile, wie die ausgedehnten Feierlichkeiten beweisen) und die entscheidende Schlacht bereits am 24. Oktober stattfand, scheidet wohl der spätere Termin aus (siehe Murison [68], S. 82f.).
42 Tacitus, Historien 2.95.1.
43 Cassius Dio, Römische Geschichte 64.4 (3).
44 Tacitus, Historien 2.96.1 und 2.97.1.
45 Tacitus, Historien 2.99.1.
46 Tacitus listet die vitellianischen Truppen in den Historien zweimal (2.100.1 und 3.22.2) auf. Im zweiten Buch unterscheidet er genau zwischen Vexillationen und Legionen, im dritten spricht er pauschal von germanischen Legionen. Zum einen kennt ja der Leser die Details schon aus dem zweiten Buch, zum anderen hatten die germanischen Vexillationen durch die von Vitellius nachgeführten Verstärkungen fast Legionsstärke erreicht.

47 Tacitus, Historien 2.100.3. Die Verteilung der Truppen auf Cremona und Hostilia entnimmt man Tacitus, Historien 3.14 und 3.21.1.
48 Tacitus, Historien 2.101.2.
49 Tacitus, Historien 3.1.2.
50 Tacitus, Historien 3.2.4. Zum Folgenden Tacitus, Historien 3.3f.
51 Tacitus, Historien 3.6.1. Dass Arrius Varus die Kavallerie kommandierte, zeigt Tacitus, Historien 3.16.1.
52 Tacitus, Historien 3.8.3.
53 Tacitus, Historien 3.9.2.
54 Tacitus, Historien 3.10.1. Zum Folgenden Historien 3.10f.
55 Tacitus, Historien 3.13.2.
56 Tacitus, Historien 3.15.1.
57 Tacitus, Historien 3.17.1.
58 Tacitus, Historien 3.18.1.
59 Tacitus, Historien 3.21.1.
60 Tacitus, Historien 3.22.1.
61 Tacitus, Historien 3.22.3f. und 3.23.1f.
62 Mommsen [63], S. 172.
63 Tacitus, Historien 3.25.2f. Zu Vipstanus Messalla Historien 3.9.3.
64 Tacitus, Historien 3.30.1.
65 Tacitus, Historien 3.29.
66 Tacitus, Historien 3.31.
67 Tacitus, Historien 2.101.1. Tacitus ist natürlich nicht dieser Meinung. Er nennt Caecinas Verhalten einen skandalösen Treuebruch.
68 Cassius Dio, Römische Geschichte 65.16 (3).
69 Tacitus, Historien 3.32.1.
70 Tacitus, Historien 3.32.2.
71 Tacitus, Historien 3.33.
72 Cassius Dio, Römische Geschichte 64.15 (2).
73 Tacitus, Historien 3.34.
74 Tacitus, Historien 3.49.1.
75 Tacitus, Historien 3.36.1.
76 Tacitus, Historien 3.40.1.
77 Tacitus, Historien 3.41.3.
78 Dazu Tacitus, Historien 3.44 und 3.50.2.
79 Tacitus, Historien 2.86.4.
80 Tacitus, Historien 4.31.
81 Tacitus, Historien 3.35.1 und 4.70.2.
82 Tacitus, Historien 4.36.
83 Tacitus, Historien 3.46.2.
84 Tacitus, Historien 3.37.
85 Tacitus, Historien 3.54.1.
86 Tacitus, Historien 3.55.1f.
87 Tacitus, Historien 3.56.2.
88 Tacitus, Historien 3.58.1.
89 Tacitus, Historien 3.57.1.
90 Tacitus, Historien 3.77.3.
91 Tacitus, Historien 3.52.1.
92 Tacitus, Historien 3.52.2.
93 Tacitus, Historien 3.53.3.
94 Tacitus, Historien 3.50.3.

95 Tacitus, Historien 3.59.2.
96 Tacitus, Historien 3.59.2.
97 Cassius Dio, Römische Geschichte 64.18 (1).
98 Tacitus, Historien 3.60.1.
99 Tacitus, Historien 3.62.1 und 3.63.1.
100 Das einzige Datum, das man bei Tacitus zu den letzten Wochen des Vitellius findet, ist der 18. Dezember, an dem Vitellius vergeblich seinen Rücktritt anbietet (Historien 3.67.2). Leider lässt der entscheidende Satz verschiedene Übersetzungen zu. Die Übersetzung „Als er am 18. Dezember vom Abfall der Legion und der Kohorten, die in Narnia kapituliert hatten, hörte, ging er … vom Palatin herab" liefert den 17. als Zeitpunkt der Kapitulation. Die ebenso mögliche Übersetzung „Nachdem er vom Abfall … gehört hatte, ging er am 18. Dezember … vom Palatin herab" schließt dagegen auch einen früheren Zeitpunkt der Kapitulation nicht aus. Die von Wellesley [98] angestellten Überlegungen zum zeitlichen Ablauf und die ausführlichen Diskussionen, die dem Abdankungsversuch des Vitellius vorausgingen (Historien 3.65f.), sprechen für einen früheren Zeitpunkt. Allerdings scheinen mir die von Wellesley gegen den 16. Dezember vorgebrachten Argumente nicht zwingend. Petillius könnte auch bei einem Aufbruch am Morgen des 17. gegen Mittag des 19. vor Rom eingetroffen sein und noch am gleichen Tag den Kampf aufgenommen haben.
101 Tacitus, Historien 3.78.3.
102 Dass nicht der Tempel der Juno in Flammen aufging, sondern jener der Kapitolinischen Trias, ist ein wichtiges Indiz dafür, dass sich Sabinus auf den südlichen Hügel des Kapitols flüchtete. Trotzdem wird darüber – insbesondere wegen der (für den heutigen Leser) nicht eindeutigen Formulierung des Tacitus, die verschiedene Übersetzungen und damit Interpretationen zulässt – noch immer gestritten (dazu ausführlich Wellesley [98]).
103 Tacitus, Historien 3.64.1.
104 Tacitus, Historien 3.65.1.
105 Tacitus, Historien 3.65.2 und Sueton, *De vita Caesarum*, Vitellius 15.
106 Tacitus, Historien 3.66f.
107 Tacitus, Historien 3.69.3f.
108 Tacitus, Historien 3.70.3.
109 Tacitus, Historien 3.70.4.
110 Tacitus, Historien 3.71.
111 Tacitus, Historien 3.73.2.
112 Tacitus, Historien 3.74. Daraus auch das folgende Zitat.
113 Zumindest lässt sich der letzte Halbsatz in Tacitus, Historien 3.78.3 so interpretieren. Dort ist von einem Gerücht (*fama*), nicht von einem Boten oder der von ihm überbrachten Nachricht (*nuntius, nuntium*) die Rede.
114 Ob Antonius am selben oder erst am nächsten Tag dort ankam, ist in der Forschung umstritten (dazu ausführlich Holzapfel [44], S. 300–303 (1913)). In der Folge gilt dies auch für den Todestag des Vitellius. Schon der Charakter des Antonius und auch sein Marsch von Verona nach Bedriacum sprechen für die – hier angenommene – schnellere Variante.
115 Tacitus, Historien 3.79. Die beiden folgenden Zitate Historien 3.80.1 und 3.81.2.
116 Tacitus, Historien 3.82.1.
117 Cassius Dio, Römische Geschichte 64.19 (2).
118 Tacitus, Historien 3.82.3.
119 Tacitus, Historien 3.83.1.
120 Tacitus, Historien 3.84.3.
121 Sueton, *De vita Caesarum*, Vitellius 17.
122 Tacitus, Historien 3.86.2.
123 Tacitus, Historien 4.1.
124 Tacitus, Historien 4.2. Daraus auch das folgende Zitat.

125 Tacitus, Historien 4.52f.
126 Tacitus, Historien 4.52.2; ähnlich Cassius Dio, Römische Geschichte 65.9 (2^a).
127 Tacitus, Historien 3.86.3.
128 Tacitus, Historien 4.4.2.
129 Sueton, *De vita Caesarum*, Domitianus 6.
130 Cassius Dio, Römische Geschichte 68.9 (3).
131 Zu Petillius Cerialis Tacitus, Agricola 8 und 17; Tacitus, Historien 4.68.1 und 5.14.1; CIL XVI.20.
132 CIL VI.930. Das Folgende nach Pfeiffer [71], S. 15–18.
133 Tacitus, Historien 4.3.3.
134 Tacitus, Historien 4.40.1. Siehe dazu auch die Überlegungen von Zimmermann [100], insbesondere das ab S. 76 behandelte Stadtgesetz aus flavischer Zeit.
135 CIL VI.31538a–c.
136 Tacitus, Historien 4.9.
137 Tacitus, Historien 4.11.1. Dass er bereits am Tag nach dieser Sitzung eintraf, wie Josephus (Der Jüdische Krieg 4.11.4) berichtet, ist unwahrscheinlich, da in diesem Fall Mucianus keinen Grund gehabt hätte, ein Schreiben an den Senat zu schicken (siehe Tacitus, Historien 4.4.1).
138 Tacitus, Historien 4.39.3.
139 Tacitus, Historien 4.68.2.
140 Tacitus, Historien 4.39.4.
141 Tacitus, Historien 4.80.
142 Tacitus, Historien 4.80.1.
143 Sueton, *De vita Caesarum*, Divus Vespasianus 14.
144 Cassius Dio, Römische Geschichte 65.2 (2).
145 Tacitus, Historien 4.46.
146 Tacitus, Historien 4.47.
147 Cassius Dio, Römische Geschichte 65.9 (2^a).
148 Tacitus, Historien 4.81.1.
149 Dies passt zu Computer-Simulationen, nach denen ein Auslaufen im September vorteilhaft war (siehe Warnecke [96], S. 103 (Anm. 66)). Danach scheinen die Abschätzungen von Halfmann ([42], S. 180) überholt.
150 So lässt sich die Route aus Josephus, Der Jüdische Krieg 7.2.1 und Cassius Dio, Römische Geschichte 65.9 (3) erschließen.
151 Sueton, *De vita Caesarum*, Divus Vespasianus 15.
152 Relegierte behielten im Unterschied zu Deportierten ihre Bürgerrechte und ihr Vermögen.
153 Sueton, *De vita Caesarum*, Titus 1.
154 Cassius Dio, Römische Geschichte 65.10 (2).
155 Sueton, *De vita Caesarum*, Divus Vespasianus 8.
156 Josephus, Der Jüdische Krieg 4.11.5.
157 Tacitus, Historien 5.1.1.
158 Josephus, Der Jüdische Krieg 5.1.6. Zur Zusammensetzung des Heeres Tacitus, Historien 5.1.2.
159 Josephus, Der Jüdische Krieg 6.4.3.
160 Eck [23], S. 118–128.
161 Josephus, Der Jüdische Krieg 5.2.1.
162 Nach Josephus, Der Jüdische Krieg 5.3.1 wurde Mitte April bereits vor Jerusalem gekämpft.
163 Tacitus, Historien 5.11.3 und 5.12.1.
164 Josephus, Der Jüdische Krieg 5.4f. Daraus die folgenden Zitate.
165 Josephus, Der Jüdische Krieg 2.19.4.
166 Josephus, Der Jüdische Krieg 2.17.6.
167 Josephus, Der Jüdische Krieg 7.1.1.
168 Josephus, Der Jüdische Krieg 5.1.3.

169 Josephus, Der Jüdische Krieg 4.9.3.
170 Zu den Truppenstärken Josephus, Der Jüdische Krieg 5.6.1. Dass Simon und Johannes die entscheidenden Männer waren, weiß auch Tacitus (Historien 5.12.3f.).
171 Josephus, Der Jüdische Krieg 5.10.4.
172 Josephus, Der Jüdische Krieg 5.6.3.
173 Nikon, den Siegreichen, nannten nach Josephus die Juden die größte römische Belagerungsmaschine, weil sie jedes Hindernis bezwang.
174 Josephus, Der Jüdische Krieg 5.7.2.
175 Josephus, Der Jüdische Krieg 5.8.2.
176 Josephus, Der Jüdische Krieg 5.9.1.
177 Josephus, Der Jüdische Krieg 5.9.2.
178 Josephus, Der Jüdische Krieg 5.11.4.
179 Josephus, Der Jüdische Krieg 5.12.1.
180 Josephus, Der Jüdische Krieg 5.13.6.
181 Josephus, Der Jüdische Krieg 6.2.1.
182 Josephus, Der Jüdische Krieg 6.1.1.
183 Josephus, Der Jüdische Krieg 6.1.7.
184 Josephus, Der Jüdische Krieg 6.2.3.
185 Josephus, Der Jüdische Krieg 6.2.9.
186 Josephus, Der Jüdische Krieg 6.4.1f.
187 Josephus, Der Jüdische Krieg 6.4.3.
188 Josephus, Der Jüdische Krieg 6.4.4.
189 Josephus, Der Jüdische Krieg 6.6.1.
190 Josephus, Der Jüdische Krieg 6.6.2.
191 Josephus, Der Jüdische Krieg 6.8.2.
192 Josephus, Der Jüdische Krieg 6.8.5.
193 Josephus, Der Jüdische Krieg 7.2.2.
194 Josephus, Der Jüdische Krieg 7.1.3. Die dauerhafte Stationierung der 10. Legion belegen CIL III.12117 und CIL X.6321.
195 Josephus, Der Jüdische Krieg 7.6.1 nennt die ersten Legaten. Den ersten erwähnt auch (in anderer Funktion) CIL XVI.22. Den zweiten nennt die Inschrift AE 1969/70, 183a.
196 Josephus, Der Jüdische Krieg 7.8.3f.
197 Josephus, Der Jüdische Krieg 7.9.1.

Epilog: Eine neue Dynastie etabliert sich

1 Josephus, Der Jüdische Krieg 7.3.1.
2 Zum Folgenden Josephus, Der Jüdische Krieg 7.5.1–3.
3 Sueton, *De vita Caesarum*, Divus Titus 5.
4 Cassius Dio, Römische Geschichte 65.12 (1^a).
5 Nach Sueton (*De vita Caesarum*, Divus Claudius 17) nahmen alle daran teil, die mit den Triumphalabzeichen geehrt wurden. Dies steht in gewissem Widerspruch zu Dios Notiz, dass nach der Abreise des Kaisers aus Britannien die Kämpfe dort weitergingen (Römische Geschichte 60.21 (5)), da kaum anzunehmen ist, dass man dafür auf die erfolgreichsten Heerführer verzichtete.
6 Josephus, Der Jüdische Krieg 7.5.4–6.
7 Dass nur Simon hingerichtet wurde, bestätigt auch Dio (Römische Geschichte 65.7 (1)). Das Los des Johannes war lebenslängliche Gefangenschaft (Josephus, Der Jüdische Krieg 6.9.4).
8 Plinius der Ältere, *Naturalis historia* 34.84 und Josephus, Der Jüdische Krieg 7.5.7.
9 CIL VI.944.
10 Siehe Cassius Dio, Römische Geschichte 65.7 (2).

11 Alföldy [3] gibt einen überzeugenden Eindruck vom beträchtlichen Umfang der Beute. Auch wer Alföldys mutige Rekonstruktion einer Inschrift am flavischen Amphitheater in Frage stellt, kann angesichts dieser Größenordnung nur schwer deren Wahrheitsgehalt bezweifeln.
12 Sueton, *De vita Caesarum*, Divus Vespasianus 9.
13 Grandazzi [41], S. 554.
14 Siehe Cassius Dio, Römische Geschichte 62.18 (2).
15 Martial, Liber Spectaculorum 1.
16 Martial, Liber Spectaculorum 2.11f.
17 Cassius Dio, Römische Geschichte 65.11 (1).
18 Cassius Dio, Römische Geschichte 65.9 (1).
19 Sueton (*De vita Caesarum*, Divus Vespasianus 22f.) überliefert einige Beispiele.
20 Auch auf Denaren der römischen Republik finden sich Rinder im Joch. Auf ihnen wird das Gespann allerdings von einem Pflüger getrieben (Seaby [78] Maria 7–9) oder zusammen mit einem Pflug gezeigt (Seaby [78] Cassia 4). Selbst ohne erklärende Umschrift war jedem Römer klar, dass dieses Gespann nach einem uralten Ritus durch die erste Furche das Gebiet einer neuen Stadt begrenzt und markiert. Daher konnte auch Octavian dieses Motiv aufgreifen, um sich als Städtegründer zu präsentieren (Seaby [78] Augustus 117). Unter Vespasian bot höchstens die Erweiterung des *pomerium* einen Grund, derartige Münzen zu prägen. Doch da dieses Ereignis nur Vespasian betraf, die gezeigten Denare erst zwei Jahre später geprägt wurden und außerdem auf Pflüger und Pflug verzichtet wurde, scheidet es als Prägeanlass wohl aus.

Abbildungsnachweise

Abb. 2 Wikimedia Commons, Berthold Werner
Abb. 4 Wikimedia Commons, Classical Numismatic Group, Inc. http://www.cngcoins.com
Abb. 5 Gorny & Mosch, Giessener Münzhandlung, München, Auktion 142, Los 2273
Abb. 8 Wikimedia Commons, Joy of Museums
Abb. 9 Numismatica Ars Classica NAC AG, Auktion 100, Los 1827
Abb. 10 Wikimedia Commons, Rossignol Benoît
Abb. 13 Fritz Rudolf Künker GmbH & Co. KG, Osnabrück, Auktion 318, Los 787 (Foto: Lübke & Wiedemann KG, Leonberg)
Abb. 14 Wikimedia Commons, Matson Photograph collection at the Library of Congress
Abb. 15 Numismatica Ars Classica NAC AG, Auktion 114, Los 648
Abb. 16 Fritz Rudolf Künker GmbH & Co. KG, Osnabrück, Auktion 318, Los 1054 (Foto: Lübke & Wiedemann KG, Leonberg)
Abb. 17 Gorny & Mosch, Giessener Münzhandlung, München, Auktion 229, Los 1448
Abb. 18 Numismatica Ars Classica NAC AG, Auktion 111, Los 162
Abb. 19 Numismatica Ars Classica NAC AG, Auktion 114, Los 627
Abb. 20 Wikimedia Commons, Marcok
Abb. 21 Unter Verwendung von Wikimedia Commons, Joris1919
Abb. 22 Numismatica Ars Classica NAC AG, Auktion 114, Los 630
Abb. 26 Wikimedia Commons
Abb. 27 Fritz Rudolf Künker GmbH & Co. KG, Osnabrück, Auktion 304, Los 1077 (Foto: Lübke & Wiedemann KG, Leonberg)
Abb. 28 Wikimedia Commons, Gunnar Bach Pedersen
Abb. 29 Gorny & Mosch, Giessener Münzhandlung, München, Auktion 240, Los 462
Abb. 30 Wikimedia Commons, Zoltan Kluger (National Photo Collection of Israel)
Abb. 31 Wikimedia Commons, A. K. Khalifeh
Abb. 32 Unter Verwendung von Wikimedia Commons, Heinrich Kiepert
Abb. 34 Wikimedia Commons, FOTLbill
Abb. 35 Wikimedia Commons, Andrew Shiva
Abb. 36 Dr. Busso Peus Nachf., Frankfurt/Main, Auktion 424, Los 233
Abb. 37 Gorny & Mosch, Giessener Münzhandlung, München, Auktion 249, Los 559
Abb. 38 Fritz Rudolf Künker GmbH & Co. KG, Osnabrück, Auktion 318, Los 1093 (Foto: Lübke & Wiedemann KG, Leonberg)
Abb. 40 Wikimedia Commons, Alinari aus Diego Angeli, Roma (Bergamo 1908)
Abb. 41 Gorny & Mosch, Giessener Münzhandlung, München, Auktion 107, Los 379
Abb. 42 Gorny & Mosch, Giessener Münzhandlung, München, Auktion 253, Los 517 und Auktion 169, Los 273

Übrige Abbildungen vom Autor

Literaturverzeichnis

[1] Alföldi, M. R.-: Bild und Bildersprache der römischen Kaiser, Verlag Philipp v. Zabern, Mainz 1999

[2] Alföldy, G.: Epigraphische Notizen aus Italien III. Inschriften aus Nursia (Norcia). In: Zeitschrift für Papyrologie und Epigraphik 77, 155–180 (1989)

[3] Alföldy, G.: Eine Bauinschrift aus dem Colosseum. In: Zeitschrift für Papyrologie und Epigraphik 109, 195–226 (1995)

[4] Alföldy G.: Traianus pater und die Bauinschrift des Nymphäums von Milet. In: Revue des Études Anciennes 100, 367–399 (1998)

[5] Bellen, H.: Grundzüge der römischen Geschichte I–III, Wissenschaftliche Buchgesellschaft, Darmstadt 1995–2003

[6] Bellen, H.: Politik – Recht – Gesellschaft: Studien zur alten Geschichte, Historia Einzelschriften 115, Franz Steiner Verlag, Stuttgart 1997

[7] Braun, L.: Galba und Otho bei Plutarch und Sueton. In: Hermes 120, 90–102 (1992)

[8] Bringmann, K.: Geschichte der römischen Republik, Verlag C. H. Beck, München 2002

[9] Brodersen, K. (Hrsg.): Antike Stätten am Mittelmeer, Wissenschaftliche Buchgesellschaft, Darmstadt 1999

[10] Burr, V.: Tiberius Iulius Alexander, Rudolf Habelt Verlag, Bonn 1955

[11] Caldwell, Th. F.: The Career of Licinius Mucianus, University of Melbourne, Melbourne 2015

[12] Camodeca, G.: Novità sui fasti consolari delle tavolette cerate della Campania. In: Epigrafia. Actes du colloque international d'épigraphie latine en mémoire de Attilio Degrassi pour le centenaire de sa naissance. Actes de colloque de Rome (27–28 mai 1988) Rome: École Française de Rome 1991, 45–74 (Publications de l'École française de Rome, 143)

[13] Chastagnol, A.: Le laticlave de Vespasian. In: Historia 25, 253–256 (1976)

[14] Christ, K.: Geschichte der römischen Kaiserzeit, Verlag C. H. Beck, München 1995[3]

[15] Clauss, M. (Hrsg.): Die römischen Kaiser, Verlag C. H. Beck, München 1997

[16] Cohen, H.: Description historique des monnaies frappées sous L' Empire Romain, Paris 1880–1892[2]

[17] Damon, C.: Potior utroque Vespasianus: Vespasian and His Predecessors in Tacitus's Histories. In: Arethusa 39, 245–279 (2006)

[18] Dattari, G.: Numi Augg. Alexandrini Catalogo, instituto francese d'archeologia orientale, Kairo 1901

[19] de Kleijn, G.: C. Licinius Mucianus, Leader in time of Crisis. In: Historia 58, 311–324 (2009)

[20] de Kleijn, G.: C. Licinius Mucianus, Vespasian's Co-ruler in Rome. In: Mnemosyne 66, 433–459 (2013)

[21] Demandt, A.: Das Privatleben der römischen Kaiser, Verlag C. H. Beck, München 1996

[22] Dio, C.: Römische Geschichte I–V, übers. v. O. Veh, Wissenschaftliche Buchgesellschaft, Darmstadt 2007

[23] Eck, W.: Senatoren von Vespasian bis Hadrian. Prosopographische Untersuchungen mit Einschluß der Jahres- und Provinzialfasten der Statthalter, Verlag C. H. Beck, München 1970

[24] Eck, W.: Ergänzungen zu den Fasti Consulares des 1. und 2. Jh. n. Chr. In: Historia 24, 324–344 (1975)

[25] Eck, W.: Die Statthalter der germanischen Provinzen vom 1.–3. Jahrhundert, Rudolf Habelt Verlag, Bonn 1985

[26] Eck, W.: Rezension über Hermann Bengtson, Die Flavier – Vespasian, Titus und Domitian. In: Gnomon 53, 343–347 (1981)

[27] Eck, W.: Judäa – Syria Palästina, Mohr Siebeck, Tübingen 2014

[28] Eich, A.: Die römische Kaiserzeit, Verlag C. H. Beck, München 2014

[29] Erkens, F.-R.: Sakral legitimierte Herrschaft im Wechsel der Zeiten und Räume – Versuch eines Überblicks. In: Erkens, F.-R. (Hrsg.): Die Sakralität von Herrschaft – Herrschaftslegitimierung im Wechsel der Zeiten und Räume, Akademie Verlag, Berlin 2002

[30] Fini, M.: Nero – Zweitausend Jahre Verleumdung, Herbig Verlagsbuchhandlung, München 1994

[31] Flach, D.: Römische Geschichtsschreibung, Wissenschaftliche Buchgesellschaft, Darmstadt 2013[4]

[32] Flaig, E.: Den Kaiser herausfordern. Die Usurpation im Römischen Reich. Campus-Verlag, Frankfurt/Main 1992

[33] Flavius Josephus: Jüdische Altertümer, 2 Bände, übers. v. H. Clementz, Verlag von Otto Hendel, Halle 1900

[34] Flavius Josephus: Geschichte des Jüdischen Krieges, übers. v. H. Clementz, Verlag von Otto Hendel, Halle um 1900

[35] Flavius Josephus: Jüdischer Krieg, übers. v. Ph. Kohout, Quirin Haslingers Verlag, Linz 1901

[36] Flavius Josephus: De bello Judaico – Der Jüdische Krieg. Griechisch und Deutsch, 3 Bände, hrsg. von Michel, O. und Bauernfeind, O., Wissenschaftliche Buchgesellschaft, Darmstadt 2013

[37] Franke, P.R.: Römische Kaiserporträts im Münzbild, Hirmer Verlag, München 1972[3]

[38] Friedl, R.: Das Konkubinat im kaiserzeitlichen Rom, Historia Einzelschriften 98, Franz Steiner Verlag, Stuttgart 1996

[39] Gallivan, P.A.: Some Comments on the Fasti for the Reign of Nero. In: The Classical Quarterly 24, 290–311 (1974)

[40] Gilliver, K.: Auf dem Weg zum Imperium, Konrad Theiss Verlag, Stuttgart 2003

[41] Grandazzi, A.: Urbs – Roms Weg zur Weltmetropole, Wissenschaftliche Buchgesellschaft, Darmstadt 2019

[42] Halfmann, H.: Itinera principum: Geschichte und Typologie der Kaiserreisen im Römischen Reich, Franz Steiner Verlag, Stuttgart 1986

[43] Henzen, W.: Acta fratrum Arvalium, Reimer, Berlin 1874

[44] Holzapfel, L.: Römische Kaiserdaten. In: KLIO 12, 483–493 (1912); 13, 289–304 (1913); 15, 99–121 (1918); 17, 74–93 (1921)

[45] Jacques, F. und Scheid, J.: Rom und das Reich in der Hohen Kaiserzeit, Band I, Verlag B. G. Teubner, Stuttgart 1998

[46] Jeremias, J.: Die Einwohnerzahl Jerusalems zur Zeit Jesu. In: Zeitschrift des Deutschen Palästina-Vereins 66, 24–31 (1943)

[47] Jones, B.W.: Agrippina and Vespasian. In: Latomus 43, 581–583 (1984)

[48] Jones, Ch.P. : Egypt and Judaea under Vespasian. In: Historia 46, 249–253 (1997)

[49] Kent, J.P.C., Overbeck, B. und Stylow, A.U.: Die römische Münze, Hirmer Verlag, München 1973

[50] Keppie, L.: Legions and Veterans: Roman Army Papers 1971–2000, Franz Steiner Verlag, Stuttgart 2000

[51] Kienast, D.: Diva Domitilla. In: Zeitschrift für Papyrologie und Epigraphik 76, 141—147 (1989)

[52] Kienast, D., Eck, W. und Heil, M.: Römische Kaisertabelle, Wissenschaftliche Buchgesellschaft, Darmstadt 2017[6]

[53] Knapp, R.: Pilger, Priester und Propheten, Klett-Cotta, Stuttgart 2018

[54] König, I.: Kleine römische Geschichte, Reclam Verlag, Stuttgart 2001

[55] Krieger, K.-St.: Priester, Bandenchef, Geschichtsschreiber. In: Bibel und Kirche 53, 50–54 (1998)

[56] Le Bohec, Y.: Die römische Armee, Nikol Verlagsgesellschaft, Hamburg 2009

[57] Leisering, W. (Hrsg.): Putzger Historischer Weltatlas, Cornelsen Verlag, Berlin 1997[102]

[58] Leithoff, J.: Macht der Vergangenheit: Zur Erringung, Verstetigung und Ausgestaltung des Principats unter Vespasian, Titus und Domitian, V&R Unipress, Göttingen 2014

[59] Lepelley, C.: Rom und das Reich – Die Regionen des Reiches, Nikol Verlagsgesellschaft, Hamburg 2006

[60] Malitz, J.: Helvidius Priscus und Vespasian. Zur Geschichte der „stoischen“ Senatsopposition. In: Hermes 113, 231–246 (1985)

[61] Martial: Epigrams I und II, William Heinemann, London 1919/1920

[62] Martial: Liber Spectaculorum, Oxford University Press, New York 2006

[63] Mommsen, Th.: Die zwei Schlachten von Betriacum im Jahre 69 n. Chr. In: Hermes 5, 161–173 (1871)

[64] Mommsen, Th.: Römische Kaisergeschichte, hrsg. von B. und A. Demandt, Verlag C. H. Beck, München 1992

[65] Morgan, G.: 69 A.D. The Year of Four Emperors, Oxford University Press, New York 2007

[66] Mratschek-Halfmann, S.: Divites et praepotentes, Historia Einzelschriften 70, Franz Steiner Verlag, Stuttgart 1993

[67] Murison, Ch.L.: Some Vitellian Dates: An Exercise in Methodology. In: Transactions of the American Philological Association 109, 187–197 (1979)

[68] Murison, Ch.L.: Rebellion and Reconstruction, Galba to Domitian: An Historical Commentary on Cassius Dio's *Roman History* Books 64–67 (A.D. 68–96), Scholars Press, Atlanta 1999

[69] Niese, B.: Zur Chronologie des Josephus. In: Hermes 28, 194–229 (1893)

[70] Pausanias: Beschreibung Griechenlands, 2 Bände, übers. v. E. Meyer, Deutscher Taschenbuch Verlag, München 1972

[71] Pfeiffer, St.: Die Zeit der Flavier, Wissenschaftliche Buchgesellschaft, Darmstadt 2009

[72] Pfeiffer, St.: Auferstanden aus Ruinen: Roms Bauten in der Zeit des Vespasian und des Titus, Antrittsvorlesungen der Philosophischen Fakultät der TU Chemnitz. In: Köpfe für Chemnitz Band 7, Chemnitz 2012

[73] Pfeiffer, St.: Griechische und lateinische Inschriften zum Ptolemäerreich und zur römischen Provinz *Aegyptus*, Lit Verlag Dr. W. Hopf, Berlin 2015

[74] Ritter, H. W.: Zur Lebensgeschichte der Flavia Domitilla, der Frau Vespasians. In: Historia 21, 759–761 (1972)

[75] Scheithauer, A.: Kaiserliche Bautätigkeit in Rom, Franz Steiner Verlag, Stuttgart 2000

[76] Schmitz, D.: Der Bataveraufstand – eine existenzielle Bedrohung für Rom?, Archäologie in Deutschland 4, 28–31 (2010)

[77] Schnurbusch, D.: Rationalität und Irrationalität – Die Flavier in der Sicht der biographischen Forschung. In: Winterling, A. (Hrsg.): Zwischen Strukturgeschichte und Biographie – Probleme und Perspektiven einer neuen Römischen Kaisergeschichte 31 v. Chr.–192 n. Chr., R. Oldenbourg Verlag, München 2011

[78] Seaby, H. A.: Roman Silver Coins Vol. I, Seaby, London 1967[2]

[79] Senkbeil, F.: Der Autor und die Stadt. Die *urbs Roma* in den historiographischen Werken des Tacitus, Dissertation, Berlin 2018

[80] Shotter, D. C. A.: A Time-Table for the „Bellum Neronis". In: Historia 24, 59–74 (1975)

[81] Sommer, M.: Römische Geschichte II, Alfred Kröner Verlag, Stuttgart 2009

[82] Stein-Hölkeskamp, E. und Hölkeskamp, K.-J. (Hrsg.): Erinnerungsorte der Antike – Die römische Welt, Verlag C. H. Beck, München 2006

[83] Sueton: Das Leben der römischen Kaiser, übers. v. H. Martinet, Albatros Verlag, Düsseldorf 2001

[84] Sutherland, C. H. V.: Roman Coins, Barrie & Jenkins, London 1974

[85] Syme, R.: The Colony of Cornelius Fuscus: An Episode in the *Bellum Neronis*. In: The American Journal of Philology 58, 7–18 (1937)

[86] Syme, R.: Governors Dying in Syria. In: Zeitschrift für Papyrologie und Epigraphik 41, 125–144 (1981)

[87] Tacitus: Annalen, 3 Bände, übers. v. A. Städele, Wissenschaftliche Buchgesellschaft, Darmstadt 2011

[88] Tacitus: Historien, 2 Bände, übers. v. A. Städele, Wissenschaftliche Buchgesellschaft, Darmstadt 2014

[89] Temporini-Gräfin Vitzthum, H. (Hrsg.): Die Kaiserinnen Roms. Von Livia bis Theodora, Verlag C. H. Beck, München 2002

[90] Timpe, D.: Römisch-germanische Begegnung in der späten Republik und frühen Kaiserzeit, Verlag K. G. Saur, München 2006

[91] Unger, G. F.: Die Tagdata des Josephos. In: Sitzungsberichte der königlich bayerischen Akademie der Wissenschaften, Philosophisch-philologische und historische Classe 1893 Zweiter Band, 453–492 (1894)

[92] Vogel-Weidemann, U.: Q. Vibius Crispus proconsul, Eine Notiz zu Plin. nat. hist. 19, 4. In: Acta Classica 18, 149–153 (1975)

[93] Vogel-Weidemann, U.: Die Statthalter von Africa und Asia in den Jahren 14–68 n. Chr.: Eine Untersuchung zum Verhältnis Princeps und Senat, Rudolf Habelt Verlag, Bonn 1982

[94] Wardle, D.: Vespasian, Helvidius Priscus and the Restoration of the Capitol. In: Historia 45, 208–222 (1996)

[95] Wardle, D.: Suetonius on *Vespasianus religiosus* in AD 69–70: Signs and Times. In: Hermes 140, 184–201 (2012)

[96] Warnecke, H.: Zur Phänomenologie und zum Verlauf antiker Überseewege. In: Olshausen, E. und Sonnabend, H. (Hrsg.): Stuttgarter Kolloquium zur historischen Geographie des Altertums 7, 1999, Franz Steiner Verlag, Stuttgart 2002

[97] Wellesley, K.: A Major Crux in Tacitus: Histories II, 40. In: The Journal of Roman Studies 61, 28–51 (1971)

[98] Wellesley, K.: What happened on the Capitol in December AD 69? In: American Journal of Ancient History 6, 166–190 (1981)

[99] Wesch-Klein, G.: Die Provinzen des Imperium Romanum, Wissenschaftliche Buchgesellschaft, Darmstadt 2016

[100] Zimmermann, M.: Die *restitutio honorum* Galbas. In: Historia 44, 56–82 (1995)

Personenregister

Bei Historikern wird nur auf Fakten zu ihrem Leben verwiesen.

Orts- und Sachregister

Eine unterstrichene Seitenangabe verweist bei geographischen Begriffen auf eine Landkarte oder einen Stadtplan, sonst auf eine (kurze) Erklärung. Bei Münzen sind nur Abbildungen aufgeführt.